U0154382

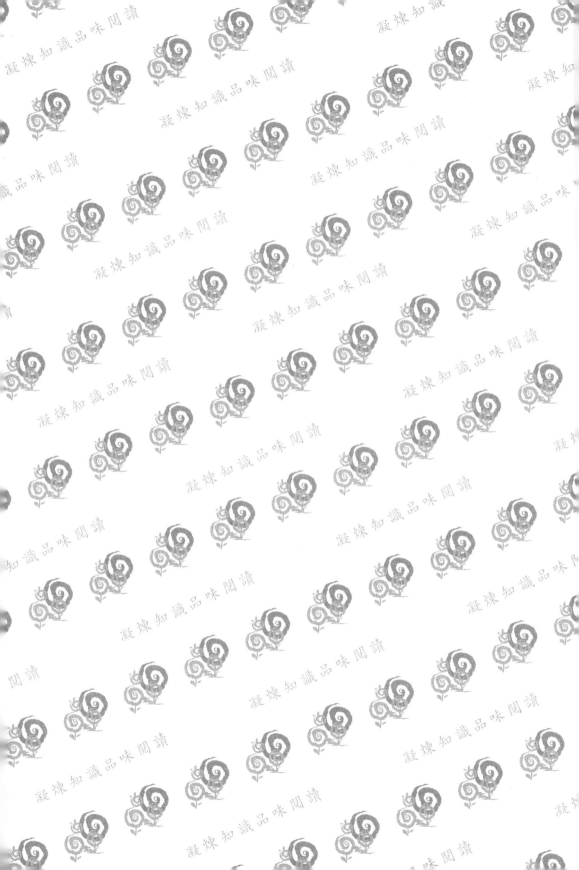

歐洲中心主義的4個神話

文藝復興、地理大發現、宗教改革，與啟蒙運動

謝宏仁——著

五南圖書出版公司 印行

序言：我們與神話的距離

　　除了回溯一個民族的起源與保留集體的記憶之外，在追求知識的過程之中，我們與神話的距離應該是會愈來愈遠的。然而，出乎意料地，我們所熟知的神話故事，它們不只是近在咫尺而已，我們還活在神話的虛擬世界裡，至少在社會科學的領域裡是如此。

　　隨著年紀漸增，人們增長了知識、涵養了氣質，普遍來說，應該會認為自己愈來愈趨近理性，因為其想法會愈來愈遠離巫術、神話、傳說，或者再加上民間故事，大部分的人會同意這樣的說法，除了將神話與民族認同之間做了某種程度的連結之外。我們換個方式來說：人類生活在一個理性的世界裡，科學則是我們理解環境的手段，在觀察周遭事物、假設形成之後，我們會被要求用某種方法加以驗證來論斷其真偽。可以這麼說，在我們受過了理性的、科學的訓練以後，我們與神話的距離將會愈來愈遠，因為我們離事實已經愈來愈近了。聽起來，這段話應該沒有太大的問題才對，不過，事實上吾人在這本書所欲證明者，將會是：我們距離神話非常地近，在我們學習社會科學的過程裡，可以說，幾乎沒有距離。

　　各個原始民族都有自己的神話，這是古代族群的集體創造並且流傳下來的故事，這個虛構的故事必須被信以為真，它是凝結民族認同感的重要成分，也是建構一個民族必要的敘事，對於文化多元主義者而言，這是必須被尊重的，吾人是這麼認為的，相信讀者應該也同意這樣的說法。不過，神話如果存在於社會科學領域裡的話，那麼，這就是另外一回事了，因為在追求知識的過程裡，我們唯有將學術界裡的神話逐一去除，才能讓自己更貼近真相。

英文 Myth 這個字最初的意思是「神話」，其音譯是「迷思」，後者是後來所衍生出來的，因為通常語言有其生命，而且人們為了減少麻煩，不喜歡一直造新字，所以文字通常有原義，以及衍生義，因此「迷思」這個音譯也就變成了衍生義，用來表示經口語傳播的，當中也混雜了沒有根據的、甚至是錯誤的資訊。更簡單地說，「迷思」二字所指的是「普遍為人所接受之不實訊息」。本書之 4 個神話，也可以說是 4 個迷思，它們全是被大家所接受的不實消息。

　　一般認為，文藝復興、地理大發現、宗教改革與啟蒙運動是歐洲在中古世紀之後，逐步走向璀璨未來的幾件重大事件。這樣的說法的確不易否認，但筆者謝某正打算如此做，不過我們得先知道大多數人是如何看待這幾件大事。一談到了「文藝復興」，普遍認為歐洲終於可以結束長達一千年的黑暗時期，並且從 14 世紀義大利多才多藝之傑出人士之間開始，他們對於古希臘、古羅馬的藝術與其他美好事物，透過不同的文化活動來重新給予肯定。接下來的「地理大發現」，人們相信的是，因為航海、天文與算學的進步，歐洲探險家們開始出海探索未知的世界，打從哥倫布的發現美洲、迪亞士繞過好望角、達伽瑪開闢印度航線，以及麥哲倫航經危險的合恩角之後所看到的太平洋，雖然他後來死在菲律賓，但其船員最終還是完成環行世界之壯舉，當然我們也不能忘記歐洲探險家們還去了那些至今仍被人們相信著，當時還是個未知的地方，像是今日的澳洲、紐西蘭、北極與南極洲等地。而「宗教改革」開始於 16 世紀初，被大師韋伯認為是資本主義的起源，從那時候起，歐洲逐漸與其他地區拉開距離，非歐洲地區不只是趕不上了，而且愈來愈落後。最後，論及「啟蒙運動」時，人們認為這是歐洲藝文界大放異彩的時期，並且，在理性主義的支持底下，各個領域的知識快速地累積，人類自此之後，開

啓了現代性之發展歷程。從以上的說法看來，今日歐洲之所以能夠持續領先並且持續走在世界的前沿，這並非沒有道理。

然而，上述的，也就是一般人所熟知的說法，與歷史事實並不相符，其實都是建構出來的，這是本書即將要證明的。簡單說，文藝復興運動所完成的各種成就，它們都不是重現了古希臘、古羅馬的美好事物，而是來自中國，證據顯示是鄭和的船隊帶過去贈送的禮物，這當然是大明王朝送給歐洲的大禮。地理大發現這件事更是誇張，歐洲探險家只是航向已知的世界而已，歐洲探險家們手中有地圖，不只是哥倫布擁有而已，麥哲倫手邊也有，我們也將會看到麥氏還送了個地球儀給神聖羅馬帝國的皇帝。宗教改革當中最重要的預選說，早在4、5世紀時的天主教就已經存在，也就是在聖奧古斯丁就已經有了預選說，路德宗同樣知道它，無須像韋伯所說的，等到16世紀才由喀爾文帶領其信徒恪遵其信條。至於啓蒙運動眞的是由理性主義支撐的嗎？不能說完全不對，但是啓蒙運動也不是那樣地正面，因爲似乎有一個更合理的答案，啓蒙時期的飲料——咖啡扮演的角色應該更加重要，而這樣重要的作物與奴隸制的關係匪淺。總而言之，我們將在本書的分析中，證明上述的歷史「事實」其實是神話、是迷思。

還有一件事或許現在值得一提，稍後也可能再度述及。想必有些讀者心中會有個疑問，那就是：除了文藝復興、地理大發現、宗教改革與啓蒙運動之外，不是還有所謂的「工業革命」（Industrial Revolution）嗎？沒有必要放在本書當中嗎？這倒也不一定。工業革命的確也是一件西方引以爲傲的「成就」，想要否認這麼重要的歷史事件並不容易，而且也沒有必要，主因在於它在18世紀眞的發生過。然而，本書所談的四件歷史史實，同樣發生過，我們不也提出不同的觀點來批判前人所堅持者嗎？的確如此。因此，筆者謝某在這本書之中，不擬討論工業革命這個

議題，除了因爲個人——像是時間不夠、長期寫作的勞心與勞力等——的因素之考量以外，本書不納入工業革命的主因在於，這個號稱是「日不落國」的國家，在歐洲中心主義這個議題上，只消一個大英帝國，其相關議題就足以寫成一本新作了，加入其他國家的討論也只是增加篇幅而已。

這本書是本人《歐洲中心主義》專書系列的第二本著作，第一本是《歐洲中心主義與社會科學——挑戰西方至上的舊思維》（台北：五南圖書，2022），第二本即是《歐洲中心主義的4個神話：文藝復興、地理大發現、宗教改革，與啓蒙運動》（台北：五南圖書，2024）。關於本系列的第三本書，應該會是《歐洲中心主義之日不落國篇》這樣的書名，但目前副標題尚未浮出腦海，還得再稍待些許時日，那麼就請讀者先花點時間看看本書所提供的幾個神話故事了。

此時，又到了致謝的時刻了，但在這之前，我得說一段關於搬家的想法，因爲這段小插曲與感謝的心有關。去（2023）年4月初，我搬家了，主因是爲了尋找靈感，雖然這很難說服旁人，但是在我念大學時期，開始學會欣賞文學作品的階段，就會在半年、一年之後將房間的擺設調換位置，讓自己能在「不同」的環境中產生一些新的想像。原來在舊的房子裡，其實寫了不少作品，大多數是五南出版的，那些年，我很謝謝這家出版社的友人對我的肯定，因爲作品找不到出版社，這是作者難以忍受的窘境。然而，有一段時期，我有點慌了，沒有了靈感，於是，我寫信給五南的同仁們，說我們的合作關係就結束了吧！因爲我只會愈寫愈差而已，作品不夠水準而被拒絕出版只是遲早的事而已，於是我主動向五南圖書提出「辭呈」，告知我們的合作關係終止吧！因爲我已經走到了盡頭。我想，五南的友人應該會覺得奇怪，因爲絕大多數的作者會努力地與出版社維持良好的關係，而

不是主動請求離開。當然，我覺得有點對不起幫忙過我的出版社好友們，只是我對自己也有要求，若是我的作品連自己都看不下去的話，也不好意思再麻煩五南這家出版商了。這一點也請出版社好友們體諒。

之後，我說服了家人，搬了家，到一個新的地方居住，景象的確不同了，環境、鄰居與生活方式都變了。說來有點神奇，在新的地方住了不久之後，我的腦海中出現了一本書的雛形，也就是這本《歐洲中心主義的4個神話：文藝復興、地理大發現、宗教改革，與啟蒙運動》。因此，我再次確定了一件事，寫作（或創作）的人不能住在同一地方太久，靈感會逐漸消失殆盡。不過，我的確是為了到底要不要寫英國的工業革命這件事，花費了些時間思考。後來決定延後處理這個問題，因此讀者得再等一段時間。我相信本書會是一本可以感動人心的書，無論讀者是否曾經接受過社會科學的訓練。現在，該是我在這個城市已算是高樓的第18層的窄小書房裡，寫些感謝的話的時候了，我想，所用字句可能創意不足，但申述謝忱的誠意卻是滿滿。簡單說，謝某萬分感謝五南副總編輯劉靜芬並不因為我的「主動請辭」之後，就不再讓我「回鍋」了，這肯定是值得珍惜的情誼。責任編輯林佳瑩的細心校稿，讓讀者充分享受閱讀時與作者互動的知識與情感的交流，沒有佳瑩辛苦地抓出每一個停留在無意間的錯誤，讀者閱讀的動力將會消失無蹤。專業美術編輯姚孝慈先前已為《歐洲中心主義》系列的第一本書繪製出最具吸引力的封面，這第二本書在設計上延續了第一本的風格，依舊是處於無出其右的狀態，吾人相信美編可說是慧眼獨具。

家人的陪伴，是最平凡，也是最偉大的部分，總隱藏在書中不起眼的角落裡，但還得為此說些什麼。偏偏亮麗的字句對於平凡的生活產生不了具體的幫助，其實也不需要；而平凡的語詞——

這倒是謝某的專長——又形容不了親情在冷清寂寥的象牙塔裡產生的溫暖感受。所以，在這種無法用文字掌握情緒的狀況下，謝某只能對內子淑芳與兒子耘非說聲「謝謝你們」。也許再多說個兩句，希望你們健康平安，在日常生活的大小聲之中。

接下來，就一起探究我們與神話的距離有多麼近吧！

謝宏仁
序於
台南北園 世紀之門 厝頂之巔
2024.02.29

目錄
CONTENTS

導論：社會科學眼翳

　　頃聽「社會科學眼翳」這個詞，多數人在腦海中旋即會出現《三國演義》（全名《三國志通俗演義》）這本長篇歷史章回小說，以為吾人將要談論的是此類作品。不過，此演義非眼翳，二者同音異字，意思亦有差別，但未必無關。且聽謝某娓娓道來。

　　演義的確以史實為框架，但整個故事到底需不需要符合歷史事實呢？作者與讀者應該都不是很在意，因為演義還得加上傳聞、作者的想像，以及受到編排故事的能力所左右，重點是故事得具張力，足以吸引讀者繼續看下去。那麼，這樣說來，演義這種長篇的歷史章回小說裡，有一部分的情節是虛構的，就這一點而言，它與「社會科學眼翳」有異曲同工之妙，也就是說，是那種「演義」也好，或是此種「眼翳」也罷，閱讀的人所看到的事物，都不是真實的景象。這一點，我們得先留意著。不過，以下我們就只談眼翳這種眼科疾病而已。

　　眼翳就是白內障[1]，它是一種中年以後，特別是老年時期眼科常見的疾病。為了瞭解白內障，我們得先認識水晶體。水晶體位於虹膜之後，是透明晶狀體，呈扁平橢圓形，水晶體之內沒有神經與血管，若發生病變的話，不會有痛覺。水晶體原本是透明的，但後來因為各種原因而變得混濁了，這就是白內障。與許多疾病相似，早期白內障沒有明顯的症狀，再加上資本主義勞動市場上，員工在下班後還得花時間留意老

---

[1]　吾人於 2023 年 12 月 1 日（週五）上午赴位於台南市大同路高塘中醫診所就診，一如往例，把脈前，筆者謝某總會向人稱「醫龍」的高國欽醫師請教幾個有關中醫的問題，當天吾人提出的問題即是：中醫的眼翳是否就是西醫所稱的白內障呢？當下，高醫師斬釘截鐵地回答：「正是！而且，中醫自古以來就有外用方來治療眼翳了，效果非常好，只要不拖延的話。」關於眼翳的治療藥方，高醫師建議可以參考其「十年（才）磨一劍」的著作，也就是，高國欽，《保生大帝藥籤再解》（台北：知音出版社，2022）。在本書裡，有關中醫相關知識，均由高醫師同意之後，再行撰寫於適當之處。

闆在 LINE 上發的訊息，很自然地，總是得等到後期症狀相對明顯時，才會發現自己的視覺障礙，那時，就像是隔著起霧或是沾有灰塵的車窗看東西，白內障患者之所見，就是這樣的感覺。白內障嚴重時水晶體會腫大，並且引發其他疾病，如果不處理的話，可能使得視力完全喪失[2]。

　　或許在清朝末年的一段時間以後，西醫幾乎完勝中醫，所以在西方知識霸權之下，冠上「傳統」二字的中醫很「自然地」逐漸乏人問津。但事實上，「傳統」中醫對於眼翳，也就是白內障有許多解方，例如，已流傳數百年、甚至千年的保生大帝藥籤裡頭就有超過十首藥方可以解決眼翳這種疾病。具體而言，眼科的部分（中醫眼科不同於西方眼科之概念，是故眼科方用藥不限於眼科使用）總共有 90 首（頁 465-698），其中提到眼翳的治療藥方至少 10 首以上，例如第 8 首（第 488-490 頁）、第 19 首（第 532-533 頁）、第 48 首（第 600-601 頁）、第 79 首（第 670-671 頁）與第 88 首（第 691-692 頁）等。可見，長期以來，中醫在治療眼翳上，已累積相當之經驗。在此僅舉一例，像是眼科第 19 首，由六味藥組成，分別是地骨皮、黃芩、玄參、羌活、大黃與朴硝等，「可應用於『目赤眼腫』、『角膜潰瘍』……『眼白出血』……『白內障、翳膜』與『瘟疫』，凡是腑實不通……的實熱諸症，都可以使用」[3]。事實上，中醫博大精深，且照顧黎民以千年計，眼翳這個問題並非急症，不會立即導致生命危險，也許因為如此，所以才常常被人忽略了。

　　這裡，有一件事筆者謝某想要先說明一下。那就是：如果吾人使用「白內障」這個詞的話，那麼可能因為有「白」這個字，容易讓人產生聯想，認為謝某用「白」這個字應該是在暗示「白」種人的優越感吧！？其實不是，因為我們談的是一種疾病，西方人（或歐洲人）應該不會把自己與這種眼疾連結在一起。大體上，所謂「白種人的優越感」只會被

2　蔡瑞芳，〈你所不知道的白內障症狀與治療〉，台灣防盲基金會網站，2021 年 7 月 7 日，https://www.taiwanpb.org/encyclopedia/knowledgeDetail/ALL/F2107060001efa3/?page.，檢索日期：2024 年 1 月 8 日。

3　高國欽，《保生大帝藥籤再解》，第 488-490、532-533、600-601、670-671、691-692 頁。

西方學者運用在好的那一面，至於壞的那一面，總是由其他人種來承擔的，這是社會科學領域普遍的現象。當然，這不是說自然科學領域裡沒有類似的情形，應該有的，但這裡不深究之。

　　回到社會科學眼翳這個問題所在。話說眼翳，這病雖小，但讓人看不清事物的真實樣貌，而在社會科學這個學術領域的眼翳已經存在許久，但或許，正因為它形成的時間非常地緩慢，也就是說，這個叫做社會科學的身體與眼翳朝夕相處，早已習慣了彼此的存在，更因為眼翳似乎不會造成身體上的困擾，甚至讓人感覺到它就是身體的一部分，沒有它在，反而不習慣呢！可是，社會科學眼翳是怎麼造成的呢？治病總得找到病因，這是醫者習醫的初期就應該建立起來的觀念。謝某「習醫」十餘載，「行醫」近二十載，經過仔細把脈、查察病徵、判斷虛實之後，得到的結論是，社會科學眼翳（至少）來自以下 4 個神話，具體而言，是文藝復興、地理大發現、宗教改革，與啓蒙運動這些歷史上的重大事件[4]。長期以來，我們被告知，它們是西方領先的原因，而且，懷疑過這種說法的人少之又少，於是即使人們所看到的是一幅相當模糊的景象，仍然以為它是真實的。為什麼呢？因為白內障一旦發生了之後，會用很慢的速度惡化，所以人們以為它是正常的現象，殊不知自己看到的景象並非真實的圖像。

　　在社會科學領域裡，特別是歷史社會學，「文藝復興」、「地理大發現」、「宗教改革」與「啓蒙運動」等，這幾個人類歷史的宏大敘事，百年來不斷地被歷史學者與專家提及。一方面，它們被用來合理化西方優越主義的論述之外；另一方面，既已存在的西方優越感，長期以來，不斷地接受來自上述幾個宏大敘事的強烈態度，進一步地加深全球廣大讀者們在心裡上更加相信西方世界自很早以前，就已經站在世界的前沿了，其他地區的人民充其量只能看著西方世界這部高速列車的車尾燈而已。事實上，這還不是故事的全部，由西方知識霸權所主導的敘事方式，不斷地想要將西方領先世界上其他地區的時間持續地向前推進，

4　依據「醫者」謝某的判斷，應該還有第五個原因，它是工業革命，但經過仔細衡量病兆的輕重緩急之後，工業革命可以暫時不去處理，以免身體負荷過重，傷了元氣。

但因為自 5 世紀至 15 世紀是歐洲中古黑暗時期，所以只能談到文藝復興，歐洲「突然」從幾近廢墟的狀態下起死回生，好像是一隻（浴火）鳳凰從灰燼裡飛了出來，這隻鳳凰就是歐洲的雛鳥。聽起來，真的很像神話故事，但並非如此！它正是社會「科學」，它是我們不斷地教給下一代的寶貴知識。那麼，故事（或神話）的起源如果無法再往前推了呢？也就是西方領先東方的時間沒辦法再提前了呢？其實大家都聽過無數次了，一定又是將古希臘、古羅馬那一套搬出來，就是要讓大家相信歐洲人比其他地方的人更優秀，這是社會科學的「重點」，但也是社會科學眼翳。

　　導論的最後，是應該向讀者介紹本書的章節安排，以及作者的推理打算如何進行，至少讓讀者先有個輪廓。本書的第一章是〈義大利「文藝復興」的東方起源：蒙娜麗莎的竊笑〉，本章旨在質疑西方學者在研究時似乎有一種傾向，那就是：他們經常將關於歐洲較好的一面歸因於古希臘、古羅馬時期的點點滴滴，但問題是時間已經久遠，想找到其間的關聯實屬不易，況且，就算是找到了，也難以排除其他變項的干擾，例如來自東方（阿拉伯世界或印度）的影響。文藝復興運動正是這樣的例子，好像是西方學者刻意想要呈現出好的部分只能是出自西方，因為西方社會已經是最進步的了，自古希臘、古羅馬時期即是如此。不過，經過了千年的黑暗時期，如何能夠「突然」冒出未曾聽聞過的想法、概念、書籍，與實際的做法呢？吾人欲證明的是，義大利的文藝復興運動有其東方的起源，於是我們似乎不得不重新再檢視文藝復興這件歷史上的大事。

　　第二章〈歐洲探險家不曾迷路的「地理大發現」：穿越麥哲倫海峽之前〉，此章節延續了〈哥倫布是個騙子：帶著前人的地圖去「探險」[5]〉，收錄在吾人另一拙著裡。這一章裡有一個長期被忽略的議題，至今持續地不被在意，即為何我們（幾乎）不曾聽過 15、16 世紀（與之後）的探險家迷了路，花了數個月、甚至數年後才得以返回歐洲呢？

5　謝宏仁，〈哥倫布是個騙子：帶著前人的地圖去「探險」〉，《顛覆你的歷史觀：連歷史老師也不知道的史實》，增訂二版（台北：五南圖書，2021），頁 43-88。

還是那些迷了路的探險家，回不了出發的港口，所以那個港口的港務局資料就無法再更新了呢？當然，沒辦法回家，只能在某地島嶼或某塊大陸的小角落定居下來，所以後世的人就沒再聽過他們的消息了，但他們確實活下來，而且傳宗接代了。然而，這樣的說法對增長知識沒有實質上的幫助。比較可能的假設是：歐洲探險家們手邊有地圖，除了那些不幸死在途中的船長或船員，像是麥哲倫，其他的人都可以平安返家再度享受天倫。當然，這樣的結果不能排除的確有船員願意主動留在西印度群島、印尼，或印度等地的可能性。

　　第三章〈與資本主義（精神）無關的「宗教改革」：掌聲鼓勵韋伯的豐富想像力〉質疑古典社會學三大家的韋伯這位全球最知名，也最受學者喜好的學者。宗教改革原本是對於腐敗的天主教表達不滿，而的確天主教也進行了改革，才可能延續至今。不過，想像力極為豐富的韋伯，其馳騁的創造力堪稱首屈一指，竟然能將宗教改革與資本主義的興起連結在一起，難怪他可以贏得社會學三大家的榮銜。韋伯說，預選說是喀爾文教派所獨有，並且信徒雖可以利用賺錢來榮耀上帝，但始終無法確定自己是否得到了救贖，因為這是上帝早已決定的，任何人都無法插手。於是，信徒產生了焦慮，只能不斷地賺錢來榮耀主，同時也消除心中的焦慮，信徒長時間處於這種情境，不小心累積了資本主義的第一桶金。看起來，是焦慮感促成了資本主義，而且只有喀爾文教派才有。但事實上，這是韋伯在其豐富想像力下「創造」出來的，預選說早在宗教改革開始的千餘年前已存在於天主教的教義裡，韋伯沒有弄清楚真實的狀況。

　　第四章〈理性主義支撐起的「啟蒙運動」：以鄰為壑才須遮遮掩掩〉試圖將歐洲國家的「啟蒙」與非歐洲國家（主要是非洲）的「愚昧」——或稱為低度啟蒙的「啟蒙」——連結起來。藉由強調二者屬於同一個歷史過程，長期以來，啟蒙運動受到廣泛的注意，非歐洲國家的低度「啟蒙」卻持續地受到忽略，主要的原因是黑人被大規模地送往美洲，在大種植園裡生產所謂的「啟蒙的飲料」（或「理性的飲料」），亦即為啟蒙運動的大思想家們保持冷靜頭腦而生產的咖啡，以及其他對

於理性思考有幫助的農作物，像是蔗糖、煙草等。啓蒙大思想家們享受閒情逸致的生活，無論是在咖啡館或是在私人邀約的沙龍，讓腦袋瓜兒清楚的咖啡都是不可或缺的飲料。啓蒙運動發生的主要期間在 18 世紀，此時與大英帝國、法蘭西帝國全力支持奴隸制度恰巧發生在同一段時間裡，很難想像沒有咖啡的 18 世紀裡，啓蒙運動大思想家的腦袋裡能跳出什麼有用的想法，特別是在午餐之後昏昏欲睡的那一刻鐘。在本書最後的結論當中，吾人將略微重述本書之發現，也會提出對於社會科學本土化的看法。現在，開始我們的「（破除）神話」之旅吧！

　　希望在旅行之後，讀者的眼睛會明亮許多，就好像是換了個新的水晶體那般地清晰透亮。

　　傳統上，歐洲歷史劃分爲古典時代、中世紀，與近現代三個時期。
一談到歐洲的古典時代，人們總是直覺地想到古希臘、古羅馬時期的美
好，因爲一般認爲古希臘文化 —— 哲學、藝術、社會與教育思想 —— 自
古典時期的開始（一說是自西元前 8-7 世紀起）即占領導地位，其思想
並爲後來的古羅馬所繼承，一直到 5 世紀西羅馬帝國衰亡爲止。榮耀與
偉大的事物與想法，在古典時代如果不是唾手可得的話，那麼要找到它
們也絕非難事，這樣的想法爲一般人所認可。

　　吾人以爲，後人之所以認爲古典時代「美好」，多多少少與接下
來中世紀時期的黑暗面有關。這道理說穿了，倒是不難懂。舉例來說，
如果一個人長時間生活在經濟起飛的時期，在其記憶之中，在多次加薪
後的甜蜜笑容依然清晰可見的背景之下，那麼這個人在 2020 年代的初
期因爲 COVID-19、俄烏戰爭等因素，造成供應鏈的（暫時）斷裂、物
價上漲，以及經濟呈現衰退的情形等，應該難以忍受荷包縮水的日子。
同樣的道理，在「美好的」古典時代之後，接下來長達一千年的中世紀
裡，除了所謂的「中世紀晚期」 —— 處於（可能）即將變遷的階段 ——
也許有機會讓人們期待更好的生活之外，絕大多數的歲月就這樣地經過
了，應該看不太出來這段時期人類在知識上的累積。吾人以爲，這會是
一般人對歐洲歷史中世紀的粗略印象，包括筆者謝某也不例外。

　　歐洲歷史的中世紀（Middle Ages, 476-1453），也就是在「古典
時代」與「近現代」之間的中古時期，曾經與「黑暗時期」（Dark
Age）並列，它通常指的是從西羅馬帝國衰亡之後，一直到文藝復興
（Renaissance）開始之前的這段期間，此概念是義大利學者、方言詩

人，也是人文主義者弗朗切斯科・佩脫拉克（Francesco Petrarca, 1304-1374）[1] 所提出。想當然爾，佩氏所欲表達的是，在文藝復興之前，歐洲經濟可以說是欲振乏力，文化活動乏善可陳，社會秩序並不容易維持。雖然，佩脫拉克在當時未必清楚地知道「文藝復興」這個概念，然而他已經很明白地告訴我們，在這之前，歐洲社會普遍之狀況讓人無法產生樂觀以對的心態。不過，吾人以為，佩脫拉克倒不是打算說明歐洲在羅馬帝國垮台之後，所有的一切都停滯下來了；也不是在帝國消逝後的數百年之間，想要證明大多數人過得比以前還來得黑暗。事實上，佩脫拉克更想的是回到過去，因為他「對希臘和羅馬文化〔感受到的熱情〕相當偏頗，認為這段古代時期是人類文明的『黃金年代』（golden age）。因為，即便是在 14 世紀，人們還是會回首想著那些逝去的『美好舊日子[2]』」。這裡，雖然佩脫拉克沒能確切地提出希臘、羅馬文化具體的好，而只是在緬懷過去而已，但佩氏這種「懷舊感」倒是影響了不少文藝復興時期的文人團體。

後來的人們對於「黑暗時期」這樣的概念，或許有不同的意見，畢竟如此負面的說法，對於 18、19 世紀日漸強盛的歐洲人而言，似乎有些難堪，因為此時的歐洲已透過戰爭的勝利而取得海外殖民地，這導致——無論有多麼間接地——學者傾向於用歐洲人的眼光來觀察並評價西方與非西方世界。所以，我們也不能排除一個可能性，那就是歐洲學者也可能產生某種優越感，包括在「回顧」中世紀黑暗時期之後的文藝復興時代，是故對於他們而言，文藝復興是如此光輝的時代[3]，任何的「進步」都應該源自歐洲，因此不少學者回溯到古希臘、古羅馬的美好

1　佩脫拉克 20 歲那一年，威尼斯的商人、探險家馬可・波羅（Marco Polo, 1254-1324，一般習慣地稱他為馬可波羅）剛剛過世。那時候，如果佩脫拉克有機會見到馬可波羅的話，那麼相信聽了馬氏對元朝（1271-1368）中國的描繪，佩氏應該更能深刻地體會歐洲的落後與停滯。

2　奧托・英格利希（Otto English）著，吳盈慧譯，《查無此史：哥倫布沒有發現新大陸？印度其實沒有咖哩？西班牙人沒有滅掉阿茲特克？深度尋訪歷史下最「偉大」的謊言與真實》（台北：創意市集出版，2022），第 79 頁。

3　事實上，有人說文藝復興那個時期並不怎麼美好，而是一個名畫與荒淫交會的年代，當然，有人還是會想到，愈糟糕的社會，就愈能夠培養傑出的畫家、藝術家等，這也不無道理，想知道文藝復興時期的佛羅倫斯為何是一個罪孽之城，請參見：亞歷山大・李（Alexander Lee）著，林楸燕、廖亭雲譯，《文藝復興並不美：那個蒙娜麗莎只好微笑的荒淫與名畫年代》（台北：大寫出版社，2018）。

時代。理由之一，吾人以為，應該沒有人想到「回到」中世紀——至多只能在中世紀晚期而已——去尋找可能的答案，因為相信那是個美好時期的人應該人不會太多才對。因此，最好的、也是唯一可行的辦法是回到「更遠」的過去，也就是古典時期，去探索他們認為的「真正」原因，藉以解釋歐洲何以成為今日富強的歐洲[4]。的確，回到古典時代，讓人感到一種朦朧美與浪漫的感覺，因為愈遠的事物愈難以證明其真實性，至少對一般的老百姓而言是如此。

　　關於文藝復興這個時代所發生的事，相信吸引了不少專家學者投入心力，欲瞭解重要議題的原委與爭論之所在。可想而知，每個人的價值觀不同、觀點有異、關心議題的程度不一，所以產生的論點也會有差別。文藝復興的「復興」二字，代表了「重生（或再生）」，聽起來，更早期的時候，必然存在有價值的事物、觀念等，讓後世的人認為值得回到那個時代。當然，有贊成者，應該也會有反對持這樣看法的人，吾人舉以下的例子說明，或許可以讓讀者一窺學者所關切之問題的概梗。例如，有人將其重心放在描述文藝復興的成就[5]、文藝復興的代表城市佛羅倫斯的歷史[6]；有知名學者質疑過文藝復興是個神話[7]；有學者在意的是佛羅倫斯的貴族政治之勾心鬥角與社會的陰暗面[8]、該時期的大學

4　當然，並非所有歐洲國家都可以被定義為富強的已開發國家，所謂的歐洲「先進」國家主要指的是西歐與北歐國家，這些國家在過去數百年裡，大多數都占有殖民地，供應其殖民母國天然資源以利其工業化，並且殖民地經常——如果不是總是的話——沒有選擇地為其殖民母國的工業產品提供廣大的市場，這對歐洲國家的工業化過程提供了巨大的貢獻。可惜的是，西方的學者對於此議題似乎是興趣缺缺。

5　請參照，弗吉尼亞‧考克斯（Virginia Cox）著，付穩等譯，《燦爛的再生：意大利〔義大利〕文藝復興三百年》（北京：化學工業出版社，2022）。這裡，筆者謝某略提一下簡體中文與繁體中文對於外文翻譯的問題，例如簡體中文將 Italy 這個國家翻為「意大利」，繁體中文則是用「義大利」。本書在引用簡體中文的書目時，為尊重原作者，在第一次出現時，會在引號內加上繁體中文的翻譯，之後，仍按照原文的簡體中文之翻譯，不再加上繁體中文之翻譯，以免讓讀者產生累贅之感。讀者只需要稍加留意簡體與繁體在翻譯時，二者使用的漢字可能有異。

6　尼科洛‧馬基雅維里〔馬基維利〕（Niccolo Machiavelli）著，李活譯，《佛羅倫薩〔佛羅倫斯〕史》（北京：商務印書館，2019）。

7　請參照，彼得‧伯克（Peter Burke）著，張宏譯，《文藝復興》，第二版（北京：北京大學出版社，2022）。

8　查爾斯‧菲茨羅伊（Charles FitzRoy）著，陳曉兵譯，《文藝復興佛羅倫薩穿越指南》（北京：新華書店，2022）；Gene A. Brucker, *Renaissance Florence* (Berkeley: University of California Press, 1983); Gene A. Brucker, "The Medici in the Fourteenth Century," *Speculum*, Vol. 32, No. 1 (January 1957), pp. 1-26.

與暴力之間的關係[9]，或是主教的好客之心[10]；或者有人——但人數應該少些——關注該時期女性角色與社會地位的提升[11]等。當然，這些議題自身即具有重要性，但在本文中，筆者謝某想要處理的則是以下幾個彼此有關的議題：爲什麼是佛羅倫斯這個城市發生了所謂的「文藝復興」，特別是在處於中世紀長期的停滯之後？爲什麼這個城市有一群通才而又博學之人，能夠在很短的時間內習得各種技藝，並且帶領著歐洲人走向下一個階段呢？這些問題，我們得藉助加文·孟席斯（Gavin Menzies）在過去長達三十幾年的研究來說明，但我們應該先花點時間瞭解這個人。

　　孟席斯自英國皇家海軍退役，他曾經擔任海軍潛水艇艦長，是《1421：中國發現世界》[12]這本書的作者。在《1421》中，他舉出了很多古地圖、物種的交流、考古遺物，與遺傳基因等證據，證明鄭和船隊已在 1421 年航行至美洲，比起克里斯多福·哥倫布（Christopher Columbus）的 1492 年還早了七十年。當然，一開始，筆者也懷疑孟席斯，也因爲吾人所受的專業訓練之自我要求，試圖採取批判的角度去「打擊」孟席斯所有的論點，對於一個被訓練成有點高傲的研究者——就像筆者謝某本人——而言，要與孟席斯這樣的「門外漢」對話感覺上並非難事，因爲社會科學，特別是歷史社會學，培養一位專家，至少得花上十年的時間，漫長的時間之訓練，足以讓平凡者變成一位論點有說服力的專家。然而，經過幾年下來的思考與寫作[13]，謝某由批判變

9　Jonathan Davies, "Violence and Italian Universities during the Renaissance," *Renaissance Studies*, Vol. 27, No. 4 (September 2013), pp. 504-516.

10　Lucinda M. Byatt, "The Concept of Hospitality in a Cardinal's Household in Renaissance Rome," *Renaissance Studies*, Vol. 2, No. 2 (October 1988), pp. 312-320.

11　請參照，考克斯，《燦爛的再生》（北京：化學工業出版社，2022），特別是該書的第六章，〈文藝復興時期的女性〉，第 201-257 頁。

12　加文·孟席斯（Gavin Menzies）著，鮑家慶譯，《1421：中國發現世界》（台北：遠流出版社，2011）。英文版書目爲：Gavin Menzies, *1421: The Year China Discovered America* (New York: HarperCollins, 2002).

13　請參照，謝宏仁，〈哥倫布是個騙子：帶著前人的地圖去「探險」〉，《顛覆你的歷史觀：連歷史老師也不知道的史實》，增訂二版（台北：五南圖書，2021），第 43-88 頁。因爲該文之篇幅的限制，吾人僅用了四張古地圖來支持孟席斯之「中國發現世界」這個看法。謝某以爲，孟氏的大量證據應該更具說服力才對，只可惜，全球有許多「專家」、「學者」仍不願意對其證據一一反駁，而僅僅用相當籠統的理由拒絕接受其論點，藉以捍衛自己的「陳舊」知識。

成了支持。這是為什麼？因為從歷史學、考古學、遺傳學等證據看來，讓吾人實在很難提出不同於孟氏的看法，而且，看到孟席斯所提出的證據愈多，不得不佩服孟氏對於追求真理的熱情。是故，本章亦會將孟席斯的論點視為重要參考資料，只是這次引用的是他的另一本傑作，即《1434：中國點燃義大利文藝復興之火》，因為這本書試圖解釋一支「被遺忘的」鄭和艦隊，這支艦隊航向了佛羅倫斯，並且在那裡點燃了文藝復興之火。

　　本章的結構安排如下：首先，文藝復興讓人直接聯想到佛羅倫斯這個城市，那麼到底這個城市有什麼特別的地方，可以讓歐洲在黑暗的中世紀甫結束之時，能夠有一個城市率先帶領歐洲離開黑鴉鴉的中古時期。第二，想要更全面地瞭解佛羅倫斯這個城市，就必須留意到 15 世紀初期，鄭和船隊拜訪過這個城市，當時鄭和派出分艦隊從麥加穿越紅海，再進入通往尼羅河的運河，向北航向開羅，之後，再從開羅前往佛羅倫斯拜訪教皇等人。第三，我們將介紹見過中國使節的佛羅倫斯數學家，可想而知，能見到來自中國的特使，應該不會是尋常百姓家，而是所謂的通才、博學者，這些人擁有充足的知識，上知天文、下知地理，所以才能夠名留青史，至今永垂不朽，我們會見到其中幾位重要人士，他們在不同的面向上，深受中國的影響。第四，文藝復興的起源並不單純，而且，總是被認為與人們都快要忘記的古希臘、古羅馬的輝煌成就有關，但事實不然。我們將介紹幾位義大利的「文藝復興人」（Renaissance Man），這些人用了最快的速度「學習」（或抄襲）了來自中國的百科全書《永樂大典》，他們在 GOOGLE 了這套百科全書之後，從原本不知名的小人物，很快地都成為了發明家、工程師、建築師、畫家、雕刻家、物理學家以及天文學家等。最後，吾人以蒙娜麗莎的「竊笑」來總結本章的發現。

　　現在，我們先造訪佛羅倫斯這個美麗城市。

一個雀屏中選的城市

　　要成爲文藝復興（運動）的主要城市並不容易，佛羅倫斯[14] 應該有其與眾不同的條件，才能在數以百計的城市裡「雀屏中選」。此時，如果我們放棄了所有懷疑的機會的話，那麼，我們會很容易地落入一個研究的「陷阱」，它會引誘研究者努力去找出佛羅倫斯與其他城市——像是威尼斯、巴黎、倫敦，或者相對遙遠的杭州——在比較後的獨特之處。這樣做，研究者極可能在雞蛋裡挑骨頭，想方設法地找出佛羅倫斯不同於其他條件的城市之細微差異處，然後再將這些「差異處」（仍不能排除城市之間的相似性）連結到文藝復興的偉大成就，再接著，在「差異處」與「偉大成就」之間「置入」因果關係。此時，一切變得完美了，好像是研究者在努力了一段時間之後，終於有了回報，因爲變數之間的「因果關係」已然呈現。那麼，那些似是而非的、「專屬於」佛羅倫斯的條件是什麼呢？具體而言，15 世紀初的佛羅倫斯，與歐洲的城市所經歷的「黑暗時期」各式各樣不怎麼光明之種種，無論在經濟、政治、社會，與文化面向都是如此，爲何佛羅倫斯在短短的數十年之間發生了如此大的變化，彷彿只是爲了應驗一句話：「黑暗之後，必有光明！」的確，大眾是看到了「光明」，只是仍不清楚爲何「光明」出現在這個時候的這個城市。

　　但問題還是要回答，至少得滿足人們的好奇心。問題有哪些呢？非（貴爲）學者，但總是比學者更努力追求眞相的孟席斯就看到了不太尋常的景象與其難解之處，他說：

> 14 世紀的意大利〔義大利〕，就是一些小的、獨立的城邦國
> 家與一些微不足道的政、軍事力量的拼湊體。各個城邦之間
> 的方言、錢幣，甚至連度量衡各不相同〔略遜於秦朝中國〕；
> 佛羅倫薩本身也是死水一潭。然而，從 1413 年至 1470 年間，

14　佛羅倫斯共和國（義大利語：Repubblica Fiorentina），是中世紀義大利之城邦國家，位於今日義大利的托斯卡尼大區，以佛羅倫斯（英語：Florence；義語：Firenze；拉丁語：Florentia）爲中心。

佛羅倫薩創生了一系列宏偉的傑作，以至於六百多年之後仍
讓人嘆息不已。爲什麼文藝復興會突然在這個意大利小鎭爆
發呢？是什麼因素促使哥特式建築、雕刻家和畫家採用被我
們稱爲文藝復興式的激進風格呢？爲什麼在短短幾年內從那
些偏僻的地方能夠湧現出如此之多的天才人物呢？又爲什麼
是在那個地方，那個時間呢[15]？

讀者應該不難想像，有如一潭死水的佛羅倫斯，要如何才能讓人們看到
這個城市的生機呢？古典時期——古希臘、古羅馬——應該藏了許多好
的東西與好的想法，筆者謝某以爲這的確是個不錯的辦法，讓人們很快
就忘記了歐洲的「黑暗時期」。並且，爲了讓人們相信歐洲人比較「高
級」些，所以出現在歐洲的事物，不可能從歐洲以外的地方輸入，按
此邏輯推論下來，一切好的想法、做法——體現在建築、繪畫、雕塑、
數學、天文、解剖、機械、物理，以及人文主義思想等——最好（或只
能）來自歐洲本身，那麼古希臘、古羅馬時期正是最適合的「來源」。

　　話說對於「做學問」（「學術研究」一詞通俗的說法）這工作，筆
者謝某一向抱著「及格」就好，不敢用盡全力，避免自己壓力過大承受
不了，畢竟有些學者其實對眞相的瞭解能力差強人意，卻還是有一群人
將這位（些）「不求甚解」的「高手」以「大師」二字尊之[16]！然而孟
席斯就不同了，雖然他非出身杏壇，但他追求眞相的動機與熱情，足以
讓「眞」學者們嚇出一身冷汗。

　　我們先回到這個小節的主題，爲何佛羅倫斯被選上而成爲文藝復

15 加文・孟席斯（Gavin Menzies）著，宋麗萍、楊立新譯，《1434：一支龐大的中國艦隊抵達意
大利並點燃文藝復興》（北京：人民文學出版社，2012），第104頁。
16 社會科學界向利益看齊的學者並不少見，對於這些「功利主義」者之批判，請參照，謝宏仁，
《歐洲中心主義與社會科學：挑戰西方至上的舊思維》（台北：五南圖書，2022）。如果單
看社會學界的話，像這樣的「高手」，長期被以「大師」尊稱的學者，馬克斯・韋伯（Max
Weber）應是無出其右者也。請參照，例如，謝宏仁，《社會學囧很大 1.0：看大師韋伯如何
誤導人類思維》（台北：五南圖書，2015）；謝宏仁，《社會學囧很大 2.0：看大師韋伯如何誤
導人類思維》（台北：五南圖書，2019）；謝宏仁，《社會學囧很大 3.0：看大師韋伯如何誤導
人類思維》（台北：五南圖書，2020）；謝宏仁，《社會學囧很大 4.0：看大師韋伯如何誤導人
類思維》（台北：五南圖書，2022）。

興的「首要（最主要）」都市？一般而言，有三種說法試圖解釋文藝
復興（運動）發生在佛羅倫斯這個山城，孟席斯一一對它們提出反駁，
並且為他自己的第四種說法舉出證據。簡單說，孟氏認為其他三種（一
般的）說法都不能說明真正之原因，但他提出的第四種可以，只是西方
學者（可能）不願意立馬接受孟席斯提出來的證據，因為他的第四種說
法是：文藝復興起源於中國。謹慎的孟席斯針對這三種說法一一予以辯
駁。其一，義大利北部「地理環境的優越性」，其土地之肥沃，例如波
河流域「4,000平方英里的精耕細作的良田」，為每一個人提供了豐富
的糧食；其二，這個區域的人口密度遠較歐洲其他地區更高，原因之一
是「古羅馬時期築造的城牆仍舊能夠……提供保護」。至於居民的生
命財產之安全，「是城市，而不是國家……」提供之；其三，「亞諾
河……它帶走了城市污水，方便了建築材料的運輸……為此，佛羅倫薩
這個山城從未真正為水資源的有限和短缺而煩惱，羊毛製品貿易的幾乎
各種環節──分選羊毛、鞣革、洗毛、紡紗和洗滌成品──都需要大量
的水[17]」。的確，羊毛產業對這個城市是重要，然而難道其他城市就沒
有其特別的產業支持其成長嗎？人類不是經常都會找到水源充足的地方
謀生嗎？如果這些都有了，山明水秀的地方不是更好嗎？這不難懂，所
以佛羅倫斯應該不會因為這些簡單的理由而成為文藝復興的主要城市。

　　那麼，孟席斯的第四個理由會是什麼呢？令人驚訝地，孟席斯認
為1434年一支來自中國的艦隊航向佛羅倫斯，啟動了今日人們所熟知
的文藝復興。其實，乍聽之下，讀者無不產生出人意料之感，但思考之
後，這樣的看法似乎也不是不可能。15世紀初葉，歐洲尚未開始其所
謂的「大航海時代」，唯一可能出現在世界各地的艦隊，除了明朝永
樂、宣德年間的鄭和所帶領的寶船（與護衛艦、補給艦等）之外，人
類歷史上沒有其他可能性。況且，宋朝時，中國的船艦已造訪了非洲
東岸，鄭和的再次拜訪，意義並不大。孟氏認為15世紀初之時，鄭和
已經下令分隊艦長洪寶派出支隊從麥加進入紅海，再航進連接紅海與尼

17　孟席斯，《1434》，第104-106頁。

羅河上游的運河之後，接著進入尼羅河，向北繼續航行到達開羅，再從開羅航行至佛羅倫斯。孟席斯的第四個可能性，著實令人驚訝，因爲它挑戰了既有的思維——近代史上對人類全體有助益者全是歐洲人的貢獻——也顛覆了人們的歷史觀與世界觀。約莫二十年前，孟席斯在北京出版了《1421：中國發現世界》[18]，引起了正反兩方的論戰，在塵埃尚未落定以前，孟席斯在《1421》的根基上，繼續挖掘歷史眞相，於2008年出版了《1434》[19]英文版，並於2012年出版了《1434》中文版。之後，反對孟席斯的學者，似乎更是肆無忌憚地「攻訐」孟氏了，例如某些批評家在尙未閱讀的前提之下，已經準備好了批評孟氏的一句殺傷力不小的話：「他〔孟席斯〕在錯誤的道路上越走越遠[20]。」然而，事實上，孟席斯對研究展現出的熱情，頗令「眞正的」學者心跳加速。接著我們看看孟氏找到的證據。

航向佛羅倫斯的中國艦隊

一般認爲，紅海與地中海是無法以水路連接在一起的，所以一聽到鄭和下令洪寶派遣支隊從麥加前往開羅之時，其直覺反應是，這怎麼可能呢？因此，在這一個小節當中，我們要證明的是，的確有航路可以從紅海行駛到地中海，從麥加到開羅。事實上，根據歷史文物之挖掘，中國與埃及的貿易早自唐代即已開始[21]。當然，這一小節的目的不在於歷

18　加文・孟席斯著，師研群譯，《1421：中國發現世界》（北京：京華出版社，2005）。英文版早於中文版三年。

19　Gavin Menzies, *1434: The Year A Magnificent Chinese Fleet Sailed to Italy and Ignited the Renaissance* (New York: HarperCollins, 2008).

20　Moonglider 的部落格，〈鄭和發現新大陸？雄壯的中國艦隊在意大利點燃文藝復興！〉，udn. com，2008 年 8 月 9 日，https://blog.und.com/Moonglider/2116444，檢索日期：2023 年 8 月 2 日。

21　雖然本文之目的並非是要說明中國海外貿易史之概梗，但此處稍微這一下。考古學家霍布森（R. L. Hobson）在其〈福斯塔特發現的中國瓷器〉（Chinese Porcelain from Fustat）一文中，曾經如此地描述了所發現的陶瓷器之重大意義，霍氏說：「翻看保存在福斯塔特和開羅的阿拉伯博物館的大堆文物碎片……我們非常清楚地意識到了埃及與遠東貿易的程度之廣、時間之久遠。例如，有些上著乳白釉彩、帶著綠色和黃褐色斑點的淺黃色粗陶器，就是來自中國唐朝的物品；還有幾種青瓷則顯示是宋朝商船帶來的物品；而那些青花瓷則是元朝至明朝末年的產物……貿易量到明朝時期大大增加眞是再明顯不過了……在最早發現的一個瓷碗底部標有統治年代標記『永樂（1403-1424）』——也就是朱棣統治時期。」見《伯靈頓鑑賞家雜誌》（*Burlington Magazine for Connoisseurs*），第 61 卷，第 354 頁。孟席斯的 1434 網站上展示了福斯塔特地區發現的朱棣統治時期一片青花瓷的照片，引自孟席斯，《1434》，第 64、71 頁，註解 8。

史文物的探討，而在於鄭和的分艦隊能不能從紅海進入地中海，沿途有沒有留下什麼證據，這是值得花費時間去完成的，應該避免像是「哥倫布發現美洲」這件事那樣，基本上是找不到哥氏在美洲曾經做過什麼的證據。是故，我們花點時間在確定航道確實存在，也處於可以航行的狀態，因爲這是最基本的條件。

這一節當中，再分爲以下幾個小節，其一，被鄭和派至忽魯謨斯（開羅）的船隊；其二，忽魯謨斯與霍爾木茲並不是同一個城市，前者是開羅，後者是位於波斯灣的一個島嶼；其三，從開羅到佛羅倫斯須經過亞得里亞海，那裡有一個島，島上居民的基因並非來自歐洲，而是亞洲，這證明亞洲人曾定居過。我們先看看《明實錄》如何記載鄭和派艦隊到開羅的紀錄。

到忽魯謨斯（開羅）的船隊

明朝官修歷史《明實錄》記載，明成祖永樂年間（1403-1421），埃及與摩洛哥兩國均在 1408 年接受詔書、禮物之列，但卻一直到 1430 年都不曾向中國進貢，然而《明實錄》的確將教皇國與巴格達列入朱棣統治時期，向中國納貢的國家裡。13 世紀中葉至 16 世紀初，麥加隸屬埃及馬穆魯克王朝（或稱馬木路克蘇丹國，Mamluk Sultanate, 1250-1517）。1432 年，「洪寶派至麥加的支隊也接到了前往開羅的命令」，艦隊穿越了紅海－尼羅河運河，船員們將紅海遠遠地拋在其身後。中國人到過埃及的事實，可以清楚地從 1418 年〈天下諸番識貢圖〉（簡稱〈識貢圖〉）這幅世界地圖上的註釋看出，該註釋試著描繪埃及的金字塔[22]。這麼說，這幅地圖製於15世紀初，而1418年又剛好是明朝鄭和七下西洋的年代，除了說明鄭和船隊已經航遍全世界之外，不可能有其他解釋，否則的話，這幅早於所有西方製圖師所製的世界地圖就永遠成謎了。而若是鄭和的船隊不曾到訪過埃及的話，又如何能寫上合理的註解呢？天底下應當沒有這麼巧合的事發生。

---

22 林貽典、劉鋼的研究成果，見 www.gavinmenzies.net。也見王鵬翔，《通往佛羅倫薩之路》（*What Was the Route Taken to Florence*），第 1 頁，引自孟席斯，《1434》，第 53 頁。

　　只是，當孟席斯為上述的論點提出證據時，幾度被視為詐騙集團的成員，其「證據」是憑空想像出來的[23]。吾人不禁懷疑，人們普遍相信哥倫布（Christopher Columbus）是第一個發現美洲的探險家，但在相信的人們之中，卻少有人在意哥倫布在美洲留下了什麼證據？他到底在美洲做過什麼？歐洲的圖書館裡到底有沒有為這件事留下什麼珍貴的史料呢？因為美洲有許多國家分別在不同的日子裡慶祝哥倫布發現美洲，這表示它是一件公認的「事實」，已經沒有再看一次證據的必要了。但是，這是哪一種的研究方法呢？此研究方法目前應該還沒有普遍被認可，但對於哥氏的探索，大多數人卻是信以為真。反觀鄭和發現世界這個論點，在證據提出之後，孟席斯直接被貼上「騙子」的標籤，這對於勇於提出不同看法與證據的人而言不甚公平。

　　2001 年時，劉鋼先生在偶然間發現了這幅地圖的摹本，這一份〈識貢圖〉之摹本是在乾隆癸未年（1763）時由清高宗的朝臣莫易全繪製完成的。摹本與真本兩者最大的不同在於該地圖上的註解，若是註解以紅色的方框圍住，那是指 1418 年真本上原來就有的註解，若無，則是莫易全後來加上的註釋。〈識貢圖〉在非洲北部——在該圖地中海的下方，在今埃及的左側——的註解有紅色的方框圍住，表示該註解是在 15 世紀初時就已經存在著的，該註解（紅色方框）中寫著「此地有巨市城〔，〕皆用石建〔，〕其形之巨〔，〕可與秦王陵比之[24]」。從上面的註解看起來，它所談論的是埃及的金字塔，應該不至於產生誤會。

　　這裡，我們也看到了〈識貢圖〉是目前最早的世界地圖，其繪製的時間早於所有歐洲「先進的」世界地圖[25]，該地圖在埃及附近的註解提

23　孟席斯先生在其《1434》傑作之中，所提出的各種證據——包括歷史學、考古學、遺傳學以及物種傳播等——數以百計，很可能連受過十年以上專業訓練的專家都不易提出反證，筆者謝某相信，孟氏的論點及其佐證具備相當強的說服力，就連十分「挑剔」的學者如謝某本人，欲質疑孟席斯的講法都感到困難。有鑑於此，吾人在本章之中，將引用不少孟氏的觀點。當然，謝某會根據所掌挑選出孟氏最具說服力的論點，也歡迎不同觀點的挑戰。

24　劉鋼，《古地圖密碼：1418 中國發現世界的玄機》，第二版（新北：聯經出版社，2018）。本書以 1418〈識貢圖〉之摹本為其封面。無須打開書本即可看到上述之註解，以紅色方框圍之。

25　關於古地圖的分析，請參照，劉鋼，《古地圖密碼》；關於哥倫布發現新大陸這個不可能的任務和其手邊來自中國的地圖，請參照，謝宏仁，〈哥倫布是個騙子〉，《顛覆你的歷史觀》。本文亦在相當程度上參考了孟席斯的大作《1421》。

到了金字塔的樣態，證明鄭和的船隊造訪過埃及。在前述的分析中，我們看到了《明實錄》記載過鄭和的手下洪寶所帶領的支隊曾經收到前往開羅的命令，在鄭和下西洋的年代，從麥加可以航行在紅海上，通過運河到達位於地中海的開羅。爲了讓本書第二章〈地理大發現〉的分析更爲順利，有必要敘述鄭和與洪寶船艦在 1432 年的航行情形，以及在航行期間留下來的書面紀錄，孟席斯是這麼說的：

> 1432 年 11 月 18 日，當船隊行駛到斯里蘭卡以南時，鄭和命令洪寶率領一支艦隊前往卡利庫特〔或卡里卡特，中國古時稱之爲古里，Calicut〕，他們的下一個停靠地。一個艦隊總司令如果想親自前往某地，是不會命令他手下的海軍軍官率領船隊進港的。這也就意味著鄭和分出一部分的船隻由洪寶帶領【26】。

孟席斯繼續說道：

> 鄭和船隊裡的史學家馬歡在他的一本書中詳細描繪了卡利庫特這個城邦國家的景象，幾乎占去全書的十分之一。該地成爲鄭和船隊遠洋的一個重要前哨站。馬歡本人也是個穆斯林，他非常高興地發現，卡利庫特有二十多所清眞寺，穆斯林人口高達三萬之多。他還詳細地介述了鄭和寶船的商務代表與當地商人以及中間人是如何進行交易的：洽談結束之後，所有利益集團之間互相握手，並承諾永遠按議定的價格償付。馬歡這些令人非常感興趣的記述，得到了尼科洛・達・康提〔尼科洛・德・孔蒂，Niccolò de' Conti, 1395-1469，以下都稱爲孔蒂〕作品的印證，後者曾於 1419 年到過卡利庫

26　王鵬翔的團隊中的席飛龍、楊曦和唐錫仁在《鄭和使團抵達羅馬教廷》（*Zheng He Delegation to Papal Court*）第 6 頁詳細記述了洪寶生平，也見《鄭和與他的使節們》（*Zheng He and His Envoys*），第 1 頁，引自孟席斯，《1434》，第 50 頁。

特。正如理查德・霍爾在《那些季風影響的帝國》（*Empires
of Monsoon*）中指出的，馬歡和尼科洛・達・康提兩人的描述
幾乎一字不差，甚至連測試是否有罪的方法（將被指控者的手
指放入沸騰的油中，如果手指燒焦了，則意味著有罪）的記述
都一樣[27]。

在孟席斯上述兩段敘述中，以下的看法值得進一步推敲。其一，鄭和的
艦隊分為幾個支隊，各個支隊有其任務，未必一起行動，而且似乎也沒
有必要；其二，印度的卡利庫特是鄭和船隊深入印度洋與進入波斯灣的
前哨站，可以想見，鄭和對這個城市應該懷有好感，因為穆斯林人口相
當多，清真寺的數目也是，可以說是個東南亞前往麥加以及其他重要城
市——像是開羅等——的遠洋航程的中繼站，海軍將領洪寶，他本人也
是在這裡接到命令前往紅海與地中海執行任務；其三，我們在下一章會
再看到孔蒂（亦即尼科洛・達・康提）這位威尼斯商人、旅行家，他在
24 歲時離開威尼斯，先後抵達大馬士革、敘利亞，再到了卡利庫特等
地，二十五年之後，約莫 50 歲時回到威尼斯。當時，他可能在卡利庫
特接觸過中國船員或商人。簡單說，孔蒂在東方經商旅行之時，正好是
鄭和下西洋之年代，也許這為我們留下了重要線索。
　　或許有一個可能性是：哥倫布出發至美洲「探險」之前，從孔蒂
的手中拿到了中國人繪製的世界地圖。原因是：在 15 世紀末，有一位
探險家從伊比利半島出發，花了七十天左右的時間，橫渡大西洋之後，
又回到他出發的地方，此人為全世界的人發現了一塊「新」大陸。這段
期間，船長與船員們並沒有遭遇到特別大的困難，竟然沒有人知道，也
沒有人在意這樣的「探險」故事會不會太順利了呢？這有一點像是發生
在義大利佛羅倫斯共和國的文藝復興那樣，一切「新」的事物，無論是
在繪畫、建築、機械、物理、天文，甚至是想法等，全部都發生了，看

---

27 理查德・霍爾（Richard Hall），《那些季風影響的帝國》（或譯作《季風帝國：印度洋及其
　侵略者的歷史》）（*Empires of Monsoon: A History of the Indian Ocean and Its Invaders*）（New
　York: HarperCollins, 1998），第 87-89、124 頁；引自孟席斯，《1434》，第 51 頁。

起來像是從無到有，都可以在佛羅倫斯這個代表性的城市找到，但是就算是歐洲在中世紀晚期已經「準備」要產生變化了，那我們總得在這段時期看到了進步的樣子吧！然而，事與願違，我們被告知應該去古希臘、古羅馬的榮光底下才能看得更清楚，這到底是爲什麼？歐洲人（或學者，具體而言）在怕什麼？怕人們知道眞相嗎？但追求眞相不是研究（者）終其一生所戮力爲之者嗎？當然，要改變過去根深蒂固的想法並不容易，但至少可以讓讀者開始懷疑自己過去曾經深信者。

　　現在，我們還得回到這支去了佛羅倫斯的中國艦隊上，這艦隊去了開羅，舊時的名稱叫忽魯謨斯。

忽魯謨斯不是霍爾木茲

　　用華語唸出「忽魯謨斯」與「霍爾木茲」（Hormuz，或譯荷姆茲）這兩個地方的音譯十分相像，甚至會認爲忽魯謨斯就是霍爾木茲。因此，孟席斯爲了證明忽魯謨斯並非霍爾木茲而是開羅，他做了相關的研究。吾人以爲，雖然就鄭和船隊航行過的總里程數而言，距離並非很遠，但是其結論影響甚大，以下吾人說明兩個重要原因。第一，如果忽魯謨斯被證實是今日的霍爾木茲的話，那麼這間接地表示鄭和下西洋，最遠可能就只到達非洲東岸，明代並未超過前人，航行最遠之處，也是非洲的東海岸；第二，而若是忽魯謨斯並非霍爾木茲，而是開羅的話，那麼孟席斯的主張——鄭和令洪寶的分艦隊派出支隊從麥加到開羅，再從開羅航向佛羅倫斯——就有可能發生，且他所主張的就值得重視了。因爲文藝復興在佛羅倫斯的「（千年之）瞬間」之發生就可能與中國有關，否則的話，還是只能透過連接遙遠而又模糊的古希臘、古羅馬所遺留下的隻字片語與破碎文物，才能得到解釋了。當然，文藝復興這個「千年一瞬」還是來得突然些。

　　但爲何忽魯謨斯不是霍爾木茲呢？孟席斯所提供的原因如下：首先，根據〈識貢圖〉的主人劉鋼的研究指出，幾本中文資料——包括《瀛涯勝覽》、《西洋諸番志》、《西洋朝貢典錄》和《明實錄》[28]——

28　見 1434 網站，引自孟席斯，《1434》，第 57 頁，註釋 18。

都描寫過忽魯謨斯這個地方，只不過，都與現今我們知道的霍爾木茲存在著不小的差異。中文資料所描繪的忽魯謨斯是一個「草木春天開花，秋天落葉、冬日冰封、少雨多露。……是西洋最大的王國之一，來自外邦的商人通過水路和陸路都可以到達這個國家。他們還補充說，忽魯謨斯位於西洋的盡頭，靠近海岸。……社會高度發展，在文學、醫藥知識、天文、藝術和科技方面的發展都遠在其他蠻族國家之上。事實上，那裡的文明發展水平可以同中華（中國）相媲美[29]」。從這段話看起來，忽魯謨斯不是一個小島，如我們印象中的霍爾木茲那樣，因爲忽魯謨斯靠近海岸，應該沒有人會描述一個小島，說它靠近海岸。通常會說這小島在海裡面，從島的中心向四周前進的話，都可以走到海邊。

其次，孟席斯認爲15世紀的商人眼中之霍爾木茲國，是位於霍爾木茲海峽的小島，在阿曼灣與波斯灣之間，「幾乎草木不生，而且從不冰凍；是個極小又難以到達的國家，氣候炎熱難耐，一年之中只有三個月適合居住。其包括天文、醫藥知識等方面的文明可以說幾乎沒有發展[30]」。波斯灣小島上的一個王國，其知識發展的水平，聽起來並不吸引人們的注意，更何況，這個地方炎熱得不宜居住，一年裡只有四分之一的時間勉強可以住下來，當地的氣候應該會鼓勵喜歡動腦筋的學者、文人雅士，以及有錢的貴族往其他地區移動才是。當然，也有人認爲愈艱困的生活愈能培養出好的人才，不過，更可能的是：中上階層的人大多數會往富裕的、生活環境好的地方移動。另外，「草木不生」的霍爾木茲與「草木春天開花」的忽魯謨斯，絕非同一個地方。

再次，孟席斯引用王鵬翔、林貽典的研究，他認爲上述幾本書當中所記載的忽魯謨斯，只有開羅適合而已。他的「猜測」得到清代才進行編纂的《明史·外國傳》之證實，書中記載了中國使節（包括鄭和）到過勿斯里（開羅），但對方並未派使團至中國回禮。除此之外，《明實錄》記載著：「〔永樂〕6年（1408年），鄭和往忽魯謨斯又及其他國

29 引自前揭書，第55頁。
30 前揭書，第55頁。

家，8年（1410年）返回[31]。」孟席斯對於忽魯謨斯的考證相當重要，因為這關係到鄭和船隊的支隊是否曾經從開羅航向佛羅倫斯；假使忽魯謨斯的確是霍爾木茲的話，那麼鄭和船隊到底經由哪個航線（航道）駛向佛羅倫斯的呢？這將引發另一層的質疑。

運河存在的必要性

從麥加到開羅相對較短的海路必須經由紅河北上，然後進入地中海，如果15世紀就有蘇伊士（Suez）運河的話，它就能連接紅海與地中海，到達埃及第一大城開羅。不過，在沒有鑿通蘇伊士運河以前，並非沒有方法從麥加經紅河再到開羅的方法，其答案還是運河，只是運河不是連接紅海與地中海，而是連接紅海與尼羅河。運河必須疏浚，否則泥沙淤積後，就失去航行的功能，只能等待下一次疏通的時機。連接紅海與尼羅河的運河很重要，因為洪寶接到鄭和的命令，他必須從麥加派出航艦前往開羅。在這樣的情況下，孟席斯必須證明紅海的確有航路可以行駛至開羅，否則的話，沒有受過歷史學專業訓練的孟席斯很可能會受到來自——特別是，那些受過「非常專業」的歷史學訓練的博學之士——無情地並想靠著本身的「專業」來讓人難堪的攻詰。所以，連接紅海與尼羅河支流的運河必須是可航行的，尤其是在鄭和下西洋的年代（之一部分，至少如此）。被貶抑為歷史學「門外漢」的孟席斯，反而注意到應該是專家才會（才有能力）注意到的重要問題，事實上，這一、二十年來都是如此[32]。

可以推論得出，孟席斯應該得先證明紅海與地中海之間是有辦法航行的，特別是在鄭和下西洋期間，雖然七次航行之中，不見得每次都要通過那兒。於是乎，孟氏為此也做了番研究，他說：

31　前揭書，第55-56頁。
32　吾人並非認為孟席斯的觀點沒有任何疏漏之處，只是，就謝某對其作品的閱讀經驗來看，除了孟氏的參考書目的部分明顯地可以再改進之外，其他的論點大致上還算是頗為科學的。換句話說，要提出更紮實的證據來反駁孟氏的說法，絕非易如反掌折枝。另外，謝某認為自己並不是一位容易被說服的學者，就這一點而言，相信可以從謝某的拙著中略見端倪。當然，這不無老王賣瓜之嫌。

從希臘、羅馬和阿拉伯作家的記述中，我們發現了船隻能夠經由運河將來自尼羅河的貨物運往紅海的大量證據，回航的狀況也大體一樣。就這樣，產自蘇丹田間的穀物被輸往羅馬、麥加、阿拉伯半島和印度。也是通過同一條運河，中國的瓷器和絲綢被輸往羅馬，威尼斯的玻璃器皿被運往印度[33]。

首先，尼羅河的貨物可以運往紅海，那麼紅海的貨物也能運往尼羅河了，因為孟席斯提到了「回航的狀況也大體一樣」，也就是說，位於地中海與紅海的城市之間的貿易存在已久，地中海與紅海之間並未（完全）被陸地阻隔，而是可以透過水路進行貿易。其次，開羅就位於尼羅河畔，這是中古晚期的巨大城市，不只與威尼斯、阿拉伯半島，甚至是印度、中國等，都有貿易的往來，開羅可以透過運河到達紅海，達到貿易之目的。最後，也是最重要的是，孟氏已經證明了在不透過或試著穿越蘇伊士地峽、運河（如果有的話），從麥加到開羅的航程已經存在了不少時間了，也就是說，兩地是可以通航的。現在，剩下來的問題是：15 世紀初時，洪寶的支隊能從麥加航行到開羅嗎？這可是鄭和的命令，無法完成的話，要殺頭的，總不能拿自己的首級來開玩笑。當然，吾人的後見之明是：鄭和與洪寶都清楚地知道，從麥加航行到開羅，若與探索全世界這件事相比較的話，它應該就像是一件家裡的雜務而已，但不做不行。

事實上，尼羅河與紅河之間的運河不只一條，至少有舊運河與新運河，而且與全球的河流差不多，總是會遇到天災與人禍──洪患與去森林化（deforestation）──使得疏浚這項工程變得無可避免。因此，運河並不總是可以航行的，所以雖然身為業餘但卻比專業者更加用心的孟席斯，當然不可能忽略這個問題，那麼到底可航行的時間為何呢？自 7 世紀中葉開始，孟席斯總結了運河是否得以航行的概況，他說 642 年時，因為當時的運河已被尼羅河的淤泥堵塞，埃米爾‧伊本‧

33　孟席斯，《1434》，第 62 頁。

阿爾—阿斯（Amir ibn Al-As）疏浚了舊運河河道。約莫在一個世紀之後，也就是8世紀中葉時，爲了阻止麥加和麥地那反抗運動的擴散，阿巴斯王朝的哈里發阿布‧賈法爾‧阿爾—曼蘇爾（Abbasid Abu Ja'far Al-Mansur）遂於767年時爲禁止穀物運往麥加而封閉了運河。十三年之後，國王馬赫迪（Al Mahdi）統治期間，運河於780年再度開放。後來，泥沙淤積，艾哈邁德‧伊本‧圖魯恩（Ahmad ibn Tulun）在870年時再次疏浚運河。955年時，也有一次疏浚和擴建的狀況[34]。上述的三百年之間，連接紅海與尼羅河之間的運河經過了多次疏浚，可以想見，運河在地中海、紅海，甚至是印度洋貿易圈扮演著極爲重要之角色，支撐著開羅成爲區域貿易中心的關鍵地位。因此，我們的重點在於鄭和下令給洪寶派艦隊從麥加航行到開羅能否完成，取決於紅海與尼羅河之間的運河必須通暢。

　　第二個的千年情形又如何呢？一次大型擴建發生在1337年，那是在蘇丹馬利克‧恩—納西爾（al-Malik an-Nasir，統治期間1293-1341）在位的時候所完成的，整個工程大約使用了10萬名工人，另外他也在羅達島（Roda Island）的南邊豎立了測量標尺來監測尼羅河水位，並一直留存至今日。歷史學家詹姆斯‧奧爾德里奇（James Aldridge）在其著作《開羅：一個城市的傳記》總結了最後這次發生在1337年的疏浚與擴建工程，《開羅》一書的論點是建立在15世紀埃及歷史學家阿爾—馬克里茲（al-Madkrizi）較早記述的基礎之上，奧爾德里奇如是說：

> 象島周圍露出水面的陸地都是綿軟的沼澤地帶，告訴我們關於這一切事件的馬克里茲說，過去馬穆魯克〔馬木路克，Mamluk〕王朝的奴隸士兵們曾經在這裡操練射箭。但在14世紀中葉，納西爾將紅海運河與尼羅河的新河岸連接起來的時候，要通過這塊新形成的沼澤地，因此把這裡的水都排乾了。老運河這個新的出口稱作卡利格‧阿爾‧納西爾，直到

34　前揭書，第62頁。

> 今天，它仍舊是紅海運河的出口……作爲終結版的納西爾運河直至 19 世紀才被填埋……[35]。

在這次的疏浚與擴建之後，尼羅河連接紅海運河的地方有了新的出口，更重要的是，被稱之爲「納西爾運河」的人造河道一直使用到 19 世紀末才再度因爲淤積而無法使用。相對而言，本次發生於 1337 年的工程相對較大，並且該運河尚被繼續使用了幾個世紀，一直到 19 世紀的尾聲。因此，鄭和下令洪寶分隊艦長從麥加航行到開羅是可行的。

接下來，洪寶派出的支艦才有機會再啓航至佛羅倫斯，人類歷史上被許多人認爲「文藝復興」發生的城市[36]。航道的暢通是必要的，但若是航道途中有其他的證據存在的話，那將會提高鄭和船隊拜訪過佛羅倫斯之可信度。此時，遺傳學的證據應該派得上用場了，而這需要一群命運乖舛的女奴來證明。

悲慘的女奴

本文花了頗大的篇幅在討論明朝中國的豐功偉業，這可能讓讀者產生一種似曾相識之感，因爲不少西方學者在敘述歐洲向海外擴張時，在歌功頌德的讚美聲中，幾乎絕口不提慘無人道的奴隸貿易[37]。或者，充其量拖了數百年之後才向受害者遺族道歉[38]。雖然，鄭和下西洋時，被當成送給外國國王、貴族之「禮物」的女奴，其命運的悲慘程度可能

35 奧爾德里奇，《開羅：一個城市的傳記》，第 127 頁；阿爾－馬克里茲，《埃及史》（*Cairo: Bibliography of a City*, Boston: Little, Brown And Co., 1969）；Revaisse, “Essai Sur L’Histoire”，引自孟席斯，《1434》，第 62-63 頁。

36 所謂的「文藝復興」是不是只能發生在義大利的佛羅倫斯呢？這個問題並非沒有爭議，只是因爲篇幅的限制，此議題並不適合在這裡討論而已。關於中國的文藝復興，請參照：宮崎市定著，張學鋒、陸帥、張紫毫譯，《東洋的近世：中國的文藝復興》（北京：中信出版社，2018）；關於西方觀點下的文藝復興之諸多問題，例如重生的概念、伊斯蘭的重生、印度文化之連續性、中國的文藝復興，與歐洲「獨有的」文藝復興等，請參照：杰克．古迪（Jack Goody）著，鄧沛東譯，《文藝復興：一個還是多個？》（杭州：浙江大學出版社，2017）。

37 請參照，尼爾．弗格森（Niall Ferguson）著，睿容譯，《帝國：大英帝國世界秩序的興衰又及給世界強權的啓示》（台北：廣場出版，2018）。

38 陳煜濬，〈荷蘭國王爲奴隸制黑歷史道歉！盼反人類罪獲寬恕 受害者遺族這麼看〉，周刊王 CTWANT，2023 年 7 月 3 日，https://tw.stock.yahoo.com/news/%E8%8D%B……，檢索日期：2023 年 7 月 27 日。

比奴隸貿易的受害者較輕一些，但基於「平衡」證據的考量，吾人認為還是應該提出以下的具體事實才是。

鄭和船隊到了其他王國之後，為建立良好關係，按照慣例，會贈送一些禮物給當地的首領，包括 100 個女奴，這些婦女的命運坎坷，可以說是船隊裡最悲慘的一群人。船上的女奴與她們的後代，對於威尼斯（Venice）、佛羅倫斯與托斯卡納（Tuscany）地區的家庭生活與人口組成產生了不小的影響[39]。孟席斯找到了李奧納多・奧爾西克（Leonardo Olschki）在 1944 年發表的文章，其標題為〈早期文藝復興時期意大利藝術的亞洲情調〉[40]，該文中寫道：「留給人的印象是，托斯卡納〔托斯卡尼，Tuscany〕幾乎就是偉大的蒙古帝國的一個鄰邦；佛羅倫薩與錫耶納〔Siena，托斯卡尼的一座城市〕各家各戶中的滿族人、蒙古人和來自東方的顯貴，其數量幾乎跟在北京、大不里士〔Tabriz，伊朗西北部城市〕和卡利庫特不相上下[41]。」這段話清楚地顯示了，根據奧爾西克的研究指出，文藝復興的初期，已經有不少東方人在佛羅倫斯、錫耶納等城市居住了，在美國移民史上，少有人聽過這樣的論點，但證據顯示的確如此。

在中國歷史上，筆者謝某可能因為才疏學淺，不曾聽過或看過大量移民（或數百人）經由陸路從中國到了義大利，推論起來，應該沒有大規模移民才是。那麼，經由海上呢？如果我們仍然相信中國自明朝初年就是一個封閉的社會，如果我們仍然相信鄭和下西洋最後只到了非洲東岸，如果我們仍然相信發現新大陸的人是哥倫布——本書第二章的主角——的話，那麼以下的說法，應該還是會被視為是有心人士編造的謊

39　孟席斯，《1434》，第 26 頁。

40　Leonardo Olschki, "Asiatic Exoticism in Italian Art of the Early Renaissance," *The Art Bulletin*, Vol. 26, No. 2 (June 1944), pp. 95-106, p. 102；引自孟席斯，《1434》，第 106 頁。這裡有必要略微說明一下關於孟席斯先生的專書，無論是英文版 Menzies, *1434* 或是中文版的《1434》在文後的參考書目的部分，其嚴謹度可能不符合學術著作的專業要求，因為其中有些文獻的來源並不完整。事實上，孟席斯先生為英國皇家潛艇退役軍官，他並非學術界之一員，在資料來源這一方面，疏漏在所難免。是故，在遇到不完整的書目時，筆者謝某會盡可能地補充其不足之處，雖然未必都能如願以償。然而，吾人想要說明的是：孟席斯先生對於歷史真相的追求，足堪學界的楷模，遠勝於學界裡的大部分研究者，其研究之熱情與卓越貢獻，不應該、也不容許被忽視。學者若是質疑孟席斯之論點，理應運用自身之所學，與孟氏展開對話。

41　Olschki, "Asiatic Exoticism," p. 102，引自孟席斯，《1434》，第 106 頁。

言。吾人以為，除非我們找到證據，足以說明以下的數據是捏造的，否則的話，以下的說法應該是具備可信度的。孟席斯繼續引用奧爾西克一份關於 1434 年之後居住在佛羅倫斯的中國人口的數據，他說：

> 通過這種（奴隸）貿易，蒙古人種在意大利北部，尤其是佛羅倫薩十分常見。佛羅倫薩城中的顯貴家族，譬如阿迪馬里家族、阿爾貝蒂家族、卡瓦爾坎蒂家族、美第奇家族、斯特羅齊家族、韋斯普奇家族和其他顯貴家族都有「韃靼人種」的奴僕，而那些公證人、修士、醫師、商人也紛紛效仿，最終連手工藝人和藝術家家中也用起來這樣的奴僕……阿萊索・巴爾多維內蒂的祖先就曾經買過三個這種亞洲女僕，他在自己未公開出版的那本日記的頁邊空白處畫過她們的肖像……蒙古女僕似乎對佛羅倫薩男人有足夠的吸引力，她們成了破壞家庭生活和城市正常道德的因素。這種情況可以從 1464 年一個名叫阿萊桑德拉・馬辛吉・斯特羅齊的貴婦文字中看出來，她以詼諧的筆調寫了一個女僕打扮得像一個宮廷貴婦，並向她的兒子賣弄風情的事情。有充足的證據表明這些女人在該城市的色情生活中扮演著重要角色。1394 年到 1485 年間，在佛羅倫薩的育嬰堂裡出生的 7,534 名嬰兒中，超過 32% 是這些東方女僕私生的孩子。通過這種方式，在托斯卡納經濟和文化高度發展的輝煌時代，大量的亞洲血統滲入當地人口之中[42]。

這個段落中，幾個要點值得重述。首先，15 世紀時，文藝復興的代表城市佛羅倫斯，不只貴族家庭而已，公證人也好，修士、醫生、商人也罷，甚至是手工業的藝人或藝術家都會仿效貴族購買奴僕為其服務，並且藉以表現自己的身分地位；第二，可以想見，因為語言不通，尋找工

---

42 Olschki, "Asiatic Exoticism," p. 105，引自孟席斯，《1434》，第 106-107 頁。

作相當不易，部分奴僕只能進入色情行業藉以糊口，所以成為佛羅倫斯衛道人士批評的對象；第三，從近三分之一的私生子人數看來，托斯卡尼地區的人口之中，有亞洲血統的人不在少數。上述的事實，以目前來看，鄭和船隊的女奴似乎是最合理的、也是最有可能的解釋了，因為如果不是從陸地上傳入，只能從海上將亞洲女僕帶到義國，歷史資料看起來，唯一可能的人選就是鄭和，其他的可能性極低。

　　除了上述的「推測」之外，遺傳學的證據也可能告訴我們部分（歷史）真相，同樣不容忽視。除了佛羅倫斯之外，被派到開羅的分隊艦長洪寶的船隊，也很可能到過威尼斯，這可以從 DNA 的研究看出端倪。孟席斯這位勤奮的歷史學之「局外人」似乎比誰都認真地追求真相，無論是什麼學科，哪一門專業，只要對釐清事實有幫助，孟席斯總是不辭辛勞地繼續走在其「獨特的」研究道路上。孟氏找到一位在分子遺傳學系工作的洛夫卡・巴拉（Lovorka Barać）博士的協助，巴拉博士為他提供了一些亞得里亞海（義大利語：Mar Adritico）島民的 DNA 資料。巴拉博士與其同事在其〈克羅地亞〔克羅埃西亞〕居民以及島民的 Y 染色體遺傳基因〉一文的〈摘要〉中提到：「在南部一個島嶼（赫瓦爾）〔克羅埃西亞語：Hvar〕的居民中，我們發現，屬於 P*（xM173）基因組血統的相對頻率較高（14%），這在歐洲人中不太常見。有趣的是，該島上的居民也具有線粒體 F 系單倍群的基因，這在歐洲可以說是絕無僅有——表明該地族群與中亞人，可能是阿瓦爾〔Pannonian Avars，古代歐亞大陸之游牧民族〕人有血緣關係[43]。」從遺傳基因來看，赫瓦爾島上的居民，有一部分應該不是歐洲人種的後代。

　　在上述巴拉博士與其同僚的論文當中，第 6 頁第三段還寫道：

　　值得注意的是，在赫瓦爾島居民中發現了頻率相對較高的 P*（xM173）基因組……這種 M173 先祖血統的出現有幾種可能

---

43 Lovorka Barać, Marijana Pericić, et al., "Y Chromosomal Heritage of Croatian Population and Its Island Isolates," *European Journal of Human Genetics*, Vol. 11, No. 7 (July 2003), pp. 535-542, p. 535，引自孟席斯，《1434》，第 82-83 頁。

性：一是得到歷史文獻充分證明的……阿瓦爾人和斯拉夫人
（克羅地亞人）結成同盟以後，阿瓦爾人曾在公元 6 世紀到達
亞得里亞海東部地區。二是，奧斯曼土耳其帝國在 16-18 世紀
之間的擴張活動，導致巴爾幹半島西部的難民經常遷移到亞
得里亞海諸島。最後，連接中國、西亞和歐洲的古代絲綢之
路也可能成為 P*（xM173）血統的遷徙通路[44]。

巴拉博士與其同僚所提的三種路徑並非不可能發生，可能是其中一種、
兩種，或者三種原因的共同作用。不過，上述的三種路徑也可能都不
是。

關於赫瓦爾島上居民 M173 基因組有較高的頻率，孟席斯認為上述
的三種「可能性」是不可能發生的[45]。因此，他提出了第四種可能性，
他說：「在我看來，亞洲男人（Y 染色體的）和女人（線粒體的）都定
居在赫瓦爾島，說明這些來自亞洲的男女是一同到達的。從東方入侵而
來的蒙古大軍，會在沿途隨意劫掠婦女，不會帶著自己的妻妾隨軍作
戰。來自中國的平地〔底〕帆船上的情況卻恰好相反，在船上，女奴和
男性水手是一起生活的[46]。」吾人以為，孟席斯提出來的可能性其實是
不低的，因為在 1432 年時，洪寶派至麥加的艦隊收到了前往開羅的命
令，這支艦隊從亞大山大港出發前往威尼斯的話，那麼是可能在海上航
行時經過赫瓦爾島。綜上所述，孟席斯所提出的第四種說法是更可能發
生的，換句話說，吾人以為將這樣的遺傳學資料看成是洪寶的船隊曾經
在赫瓦爾島停留，應該是更接近歷史事實的。

佛羅倫斯數學家見過中國使節

這裡我們將提出證據說明佛羅倫斯的重要人物見過中國使節。
本節再分為以下數個小節，其一，我們先介紹保羅・托斯卡內里

---

[44] Barać, Pericić, et al., "Y Chromosomal Heritage," p. 541，引自孟席斯，《1434》，第 83 頁。
[45] 事實上，孟席斯花了些篇幅解釋巴拉與其同事提出的三種可能性都不可能發生，請參見：孟席斯，《1434》，第 83-84 頁。
[46] 前揭書，第 84 頁。

（Paolo Toscanelli, 1397-1482），這位在文藝復興時期曾經見過中國使節的數學家，並且從他的書信之中，我們可以略知哥倫布在出發「探險」美洲之前，已經知道那些關於美洲的事物。其二，約翰・繆勒（Johannes Müller, 1436-1476），普遍使用其拉丁文名字雷吉奧蒙塔努斯（Regiomontanus），是天文學家，同時也是數學家，這一點與托氏相似。雷吉奧蒙塔努斯比起托斯卡內里、里昂・尼蒂斯塔・阿爾貝蒂[47]（Leon Battista Alberti, 1404-1472）、庫薩的尼古拉（Nicholas of Cusa, 1401-1464）年輕了40多歲，1450年代末與1460年初期，雷氏加入他們的研究小組，三不五時地在尼古拉的住處與上述三人會面，按雷吉奧蒙塔努斯所言，他自己受了托斯卡內里的影響不小[48]。其三，我們還得知雷吉奧蒙塔努斯受了托斯卡內里什麼影響，因爲這個問題對本文有不小的價值。這麼說，托斯卡內里影響了雷氏，更重要的是，我們應該也可以說，雷吉奧蒙塔努斯也受了中國的啓發，若非如此，想要說服讀者義大利的「文藝復興」有其東方來源，這無異緣木求魚。

托斯卡內里

　　保羅・托斯卡內里──佛羅倫斯數學家──根據其多年的計算，斷定由歐洲持續地向西航行，就可以到達亞洲，他的「評估」後來被哥倫布知道了，爲哥氏的西航先做了功課。文藝復興時期，托斯卡內里寫過兩封信給其友人，現在看起來，其重要性不言可喻，因爲信中的（部分）內容可能足以翻轉這個世界既存的想法──哥倫布是靠自己的力量完成全球最重要的「發現」美洲這件事。特別是：如此偉大的事件，不可能是東方人發動的，當然這件壯舉也不可能是西方得依靠東方的幫助才能完成。

　　托斯卡內里在1474年6月25日寫了信給里斯本的卡農・費爾南・馬丁斯（Canon Fernan Martins/Martinez de Roriz），他是葡萄牙國王阿方索的神父，吾人節錄其中的幾個部分，如下：

47　文藝復興時期在義大利的建築師、詩人、密碼專家與哲學家。
48　孟席斯，《1434》，第180頁。

里斯本的卡農收，保羅博士〔即托斯卡內里〕寄。聽說你與貴國偉大的國王友誼深厚、過從甚密，我非常高興。以前我常常說起從這裡到達香料之國印度〔即中國，這裡用的是 15 世紀中國的專名〕的海上通路：一條比途經幾內亞近得多的海路。你告訴我說貴國國王希望我解釋得更加詳細一些，以使他更容易明白，並希望能夠走這條海路……我給貴國國王送上一張我親手繪製的航海圖，我已經在圖上標出了愛爾蘭北部一直到幾內亞的西海岸航線……從該航線直接向西，我也相應地標出了印度〔即中國〕的起點，以及……標出了你們航行時應該與北極點和赤道保持多遠的距離；標出你們要到達這些地方需要在海上航行多少里格〔約 5.556 公里〕……。我們常說向東航行就能夠到達香料國度，但是當我向西航行也能到達時你不要吃驚……。

這張航海圖上的豎線表示了東西向的距離，而橫線則表示了南北向的距離。……圖中還標出了印度附近各種各樣的島嶼……據說那兒集聚了世界其他地區加到一起那麼多的船隻、水手和貨物，尤其是在那名叫刺桐〔泉州〕的主要港口，那裡光是裝卸胡椒的巨大船隻就有一百多艘……。那個國家人口眾多、郡縣林立、邦國無數，城池萬千，所有這一切都有人稱「大汗」的君王統治，……這位君王……他的祖先很希望與基督教世界建立聯繫，因此大約在兩百年前曾想派遣使團觀見教皇……但這些使節在途中遭逢艱險……沒能到羅馬。在教皇尤金任期裡〔1431-1447〕，該國有一位使節來觀見教皇，並對教皇說他們對所有基督徒都懷有極大的友情。

我跟那位使節交談了很久，談到了許多事情……關於他們城市的數量……沿著一條江的兩岸就有約兩百座城市，城市之間有眾多又長又寬的……大理石大橋連接。……這個國家不僅能夠提供巨大利益和眾多價值不菲的物品……也有許多學者、哲學家、天文學家，又及精通自然科學的人士，他們協

助大汗統治這個巨大的王國並參與指揮作戰。

從里斯本向西航行，途經航海圖上的 26 個分區——每個分區 250 英里，加到一起需要航行地球周長三分之一——才能到達宏偉壯麗、富麗堂皇的行在〔Kinsai，當時的南宋都城臨安，今杭州〕……該城地處 Manji〔疑爲 Manzi，馬可‧波羅稱南方的中國人爲「蠻子」〕郡……。從（葡萄牙）的安提利亞島，也就是你們稱的「七城之島」，到非常著名的 Cipangu〔日本，可能是馬可‧波羅用中國古語中「吳語」的發音將日本記爲 Cipangu〕島，要途經 10 個分區，也就是 2,500 英里。……由於工作緊張，我儘可能用最短時間來回答你提出的問題，但如果貴國國王陛下十分想聽的話，我一定隨時準備詳細地解答他的問題。

1474 年 6 月 25 日，於佛羅倫薩[49]

在這封信裡，至少有幾個論點值得深究之，以下一一敘述。

首先，這是一封寫於 1474 年的信，托斯卡內里提到了他自己親手繪製了一張航海圖，然而托氏並非一位製圖師，他畫的航海圖之可信性讓人懷疑，除非他有所本；其次，托斯卡內里要卡農‧馬丁斯神父聽到向西航行——就像向東航行那樣——也能到達相同之目的地時，請馬丁斯不要露出吃驚的表情，這表示當時的學者、專家等還不很確定地球是一個球體；第三，航海圖上的豎線與橫線就是所謂的經緯線，當時，歐洲有能力測量經度嗎？1507 年的瓦德西穆勒世界地圖（Waldseemuller World Map），被認爲是全球第一張畫有經緯線的地圖，托氏手繪的地圖早於它六十年，托斯卡內里這位數學家，一定得到了關於世界地圖的資訊；第四，教皇尤金四世（1383-1447）在位（1431-1447）時，其中的一年，應該是 1434 年（或之後），來自中國的使節觀見了尤金四世，並且托斯卡內里曾與這位使節交談許久，其對話內容除了提到城市

49　馬卡姆（Markham），*Journals of Christopher Columbus*，引自孟席斯，《1434》，第 117-120 頁。

的規模、樣貌之外，亦述及中國國內有許多「學者、哲學家、天文學家，又及精通自然科學的人士」幫忙大汗治理國家，吾人以為，隨著使節到來者，應該不乏上述領域的專家；第五，兩地之間的距離計算得相當清楚，例如如果從里斯本向西航行至杭州得經過 26 個分區，二者之間的距離是 6,500 英里；而葡國的安提利亞島與日本之間的距離是 2,500 英里，必須經過 10 個分區。看起來，航行的距離及所需時間都是清楚的，另外在航行時應該與赤道、北極點的距離亦拿捏清楚，這與航行的方向之掌握關係密切。由此可見，托斯卡內里這位數學家——也是天文學家——知道的事情，比文藝復興同時期的人還要多，特別是航海、製圖，以及與中國有關的事。

在給卡農・馬丁斯的那封信寄出不久以後，托斯卡內里又寫信給了哥倫布，這裡我們（可能）即將看到哥倫布為何「突然」有能力可以「發現」美洲之原因，也（可能）即將解開「發現」美洲的世紀之謎，為何哥倫布的「發現之旅」只花了短短的七十天左右，就橫越了大西洋，途中就算是被什麼給耽擱了，哥倫布與他的團隊很快地就能將問題解決，繼續向美洲前進，難道只因為哥氏在出發前就已經知道了，他必須為全人類「發現」美洲大陸嗎？如果只是說一些空話，那麼卡斯提亞王國（今西班牙之一部）的伊莎貝拉一世（西班牙語：Isabel I la Católica）為何願意花錢支助哥倫布呢？尤其是在其財政狀況不佳的情形下。簡單說，哥倫布的「探險」活動似乎太簡單了些，簡單到人們除了相信之外，別無選擇[50]。托斯卡內里在 1474 年 6 月 25 日之後寫給哥倫布的信，信中托氏向哥倫布提到：

　　醫師保羅向克里斯托弗〔克里斯多福〕・哥倫布致意。我收到
　　你的來信和寄來的物品，對此我非常滿意。我已然感受到你
　　想按照我去信〔即寫給卡農・馬丁斯的那封信的副本〕中指出

50　第二章，我們將會更詳細地討論哥倫布「發現」新大陸這個議題。屆時，筆者將提出新的證據，但或許不像托斯卡內里先生寫給哥倫布這位「探險」家的信，那樣地具說服力（或殺傷力）。

的那條路從東向西航行〔也就是向西航行到達中國〕的宏大願望，這條路在一個球面上會顯示得更清楚。充分明白了你的意圖後我非常高興：事實上這樣一種航行不僅是可行的，而且肯定是十分光榮的，絕對能夠獲取巨額利潤，並能夠在整個基督教世界博取盛名。但你還不完全瞭解這條路，你除了應該像我一樣，從那些自上述地區〔中國〕來到羅馬教廷〔當時在佛羅倫薩〕的高貴而博學的人帶來的最豐富、最優良、最眞實的信息中獲取經驗之外，還應該從那些長期在那些地區經商的商人，那些有一定權威的人那裡學習實踐知識。因此，如果要進行這項航海活動，就一定要去那些最強大的國家和城市，以及那些高貴的郡縣，去那些擁有各種各樣的豐富的並且是我們十分需要的物品的地區；比如說盛産各種各樣的香料和奇珍異寶最豐富的地區[51]。

以上這個段落，幾個要點值得特別留意。首先，是醫師保羅向哥倫布致意。從這裡可以得知，保羅，也就是托斯卡內里，其專業不只是數學家、天文學家，也是一位醫生。可能在當時，各學科的分際並非像今天那樣地細緻，學者若想跨越到其他領域的話，困難度略微低一些；當然，也可能文藝復興時期佛羅倫斯共和國出現了不少人才，而且都是通才，我們的主角之一李奧納多・達文西（義大利語：Leonardo da Vinci, 1452-1519，意爲「文西城的・奧納多」，又譯爲達芬奇[52]），爲全世界留下了最美麗的作品——蒙娜麗莎的微笑；他是畫家，也懂音樂，但同時也在解剖學、動植物學、天文學、物理學、光學、數學、幾何學、

---

51 馬卡姆，*Journals of Christopher Columbus*，引自孟席斯，《1434》，第 121 頁。事實上，在 1905 年時法國歷史學家亨利・維格諾德（Henri Vignaud）試圖證明這些信件都是僞造的，但孟席斯反駁這樣的看法，他說：「托斯卡內里寫給卡農・馬丁斯那封信中的一段是哈里斯〔Harrisse〕在塞維利亞〔Seville〕的西印度群島檔案館中發現的，這是哥倫布自己整理的一份托斯卡內里寄給卡農・馬丁斯的信的副本。」引自孟席斯，《1434》，第 126 頁，註釋 1。另外，尤金四世在其教皇生涯中，不斷流浪地開會著，中國使節覲見時，教皇尤金人在佛羅倫斯。

52 或許應該在「達」與「文西」之間加上「・」，使之成爲達・文西。不過，「達文西」爲一個習慣的用法，在本文之中，我們保留這個用法。

建築與土木工程等領域有著一般人爲之喝采的顯著成就，與拉斐爾・聖齊奧（Raffaello Sanzio da Urbino, 1483-1520，本名拉斐爾・桑蒂，Raffaello Santi，常簡稱拉斐爾）、米開朗基羅（全名米開朗基羅・迪・洛多維科・博納羅蒂・西蒙尼，Michelangelo di Lodovico Buonarroti Simoni, 1475-1564）並列爲文藝復興三傑。

　　第二，無論哥倫布是否看過了托斯卡內里寫給馬丁斯的信而得知向西航行是可行的航路，或是哥氏並未親眼目睹這封信，他只是聽說了有這封信的存在，也知道其中的部分內容，像是西航的可行性之類等。無論如何，托斯卡內里在寫信給哥倫布之前，已經知道哥氏從某人那裡知道了西航之路，並且對此感到無比的興趣。奇怪的是，這封信寫於 1474 年，那時，歐洲的航海家還未抵達非洲南端，哥倫布於十八年後才「發現」美洲，那麼托斯卡內里也好，哥倫布也罷，爲何知道地球是圓的呢？這不可思議。第三，上述這個段落還告訴我們，向西航行的海路，是從博學的中國人那兒得到的，因爲托斯卡內里向哥倫布提出了他的建議，托氏說：「你除了應該像我〔托斯卡內里〕一樣，從那些自上述地區〔中國〕來到羅馬教廷〔當時在佛羅倫薩〕的高貴而博學的人帶來的最豐富、最優良、最眞實的信息中獲取經驗之外，還應該從……那些有一定權威的人那裡學習實踐知識。」可見，中國的使節帶來了相關的資訊，托斯卡內里從中國人那兒得到了有用的知識，關於向西航行（與其他）的知識應該是中國人帶過來的[53]。這些知識並非源自歐洲國家、學者，或者源自所謂的古希臘、古羅馬之類的千年前之極爲初步的想法。

　　同樣地，雷吉奧蒙塔努斯的觀點與著作，亦能證明文藝復興時期的許多看法、論點與主張，它們難以溯源至古希臘、古羅馬時期，但是雷

53　中國使節訪問羅馬與佛羅倫斯時，教皇是尤金四世，孟席斯說：「中國人的記載表明，朱棣王朝的使節的確曾在當時到達羅馬和佛羅倫薩。但是我沒能在意大利找到任何證實這一說法的資料。由於教派紛爭，那時天主教會的檔案材料眞是一團糟。梵蒂崗的圖書館裡沒有有教皇尤金四世流放佛羅倫薩和弗拉拉〔費拉拉〕期間的任何紀錄。我猜想，這麼說如果這些資料最終能夠出現，他們一定參加了康斯坦茨大公會議（1415-1418），也就是那次大會結束了三個教皇並立的局面，而馬丁五世成爲當時唯一的教皇。」可以確定的是，尤金四世見過中國使節。引自孟席斯，《1434》，第 114、115 頁，註釋 1。

氏的天文學卻可以找到中國的根源。

雷吉奧蒙塔努斯

　　這一小節裡，我們將檢視文藝復興時期在各領域的「進步」，是否眞如一般所認爲的，來自於古希臘與古羅馬（人）的智慧？我們應該看不到古希臘和古羅馬那兒會有什麼正確的天文知識遺留至今日，因爲在中國使節來到佛羅倫斯之前[54]，歐洲的天文學是建立在托勒密（Claudius Ptolemy，約 90-168）的地心說，其他星體與太陽都繞著地球轉，因爲地心是宇宙的中心。在這一小節中，我們將會看到雷吉奧蒙塔努斯的天文學成就，我們也將看到雷氏的星歷表與鄭和的星歷表的相似度。

　　我們先談雷吉奧蒙塔努斯在天文學方面的成就。1457 年時，才21 歲的雷吉奧蒙塔努斯已取得維也納大學的教職，在該大學裡，他致力數學與天文學的研究，同時也著手製造建築儀器，1461 年至 1465年的大多數時間，雷氏住在羅馬。在 1474 年他撰寫的《星歷表》（*Calendarum*）和《古希臘星歷表》（*Ephemerides ab Anno tables*）[55]，孟席斯認爲這兩本著作相當重要：「在歐洲航海家確定經度、緯度和海上確切位置方面，具有非常重要的作用[56]。」這兩本書讓歐洲的航海家知道自己在航行時的相對位置，不致迷失在茫茫大海中失去方向。雷吉奧蒙塔努斯在 1475 年首次提出星歷表，就是恆星、太陽、行星與月亮的位置圖表，星歷表極爲精確，它可以「預測日、月食的發生時間，太陽升起、降落和月亮升起、降落的時間，又及某個行星與其他行星和

54　這並不是說，在鄭和之前，中國不曾派出使節到過歐洲，歐洲不曾派使節到中國。這裡，吾人只是將研究的期間限制在文藝復興時期，如此而已。

55　Ernst Zinner, *Regiomontanus: His Life and Work* (New York: North-Holland, 1990), pp. 117-125，引自孟席斯，《1434》，第 180-181 頁。

56　孟席斯，《1434》，第 180-181 頁。先前，謝某在拙著〈哥倫布是個騙子〉一文中提到了歐洲人在測量經度上落後於中國數百年，這個論點在此處似乎是不堪一擊的，因爲雷氏的書中已經說明了經度與緯度的測量方式了。是故，吾人在這裡必須修正過去不甚成熟的觀點。不過，歐洲人爲何「很快地」習得了經度的測量方法，也許值得推敲。孟席斯提到了雷吉奧蒙塔努斯於 1461 年至 1476 年的二十五年之間，他創造了許多作品，這令人驚訝，因此孟席斯感覺到十分爲難，因爲一般會認爲雷氏應是一位知識巨擘，但孟氏應該有不同的想法，我們繼續看下去。這麼說，雷氏是一個數學家、天文學家，孟氏不甚熟稔數學，但孟席斯的實際工作與天體導航有關，可想而知，孟氏應該會從後者來檢視雷吉奧蒙塔努斯這位「大師」級人物所產生的問題。

月亮的相對位置」。於是，雷氏的星曆表發表之後的三十年，正因爲其高精確度，足以讓航行家們「根本不需要使用儀表就能準確地計算在海上的緯度和經度。因此，他們成爲首批到新世界的探險者[57]」。舉例而言，巴爾托洛梅烏・迪亞士（Bartolomeu Dias, 1451-1500）用雷吉奧蒙塔努斯的星曆表計算出好望角之準確緯度，迪亞士向葡萄牙國王報告此事後，葡王於是知道了船長得航程有多遠，才能抵達印度洋[58]。

　　可是，我們不是才說了，中國使節到達歐洲之前，歐洲的天文學還是以托勒密的地心說爲主要理論嗎？如果是這樣的話，雷吉奧蒙塔努斯的星曆表爲何如此精確呢？雖然雷氏是一位數學家、天文學家，的確不無可能自己花了大把時間計算出精確的星曆表，也許與中國使節的到訪只是時間的巧合罷了，所以讓我們「暫時假定」雷氏的星曆表與來訪的使節無關。現在，我們先回到雷氏上述的兩本著作。我們可以這麼說，有了雷吉奧蒙塔努斯這兩本書——《星曆表》和《古希臘星曆表》——之後，哥倫布在 1492 年前往「未知」的新大陸探險時，應該可以減少其心中恐懼的程度吧！當然，目前我們尚不清楚，哥氏出發前，是不是先準備好了這兩本重要的書籍，不過如果它們眞如孟氏所言具如此之重要性的話，那麼吾人猜想，哥倫布的船長室裡應該可以找得到。但我們最好能夠知道雷氏爲什麼能夠，或者具備何種能力成爲一位重要的天文學家，如此的話，才能滿足我們的好奇心。

　　可想而知，批評一位大眾所熟知已久且聲望極高的人物有其風險，因爲批評者很容易給人一種夜郎自大之感，孟席斯正是這樣的人，當然吾人以爲，這也是他之所以能提出與眾不同之觀點的主因。通過比較鄭和的星曆表[59]與雷吉奧蒙塔努斯的星曆表[60]，孟席斯說：

57　前揭書，第 181-182 頁。

58　Zinner, *Regiomontanus*, pp. 121-125，引自孟席斯，《1434》，第 182 頁。

59　李約瑟，《科學與文明》，第 30 卷。孟席斯說：「感謝劍橋大學莫德林畢盃士圖書館〔或稱佩皮斯圖書館，Pepys Library〕惠允使用圖片。」引自孟席斯，《1434》，第 187 頁，註釋 22，第 195 頁。

60　Zinner, *Regiomontanus*, p. 117. 哥白尼部分，見第 119 頁。孟席斯解釋道：「在英國倫敦皇家天文學會和曼徹斯特的約翰・賴蘭德斯大學可以看到雷吉奧蒙塔努斯星曆表其他版本的副本。感謝大英圖書館惠允使用圖片。」引自孟席斯，《1434》，第 187 頁，註釋 23，第 195 頁。

〔他〕可以管窺雷吉奧蒙塔努斯通過托斯卡內里〔而不是通過希臘和阿拉伯的天文學家〕從中國人裡得到了什麼。雷吉奧蒙塔努斯的星曆表每月有兩頁，每天占一橫行。鄭和的星曆表每月有兩頁，每天占一豎行。雷吉奧蒙塔努斯的星曆表，每個頁面左邊是太陽、月亮和其他行星——土星、木星、火星、金星和水星，以及月球跨過黃道時的月交點的準確位置。頁面的右邊是太陽相對月球的位置、滿月和新月的時間、月球相對於行星的位置，以及每個行星相對於其他行星的位。頁面還特別標註宗教節日以及中世紀歐洲日曆中其他重要的日子。

鄭和 1408 年的星曆表每天平均有 28 個欄目的信息〔與雷吉奧蒙塔努斯的八個形成對比〕。雷吉奧蒙塔努斯星曆表中包含的行星信息，鄭和的表格中全有——土星、木星、火星、金星和水星，同樣，書中也有太陽和月亮的位置圖，與雷吉奧蒙塔努斯的星曆表一樣。兩者之間的差別是鄭和的星曆表包含雙倍的信息量。兩個圖表之間的相似有可能是一種巧合——但是 1408 年的圖表是先印刷的，早於古登堡〔古騰堡〕【61】。

在上述的比較之後，孟席斯想要告訴我們的當然是：1408 年鄭和星曆表與 1475 年雷吉奧蒙塔努斯的星曆表，除了前者包含了更多的信息之外，其他的部分則是，雷吉奧蒙塔努斯的星曆表上有的，鄭和的星曆表上也都有。巧合嗎？當然不能完全排除其可能性。但同時，要說天底下會發生這樣的巧合，相信者應該是少之又少，甚至直覺的反應是：怎麼可能？在此，吾人推論（或者僅僅是重述其「暗示」）孟席斯想說的是：雷吉奧蒙塔努斯的星曆表裡頭的重要訊息全來自中國，這與中國使節有關，托斯卡內里是接觸過中國使節的人，而雷吉奧蒙塔努斯是通過托斯

61　孟席斯，《1434》，第 187-188 頁

卡內里得到了鄭和星曆表的訊息。

　　接下來，我看看托斯卡內里如何影響雷吉奧蒙塔努斯。

受托斯卡內里或東方之影響

　　像雷吉奧蒙塔努斯這樣一位傑出的天文學家，他的論點、著作，可以證明古希臘、古羅馬的影響文藝復興時期的天文知識甚微，或者幾乎沒有，而是受了中國的影響。以下分述其原因。

　　首先，先前提到雷吉奧蒙塔努斯雖然年紀大了些，但是他曾經在托斯卡內里的團體裡與托氏等人有接觸，托斯卡內里又是見過中國使節的人，這讓雷氏有機會獲得來自中國使節帶來的知識，怎麼說呢？能力卓越的雷吉奧蒙塔努斯能用相當流利的希臘文與拉丁文閱讀並寫作，他也可以閱讀阿拉伯文，對阿拉伯文的著作從事過相當程度的研究，特別是行星理論。不過，未如普遍所認為的，雷氏卻「採用中國確定行星和恆星坐標的赤道體系，排斥阿拉伯、希臘和拜占庭的坐標體系[62]」。所謂的文藝復興時期，按理說，是一段許多領域都進步很快的時代，天文學也不例外，另外不少西方學者為了替文藝復興「溯源」，於是「很自然地」找到了古希臘、古羅馬的「光輝」成就，將這些舊時的成就與文藝復興連結在一起，但從天文學來看，即使雷吉奧蒙塔努斯「廣泛地研究希臘羅馬的著作──經年累月地研究托勒密的著作……[63]」，但來自中國的知識好像比阿拉伯、古希臘與拜占庭還要多出許多。雖然天文學也不足以代表其他面向上的進步，但是天文學應該有其重要性，在這個可以大書特書的時代，那麼我們是不是應該懷疑過去我們對於文藝復興的認知呢？的確如此。

　　其次，先前提到了雷吉奧蒙塔努斯加入了年紀小他許多的托斯卡內里的研究團體，認識了阿爾貝蒂與庫薩的尼古拉，所以雷氏頗為熟悉尼古拉之研究，後者提出太陽是宇宙的中心，地球與其他行星一樣繞著太陽旋轉[64]。雷吉奧蒙塔努斯同時從托斯卡內里與阿爾貝蒂兩人身上學到

62　前揭書，第 185 頁。
63　前揭書，第 184 頁。
64　前揭書，第 183 頁。

「計算地球圍繞太陽旋轉橢圓形軌道的變化」，並且雷氏也從托斯卡內里那兒得知中國測量太陽赤緯的方法並接受之。另外，雷吉奧蒙塔努斯「關於球面三角形的專著〔早在〕郭守敬〔1231-1314，元朝天文學家、數學家與水利學家〕的著作中已經提及，如果雷吉奧蒙塔努斯和托斯卡內里合作繪製的呈給葡萄牙國王的世界地圖眞的是複製中國的地圖的話，那麼，雷吉奧蒙塔努斯一定知道地圖的來源[65]」。應當如此，雷氏一定知道地圖的來源，因爲他那極度準確的、與鄭和的那張極度類似的星曆表比鄭和晚了六十五年，並且，當時歐洲重要的航海家都還尚未完成他們的壯擧。

第三，雷吉奧蒙塔努斯與托斯卡內里應該很有話聊，文藝復興時期與現在有點兒類似，都流行斜槓青年，雷氏與托氏都是。其他的暫且不談，兩人都在數學和天文學之間畫了斜槓（數學／天文學），是故雷吉奧蒙塔努斯承認自己從托斯卡內里那裡借來大量的知識。另外，雷氏「不斷地提及托斯卡內里的著作——關於球面三角形、赤緯表、儀器和彗星。當這樣做的時候，他一定知道托斯卡內里與中國人會面的事——和中國人那裡傳播來的大量知識[66]」。事實上，雷吉奧蒙塔努斯很可能從托斯卡內里那兒得到了相關的知識，讓他能夠表現出自己對中國的數學專著也有一定程度的瞭解，這可以從數學家柯茨（Curtze）總結的一句話看出來，他說：「〔雷吉奧蒙塔努斯〕完全知道餘數問題，中國的大衍求一術[67]。」宋元時期是中國數學發展的高峰時期，秦九韶是代表人物，於1247年出版的《數書九章》中談到了大衍求一術[68]。那麼，除非雷吉奧蒙塔努斯是完完全全獨立思考大衍求一術，否則的話，雷氏一定知道這本出版於1247年的中國數學專書。此外，「李約瑟談道，《數書九章》的第一章涉及不定分析，例如大衍求一術……解釋如何測

65 前揭書，第185頁。
66 前揭書，第185頁。
67 見利布雷希特（Ulrich Libbrecht）專著中第247頁對柯茨貢獻的討論。李約瑟，《科學與文明》，S19，第40頁；《數書九章》以中國數學從宋代到元代的發展，引自孟席斯，《1434》，第186頁。
68 秦九韶著，利布雷希特譯，《中國數學》，第247-248頁，引自孟席斯，《1434》，第187頁。

量複雜的面積和體積，諸如有圍牆的圓形城市的直徑和周長、灌溉水源的分配、堤壩的流量……還包括用不同類型和形狀的雨量測量器分析雨量——所有這些問題都與製圖測繪有關，我們知道雷吉奧蒙塔努斯對這方面的知識非常感興趣[69]」。

從以上的分析可以看出，雖然我們不可能完全排除雷吉奧蒙塔努斯獨立研究出大衍求一術，但更可能的是，雷氏經由托斯卡內里，知道了《數書九章》這部數術之學術經典之作，這本書收錄在《永樂大典》之中。我們稍後會更加詳細地說明這個議題。簡言之，雷吉奧蒙塔努斯的天文學知識，不可能抹除其東方根源。事實上，托斯卡內里與雷吉奧蒙塔努斯這兩位斜槓「青年」在數學與天文學的「努力」，對於哥倫布、麥哲倫等航海家的測量技術都發揮過很大的影響力，我們將會在本書的下一章關於「地理大發現」再加以討論。

文藝復興的完美代表

對於家喻戶曉的達文西來說，以下關於他的稱呼，一般人應該不會感到驚訝才對。除了上述的許多職稱之外，達文西也是「一位思想深邃、學識淵博、多才多藝的藝術大師、科學巨匠、文藝理想家、大哲學家、詩人、音樂家、工程師和發明家」。研究者們稱達文西是「文藝復興時代最完美的代表人物」，是「第一流的學者」，並且將他讚譽為「曠世奇才[70]」。

不過，除了繪畫這項技能或才藝是從學於安德烈·德爾·委羅基奧（Andrea del Verrocchio, 1435-1488）之外，我們不容易為達文西其他的技能找出其良師。委羅基奧為達文西父親的好友，是佛羅倫斯著名的藝術家，當時 14 歲的達文西被其父親送至委氏的畫坊，從此達文西成為委羅基奧的入室弟子。達文西的家庭為佛羅倫斯有名的望族，三代都

69　李約瑟，《科學與文明》，第 19 卷，第 10、40、42、141、472、577 頁，引自孟席斯，《1434》，第 187 頁。孟席斯在這一方面承認自己的年紀已經無法勝任繼續研究此議題的工作，因為《數書九章》是 13 世紀之時，三十餘家數術之學思想的集大成者，他希望年輕一筆的學者日後能接續這份工作與挑戰。

70　吳澤義、吳龍，《走進名畫世界 7：達文西》（以下簡稱《達文西》），再版（台北：藝術圖書公司，1997），第 9 頁。

是公證人，其父親原本想讓他學習法律後繼承家業，但小達文西對此興趣缺缺。後來，達文西的父親退而求其次，將達文西送至其密友委羅基奧那兒，在他的畫坊學習繪畫與雕塑等技藝。藝術家多少有點天分，這似乎難以否認，10 來歲的小達文西的確也是如此，「當委羅基奧看到達文西的習作後，非常高興，認為這是一個有培養前途的好苗子，所然同意收他為徒弟[71]」。《基督受洗》這幅畫大約完成於 1472 年至 1473 年，由委羅基奧與達文西共同完成，不過達文西最有名的畫作，應該是 1503 年至 1506 年間完成的《蒙娜麗莎》，這幅可能是世界上最有價值的畫作之一，至今已逾五百年[72]。這麼說，達文西因為「天資聰慧」、興趣極為廣泛，尤愛繪畫，從小時候就有了「繪畫神童」之稱。當然，有天分的小孩，如果再加上一位良師的話，未來的發展將不可限量，達文西正是這樣的藝術家。然而，令謝某感到「好奇」、「懷疑」，甚至有點「嫉妒」的是，不只繪畫這項專業技能，達文西會的事物，遠遠地多於繪畫這一項，而且應該都找不到達文西向任何專家、學者學習的證據，至少繪畫還有委羅基奧在旁為達文西指點，但其他的專業呢？眾多文藝復興的研究者為何對這個問題不感興趣呢？以下的事實，可能會為這個問題提供一條思路。

　　吳澤義、吳龍兩位作者為達文西所撰之傳記《走進名畫世界 7：達文西》，事實上，是在介紹達文西的名畫。然而，如前所述，一直以來，達文西被公認為是多才多藝的專家，其榮銜多不勝數，吳澤義、吳龍兩位作者為了說服讀者達氏擁有超群的能力是無庸置疑的，於是在其書中的開場的部分，有一小節——標題是「奠定了堅實的基礎」——作者們試圖說明達文西利用各種機會學習，不只是孜孜矻矻，而且差不多可以說是死而後已。雖然雙吳二人可能不是刻意地為我們留下線索，不過它是值得的。「奠定了堅實的基礎」之標題下，有一段話值得注意，它這樣寫道：

71　前揭書，第 10 頁。
72　前揭書，第 40、104 頁。

達文西在這裡〔佛羅倫斯〕不僅學習自己喜愛的繪畫和雕刻，同時還從事自然科學研究，廣泛地學習各種知識，而且他還結識了大批知名的人文主義者、藝術家和科學家，接受了當時最先進的人文主義思想。譬如，他同當時佛羅倫斯著名的博物學家、哲學家、數學家、醫生普・托斯卡尼里〔保羅・托斯卡內里〕過從甚密，虛心向這位學者學習各種文化科學知識[73]。

首先，大多數人知道達文西以繪畫聞名全球，幾乎不易找到沒聽過達文西是位有名的畫家的人；而且一般人也認為達文西一定很懂機械，因為所謂的達文西手術，用的是機械手臂進行微創手術，會以達文西來命名這樣精密的手術，達文西對於機械領域的造詣必定非同小可，至少，聽過達文西的人們必然是這樣想的。第二，達文西認識了大批的人文學者，想必是因為他自己「經常強調人是最神聖之物，人體是自然中最美的形象，他歌頌人，讚美人生；歌頌人的美，人的內在豐富思想感情。他還嚴肅地說：『誰不尊重生命，誰就不配有生命[74]』」。能說出這樣的話語者，能不被廣受尊重嗎？這似乎是理所當然的。

　　只是，當達文西為了一份工作而前往米蘭毛遂自薦時——大約在1482年冬季——他強調的卻是自己可以發明強大的軍事武器之能力，並且後來他也獲得那份工作。有點可惜的是，這位人文主義者所能夠發明的東西是最不尊重生命的殺人工具。米蘭與佛羅倫斯不同，是一個封建城邦，其主政者稱為「大公」，當時實際掌權者是米蘭公爵——盧多維科・斯福爾扎（義大利語：Ludovico Sforza, 1452-1508），達文西的名畫《最後的晚餐》，就是因為公爵的要求而完成的。達文西準確地掌握了斯福爾扎統治底下的米蘭之實際需求，「巧妙而不動聲色地迎合專制者的野心和虛榮心，在給盧多維科〔斯福爾扎〕自薦信中，他把自己打造成了完美的無所不能的軍事工程師，甚至還附上了一份詳盡的軍

---

73 前揭書，第 12 頁。
74 前揭書，第 105 頁。

事機械列表……〔包括〕極其輕便而又堅固的橋……浮橋、雲梯和其他遠征器械。……迫擊炮……裝甲車。……彈弩、投石機和鐵蒺藜……發生海戰……也能設計各種最有效的進攻和防守武器……[75]」。人的身分太多的話，有時候可能對於自己所扮演的角色感到（一時）糊塗了，所以達文西在推薦自己給米蘭公爵時，完全忘記了自己是佛羅倫斯的一大群「人文主義者」的要角之一，在這座大城市裡，達文西曾經大聲疾呼「誰不尊重生命，誰就不配有生命」，可是一到了米蘭，爲了五斗米還是得折腰，此時敵人的生命不是拿來尊重的，而是要毀之而後快。

　　第三，達文西向見過中國使節的托斯卡內里學習各種文化與科學知識，當然，這對於達文西本人的成長是相當重要的，如果他始終都抱著虛心學習的態度的話。但讓我們更感興趣的是：我們（幾乎）不曾聽過達文西到底向誰習得了科學的知識。學者經常喜歡向古希臘、古羅馬時代學習，而達文西究竟曾經向何人學過什麼概念、想法或觀點，最終得以讓他扮演不同的角色，在不同的領域「同時」成爲專家呢？這些問題在社會科學領域裡，似乎不甚重要，也少有人願意繼續追問下去，這是爲什麼呢？更具體地說，如果是歐洲人先完成了什麼事，似乎是理所當然的，甚至連證據都可以省下來了。

　　舉例而言，若是有人提出證據，主張鄭和早於哥倫布數十年發現了美洲，甚至早已發現了全世界的話，那麼這個人──就是孟席斯先生──很難不被當成是個騙子；而如果學者主張哥倫布發現美洲的話，因爲美洲有不少國家每年都在慶祝哥氏發現了美洲這件事，質疑者必定被反問：這麼明顯的事情哪裡需要證據呢？此時，研究者早已忘卻了應該如何用證據來說服同儕了。雖然，試圖推翻「理所當然」之事絕非易事，但筆者謝某將在本書第二章（再次[76]）證明哥倫布在出發之前，早知道自己會看到什麼，並且知道他在何時會返家接受英雄式的歡呼聲。

75　李建新，《佛羅倫斯的異鄉人達文西：文藝復興大師、偉大發明家、解剖學先驅……還有什麼是他不會的？》（台北：崧燁文化，2022），第54-56頁。

76　吾人在2018年時已藉由探討古地圖裡所隱藏的祕密，證明哥倫布根本不可能在當時有能力去「發現」美洲。請參照：謝宏仁，〈哥倫布是個騙子〉。本書第二章，將採用不同的方式證明哥倫布的「發現」之旅是西方知識體系捏造出來的，不可能是眞實的。

不過，我們先回到此處的主要關切點，那就是，達文西與醫生保羅，也就是托斯卡內里兩人熟視，而且托斯卡內里見過中國使節，也曾經寫信給哥倫布，提及了向西航行絕對可行、中國使節帶來了不少新鮮知識，與托氏自己在與中國使節交談之後，獲得了很大價值的知識。

　　上述的說法，也適用在達文西的軍事才能之上，這裡，我們再花些許時間，證明達文西的「能力」很可能不只是達不到天才的水準，更可能的是三人成虎，使人真假難辨。身為研究者的謝某，還得看看證據，有幾分證據，說幾分話。

　　剛剛我們提到了達文西向米蘭公爵斯福爾扎推銷自己時，將自己包裝成軍武設計天才，並且他也得到了那份工作，只是達文西似乎不是因為公爵看到了某種（些）令人讚嘆的武器而受到公爵的賞識。拜訪友人總得帶伴手禮，晉見斯福爾扎時：

> 達文西帶來米蘭的作品陣容中，也包含了準備敬奉給盧多維科·斯福爾扎的作品，那就是用銀製成、被稱為 lira da braccio 的一種魯特琴……達文西所呈上的並不是一般常見的設計，而是加入馬的頭蓋骨製作而成的，可說是相當奇特且新穎的事物。……達文西也是個音樂家，據說他在現場的演奏讓宮廷音樂家們也大為吃驚。結果，達文西並非以我們所熟悉的畫家、也不是他毛遂自薦的軍事技術人士被錄用，而是用音樂家、演藝人員的身分入宮任職的[77]。

這裡，至少有兩個看法可以再深入討論。第一，除了繪畫之外，音樂也是達文西的專長之一，畢竟，有能力在宮廷內表演，應該不會只是練過兩首歌來應景而已；第二，達文西並非以軍事技術人士為公爵所用，而是以音樂家、演藝人員的身分在宮裡任職，這的確比較像是人文主義者，特別是那位曾說過至理名言「誰不尊重生命，誰就不配有生命[78]」

77　壺屋美麗著，徐承義譯，《文藝復興很有事！》（新北：瑞昇文化，2020），第 56-57 頁。
78　吳澤義、吳龍，《達文西》，第 105 頁。

的達文西。然而，達文西不是像前述所說的樣樣精通，如果「眼見爲
憑」才能使人願意相信的話，那麼以下這個段落倒是可以被認爲是比較
接近事實的：

> 達文西把在佛羅倫斯製作的各式各樣作品也條列在筆記上。
> 他把帶去米蘭的繪畫和素描等作品也整理成項目列表，其實
> 也就是達文西自己的作品集。收錄在其中的作品，是以聖母
> 像、聖耶柔米像、朋友的肖像、花卉素描等類型的圖畫爲中
> 心，而要說到跟技術相關的，就只有航海用具、供水機器、
> 燒窯等三種而已，而且不管是哪一種，與其說是軍事用，還
> 不如說全都是民間用品。也就是說，雖然達文西把自己包裝
> 成一個軍事技術人士，但是他在軍事領域幾乎沒有相關的作
> 品。用一句話點破，就是虛張聲勢【79】。

首先，達文西在一群人文主義者身邊，應該學習如何（更）尊重人，然
而「虛張聲勢」是一種不太誠實的做法，是過分地誇大。深受儒家思想
長期薰陶的讀者們，應該老早就練就了一身謙卑的功夫了，實在很難
想像文藝復興的重要人物，三傑之一的達文西，竟然是一個說話膨風
（誇大）的人。再者，繪畫的確是達文西最能夠拿出來「炫耀」（在謙
卑的心態下）的技藝了，但是他也被稱爲哲學家，應該是因爲他知道如
何尊重人吧！？他應該比別人更懂得人爲何而成爲人。可是，「虛張聲
勢」是和「誠懇務實」背道而馳，那麼他被稱爲哲學家又是一件不符合
現實的事情。而更重要的是，身懷「軍事技術」專長的達文西，隻身前
往米蘭時，告訴公爵他能夠製造多種武器，然而在很會做筆記的達文西
的列表之中，一項軍用品也沒有，只有三種民間用品。俗話說「眼見爲
憑」，我們還能夠相信達文西是一位軍武長才嗎？應該沒人相信了。但
是，達文西的筆記中，有一些草圖看起來與武器有關的，那麼它們又來

79　壺屋美麗，《文藝復興很有事！》，第56頁。

自何處呢？

文藝復興的東方起源

本節再分為以下幾個小節，其一，文藝復興人，介紹幾個文藝復興人之間的熟視關係，並且試著將這些人之人際網絡連結起來；其二，我們將會看到，中國使節送給佛羅倫斯的《永樂大典》已經被文藝復興人搜尋過了，特別是《數書九章》與《農書》，無疑地，這兩套重要作品，對於義大利的文藝復興助益匪淺，可以說，沒有中國人帶來的知識，文藝復興不可能發生在佛羅倫斯，其他城市當然也不可能；其三，是《農書》培育出的「天才」達文西，但也許我們應該稱達文西為插畫家比較貼切些。

佛羅倫斯「文藝復興人」

如果說「文藝復興人」有什麼共同點的話，那麼最值得提出來討論的，應該是這些天才、通才與奇才，他們從來不曾說過他們的靈感來源。

一聽到「文藝復興人」所產生的直覺是：在文藝復興時期，這樣的人在藝術與科學方面有傑出的成就，而且他們不會只是單一領域的達人，而是同時在好幾個領域都是專家，所以文藝復興人也就是通才的別稱或同義詞。這個時期文藝復興時期的確產生了不少這樣的人，我們熟悉的文藝復興三傑，像是拉斐爾、米開朗基羅與達文西就是文藝復興人的當然人選，先前提過的阿爾貝蒂也是。不過，這裡我們應該還得認識其他幾位重要的文藝復興人，也就是通才，或許還可以用今日的「斜槓青年」來稱呼之。當年，這可能沒什麼，但從後人的角度看起來，其專業能力羨煞許多人。這裡，我們介紹兩位與達文西關係不淺的「博學者」——馬立安諾・迪托・伊爾・塔科拉（Mariano detto il Taccola, 1382-1453，以下簡稱塔科拉）與弗朗西斯科・迪・喬爾喬・馬丁尼（Francesco di Giorgio Martini, 1439-1502，以下簡稱喬爾喬）。我們先談談塔科拉這個人。

馬立安諾‧迪托‧伊爾‧塔科拉

　　塔科拉住在錫耶納，這是神聖羅馬帝國內的一個獨立邦國。塔科拉號稱是一位工程師，當然，他也是博學者群的一員，不只如此，他同時也是一位精於管理的藝術家。塔科拉可能是一位和平主義者，所以一生沒有經歷過戰爭，也沒有打過一場仗，但是基於某種原因，他繪製過槳輪船、沉船起重機等海上機械，也略懂武器與火藥。這令人好奇，有點像達文西前往米蘭自我推薦時，說自己懂了很多軍事武器，事實上，達氏只有畫過——但不曾製造過——任何與軍火有關的設備或器材，塔科拉的情形好像也差不多是如此。也許我們應該多少質疑一下，文藝復興時期的通才或斜槓青年們，到底只是會畫圖——像達文西那樣——或是在紙上談兵，還是真的能在現實生活當中製造出畫裡所設計的機械裝置。俗話說，眼見為憑，但在社會科學裡，在探索真相的過程當中，經驗事實似乎變得不再重要，特別是西方人為全體人類所做的偉大功績，像是哥倫布在探險的過程中，沿途留下了什麼？不知道。或者，像是達文西這樣偉大的設計、發明家，他製造的東西有沒有留下任何一件呢？不知道。在找不到證據的情形之下，如果達文西可以被視為天才，那麼他也可以被視為一位尋常的老百姓，只是達氏比較會畫圖而已。吾人以為，這樣的情形，似乎也適用在塔科拉身上。

　　塔科拉在 1408 年與皮革商的女兒馬東納‧南納（Madonna Nanna）結婚，對塔科拉來說，這樁婚姻應該是「有利可圖」的，因為它「提高了塔科拉所處的社會等級」。兩年之後，塔科拉被提名並進入了「錫耶納法官和公證人協會」，在那裡當了六、七年的學徒。在 1424 年，塔科拉開始擔任「社會信譽度很高的慈善會所」（Casa di Misericordia）之祕書，一直到 1434 年，正是因為這個職務，塔科拉有了機會與「錫耶納的重要來訪者建立友好關係——如教皇尤金四世、阿爾貝蒂……和托斯卡內里[80]」。前面我們有提到，托斯卡內里見過中國使節，而阿爾貝蒂經常與托斯卡內里的團體成員有往來，後來年歲稍長的雷吉奧蒙塔

80　孟席斯，《1434》，第 229 頁。

努斯也加入了這個團體，他們有時候在庫薩的尼古拉那兒見面且促膝長談。塔科拉擔任祕書之後的兩、三年，「養成並保持寫技術筆記的習慣，筆記的內容包括他『長期努力』悟到的知識」。塔科拉早期筆記所記載者，大部分是港口之轉運以及如何防衛錫耶納的方法，但是從 1430 年到他去世的 1454 年，令人驚訝地，塔科拉繪製了一系列的畫作，並且以合訂本的方式出版，其一，《論發動機》（*De ingeneis*）（由四冊書所構成）；其二，《論機械》（*De machinis*）。從畫作中可以看出，塔科拉的興趣十分廣泛[81]。

　　我們看一下由四冊書組成的《論發動機》。根據孟席斯為這四冊的內容一一地做出說明，他說：「第一冊的內容包括港口、斗式唧泵、騎炮兵、鼓風爐風箱、潛水裝置、漂洗機和水管。第二冊書特別描寫了水塔、活塞水泵、裝甲牽引車、載人水陸兩用車、以牛為動力的磨粉機。第三冊書包括鏈泵，以潮汐為動力的磨粉機、變速起重機、絞車、採石機、用來恢復沉陷的建築物支柱的浮選機、建築工人使用的起重機、機械梯、航海車和水陸兩用車。第四冊書涉及的是三角測量學、隧道工程、拔出柱子的機器、尋寶器具、風車和水車、撞錘、浮船箱、防空洞的圖片、投石機、裝甲船、槳輪船、屋頂拖樑和反射鏡。」內容之多樣性讓人瞠目結舌，難怪法蘭克·普拉格爾（Frank D. Prager）和古斯提娜·斯卡里亞（Gustina Scaglia）主張塔科拉結束了中世紀長期的停滯狀態，因為這四冊書裡可以看到許許多多技術進步後的結果[82]。可是，一個山區小鎮的小職員，怎麼會在突然之間，「能夠寫出繪製有範圍如此廣泛的發明圖片的書籍，這些發明中所包括的直升機和軍事機器，在當時的錫耶納完全是新鮮的事物[83]」。

　　這麼說，過去的數十年、甚至百年以來，非西方國家因為被殖民的

81　加魯齊（Paolo Galluzzi），《發明的藝術》（*Art of Invention: Leonardo and Renaissance Engineers*），Italian Edition（Firenze: Istituto E Museo Di Storia Della Scienza, 1999），第 118 頁，引自孟席斯，《1434》，第 230 頁。

82　普拉格爾（Frank D. Prager）和斯卡里亞（Gustina Scaglia），《馬里亞諾·塔科拉傳》（*Mariano Taccola [and His Book De Ingeneis]*）（Cambridge, Mass.: MIT Press, 1972），引自孟席斯，《1434》，第 229-230 頁。

83　孟席斯，《1434》，第 230 頁。

關係，一直不斷地向西方世界學習，無論是自然科學或社會科學。毫不懷疑地相信西方領先東方，且幾乎所有好的事物都是西方（人）帶給全人類的「無償」大禮。這樣的想法，同樣也發生在「（不）解釋」文藝復興到底如何發生的。基本上，任何好的東西一定是西方人本來就已經有的，不可能從外國傳進來。這是歐洲人的信仰，不是社會科學研究後的結論。所以，今天若是找到了證據，主張義大利的文藝復興有東方的根源，這件事可能會引起很大的波瀾，甚至會是學術界大論戰的開始。但證據都已經呈現了，古希臘、古羅馬對於文藝復興的影響雖然很可能有一些，但更重要的是：中國人帶來的出版品，以及其中的寶貴知識。因爲塔科拉有機會與教皇尤金四世、阿爾貝蒂與托斯卡內里建立友好關係，並且從這些關係中得到許多很有幫助的想法。

弗朗西斯科·迪·喬爾喬·馬丁尼

　　我們還得認識喬爾喬這個人，因爲這位天才抄襲了塔科拉的作品。那麼，這與達文西有什麼關係呢？結論是，天才達文西抄襲了喬爾喬之傑作，後面會看到證據。

　　筆者謝某不得不佩服孟席斯先生抽絲剝繭的能力，可以將數百年前的一群所謂的「文藝復興人」的人際關係一一釐清。孟席斯爲我們介紹了一位研究達文西的專家，他是拉迪斯勞·雷蒂（Ladislao Reti）博士，雷蒂博士是這樣地評價喬爾喬的〈論工程學和抄襲者〉論文，他說：

> 弗朗西斯科·迪·喬爾喬·馬丁尼是錫耶納一位偉大的畫家、雕刻家和建築師，但是，與他同時代的人一樣，他也對機械裝置的研究和發展感興趣。……他的工程學論文，知名度比較低，論文的內容主要關於民用和軍用建築，包括了數百個雖小但繪製很好的圖例，這些圖例展示了各種類型的戰爭機器，還有起重機、研磨機、水泵等等……雖然，有一些出版的研究材料提到了弗朗西斯科·迪·喬爾喬·馬丁尼的藝術和建築著作，但是，他在科技方面的著作仍然少有人問

津[84]。

　　當然，一（小）群文藝復興人同時對機械裝置感到無比興趣，的確是不太尋常的事，另外如果喬爾喬只是將機械裝置畫出來，但也談不上對這些裝置有深刻的瞭解，那麼雖然喬爾喬畫了數百個小圖例[85]，但他的科技著作依舊乏人問津，好像也是理所當然。

　　剛才我們討論了塔科拉的《論發動機》，由四冊書組成，內容真是包羅萬象，難以想像一個山區小職員可以培養出這樣的興趣。喬爾喬的工程學著作，可能沒那麼有名氣，但是同樣也展示了各種機械裝置之圖例，像是水泵、起重機與研磨機，再加上不少的戰爭機器等。但這兩位通才，除了其作品讓人覺得不可思議之外，可能還有更讓人驚訝的地方。孟席斯曾前往錫耶納與佛羅倫斯，其目的是去觀賞塔科拉的畫作，這趟旅程讓孟席斯「得到一個爆炸性的線索：塔科拉早就發明了後來弗朗西斯科·迪·喬爾喬〔·馬丁尼〕所繪草圖的內容；很明顯，迪·喬爾喬抄襲了塔科尼的發明[86]」。每個人都擁有許多專長的文藝復興人，各種專長之間的斜槓多達五、六根，甚至是七、八根，遠遠超過一個平凡人的能力所及。許多年前，社會科學與歷史學要學生們相信文藝復興結束了歐洲中世紀的黑暗時代，因為出現了一批能人，對全世界貢獻良多。可是，證據顯示出來的是，有幾個重要的「發明家」、「工程師」、「機械權威」，他們同時又在繪畫與製圖上有一定的造詣，結果這些能人——例如塔科拉、喬爾喬——的傑出作品是抄襲自百科全書，所以他們變成了通才、博學者，或者文藝復興人。

84　雷蒂（Reti），《弗朗西斯科·迪·喬爾喬·馬丁尼的著述》，第287頁。引自孟席斯，《1434》，第225頁，註釋2，第246頁。如前所述，孟席斯並非專業研究人員，因此其作品之參考書目經常不會很完整地呈現出來。此書目並非專書，而是期刊裡的一篇文章，正確書目如下：Ladislao Reti, "Francesco di Giorgio Martini's Treatise on Engineering and Its Plagiarists," *Technology and Culture*, Vol. 4, No. 3 (Summer, 1963), pp. 287-298, p. 287. 謝某以為，孟席斯的研究皆有所本，書目之缺遺，應該不會太過影響其著作之可信度。

85　的確，要從數量很多的小圖例當中選出幾個來討論，這並非易事，至少對吾人而言是如此。孟席斯先生的著作當中選出了一些，但在自我評估之後，因為謝某的能力目前仍無法超越孟氏本人，是故，吾人選擇暫時不討論圖例的部分，但這是不值得鼓勵的，對於一個自我要求較高的研究者而言。

86　孟席斯，《1434》，第227-228頁。

　　根據抄襲的脈絡來看，喬爾喬抄襲了塔科拉的作品；最有名的文藝復興人達文西，則抄襲了喬爾喬的作品，我們稍後會看到證據。這麼說，這些文藝復興人對繪畫頗爲在行，但不像我們這群當代學者一樣尊重智慧財產權。

　　現在，我們還得瞭解一下，有什麼百科全書式的書籍可以提供給文藝復興人學習，讓他們很快地成爲工程師、機械專家與發明家。

率先 Google《永樂大典》的文藝復興人

　　本節再分成四小節，其一，我們先介紹明朝在活字印刷術開始之後，《永樂大典》成爲全球最重要的一套知識寶庫；其二，我們介紹收錄於《永樂大典》的《數書九章》；其三，介紹同樣收錄在《永樂大典》的《農書》，推導出百科全書式的《永樂大典》——具體而言，是《數書九章》與《農書》兩個部分——培養出不少文藝復興人，讓這些人個個成爲博學者、通才或斜槓青年；其四，我們檢視《農書》與達文西二者之間的關係。以下，我們一一介紹之。

《永樂大典》

　　拜訪朋友總得帶點伴手禮，鄭和的船隊出遠門訪問遙遠的國度，也帶了一些禮物在身邊，像是青花瓷、書畫與絲綢。但這些是明朝中國之物質成就，那麼中國的精神文明呢？明朝初期的印刷術，可以說是中國帶給全人類最重要的非物質文化遺產。應該沒有什麼更好的禮物，會比送上一套明朝最重要的知識寶庫還要來得更有價值才對。在送禮這件事之上，《永樂大典》這套百科全書自然地成爲最佳選擇。而《永樂大典》得以在 1421 年紫禁城落成以來，就保存在其中的皇家圖書館，根據李約瑟（Joseph Needham, 1900-1995）的說法，這有兩個重要原因，其一是印刷術，其二是朱棣的貢獻。關於印刷術，李約瑟說：

　　　　明代印刷術的特色是題材廣泛、技術創新和藝術精神。與前
　　　　代相比，選材不僅有傳統的經、史、子和文集，也包括許多
　　　　新題材，如通俗小說、音樂、工藝、航海記、造船及西方科

學論著，大多是中國從未刻印過的……

　技術上，明代創造了金屬活字、改進了多色板套印工序，使
插圖愈益精美，並且使用木版印刷術翻刻古書[87]。

上述有關明朝印刷術的介紹，當然是全球最進步的技術了，而且明代印
書的總量，在當時應該不可能有超越者。關於朱棣對於學術價值高的著
作之保存所產生的貢獻，孟席斯總結了李約瑟的看法，孟氏說：

　　李約瑟……記錄了朱棣的巨大貢獻。在 1405 至 1431 年間，
　　朱棣召集了三千文士組成編撰小組來編撰抄寫《永樂大典》。
　　《永樂大典》是規模空前的類書。這樣一部巨著包含了大量來
　　自鄭和航海的信息，其 22,937 卷的內容摘自七千多種著作。
　　這些著作的內容包括經典、歷史、哲學、文學、宗教、戲
　　曲、工藝和農業。這是一部全書達五千萬字，11,095 冊，每冊
　　高 16 寸、寬 10 寸的巨著[88]。

以上之敘述，是中國對近代史的重要貢獻，可惜，在西方知識體系裡，
絕大部分非西方世界——包括中國——對全球具正面意義者，經常被學
者——無論西方或東方——故意或非刻意地隱藏起來，難見天日[89]。這
麼說，這部百科全書式的《永樂大典》是當年全人類最重要的知識寶
庫，孟席斯認為「人們達成的共識是，1434 年，在鄭和使節到達佛羅
倫薩的同時，活字印刷術也從中國傳到了歐洲[90]」。尚有異議的部分則
是，誰是歐洲最早發明活字印刷術的人？

　　為何一些專長明明是在繪畫、雕刻的文藝復興人，或者原來只是
個山區的公證人，也對於各式各樣的機械、工程產生了無比的興趣呢？

87　李約瑟，《科學與文明》，第 32 卷，第 100-175 頁，尤其是其中的第 172 頁。《永樂大典》參
　　見第 174 頁，也見 Wu, "Development"，引自孟席斯，《1434》，第 292-293 頁。
88　孟席斯，《1434》，第 293 頁。
89　請參照，謝宏仁，《歐洲中心主義與社會科學》。
90　前揭書，第 293 頁。

除非他們有機會看到一套百科全書，像是《永樂大典》這樣的出版品，否則只能將文藝復興人的成就連結到西方學者們自己都已經忘得差不多的古希臘、古羅馬的經典作品，但那樣的連結既抽象又模糊，難以說服讀者。孟席斯的主張有其道理，除了印刷術之外，鄭和派去的支隊，還帶給教皇一套《永樂大典》，否則的話，文藝復興人怎麼可能在突然之間——特別是在 1434 年以後——從專才變成了通才。而且，以達文西為例，他也沒製造過幾樣自己畫過的圖例。

《數書九章》

秦九韶（1208-1261），南宋（1127-1279）數學家，他於 1247 年著述《數書九章》，被視爲中國「傳統」數學的顛峰之作，其中的大衍求一術，也就是剩餘定理，比西方早了五百五十年出現。《數書九章》全書共有九章十八卷，內容相當豐富，可以說上至天文、曆學、星象與氣候觀測，下至水利、河道、運輸與建築，書中有不少計算方法、常數等，至今仍具參考價值，是當時中國數學先進水準的代表作，無疑地會被收入於《永樂大典》。

先前，我們提到了雷吉奧蒙塔努斯這個人，他必定聽過中國人來訪，並且曾與托斯卡內里見過面的事，所以在其著作中才會經常提起托氏關於「球面三角形」、「赤緯表」與「儀器和彗星」的事[91]。並且，數學家柯茨（Curtze）認爲雷吉奧蒙塔努斯完完全全理解了中國的剩餘定理，這是宋、元時期中國數學的發展高峰，秦九韶是代表人物[92]。另外，該書的計算方法與常數、測量面積與體積、河水的流量、灌溉水源的分配，想必雷吉奧蒙塔努斯對這些運算會感到興趣。當然，我們不可能排除雷吉奧蒙塔努斯也可能獨立研究出剩餘定理，然而雷氏經由托斯卡內里得知《數書九章》這部數術經典之作則是更爲可能之事。而這本書，收錄在《永樂大典》之中，對於文藝復興人而言，這寶庫可以說是天上掉下來的大禮。其中，《數書九章》對於許多學科都曾產生過不少

---

91 孟席斯，《1434》，第 185 頁。
92 秦九韶著，利布雷希特譯，《中國數學》，第 247-248 頁，引自孟席斯，《1434》，第 187 頁。

的幫助，包括雷吉奧蒙塔努斯的天文學知識，它們不可能抹除其東方根源。

　　事實上，托斯卡內里與雷吉奧蒙塔努斯這兩位斜槓「青年」在數學與天文學的「努力」，對於哥倫布、麥哲倫等航海家的測量技術都發揮過很大的影響力，我們將會在本書的下一章關於「地理大發現」再加以討論。但在這之前，我們還得看看另一部亦收錄在《永樂大典》這部百科全書之內的重要著作──《農書》。

《農書》

　　在這一小節中，我們將討論《農書》，此重要著作，當然也被《永樂大典》所收錄。這裡，我們有兩個目的要完成，其一，我們必須知道，塔科拉等文藝復興人在佛羅倫斯時，已經有了中國書籍，這些書籍應該是印刷版的，而且是活字印刷的，如此才可能大量印刷，所以活字印刷必須在 15 世紀初期以前就存在；其二，至少孟席斯得找到證據，指出塔科拉等人確實「複製」（或「抄襲」）中國的書籍。如前所述，孟席斯雖非本科出身，但做起研究比誰都還要認眞，兩個問題他都已經有了答案。謝某本人總是想要找到可以批評孟氏的論點，但始終功敗垂成，對這兩個問題也是如此，所以只得相信孟氏，不僅如此，甚至還爲他背書。當然，如果孟席斯是對的，吾人亦樂於站在他的那一邊，即使可能被貼上某種標籤。

　　刊登在《哈佛亞洲研究雜誌》的一篇文章，同時談到了明代印刷術與《農書》這本對文藝復興人來說是相當重要的書籍，該文做出了相當不錯的總結：

> 數個世紀下來，我們有準確的證據證明，14 世紀早期已經
> 創造和使用木活字印刷，這一事實在安徽旌德的地方官王禎
> （1285-1301 年）的記載中可以看到。王禎在此任職期間撰
> 寫了不朽的名著《農書》，這本書是關於農業管理技術方
> 面，比較早而且內容詳盡的指南手冊。因爲用了大量的文

字，所以，王禎想出了用活字排版來代替木頭製作單字印刷的點子，這樣，就可以減少勞動力和成本。王禎試驗製作了六萬多個單獨的木活字，製造這些活字所花費的時間不止兩年……爲了給子孫後代留下他在木活字印刷術上的成功經驗，他在木版印刷本中詳細記述了這些內容，這本書的前言指出該書的寫作時間是 1313 年[93]。

關於上述的段落，很明顯地，我們的第一個目的已經達到了，因爲活字印刷在 14 世紀初期就已經開始在中國的印刷業成爲一種新興的技術，所以塔科拉等文藝復興人若有來自中國書籍，那麼應該就是印刷版的了。現在，我們已經知道塔科拉等人的手邊可能有印刷版的中國書籍，那麼第二個目的呢？有了中國印刷版書籍的可能性之後，我們還得看看塔科拉等人是不是眞的抄襲了中國書籍，這個問題，孟席斯必定全力以赴，他的目的就是要證明，中國（書籍）在義大利文藝復興中扮演過重要角色。所以，孟氏確實花了時間研究，皇天不負苦心人，他找到了答案。

　　從上述刊登在《哈佛亞洲研究雜誌》的文章上，我們得知了 1313 年，世界上最早出版的木活字印刷本《農書》，因爲木活字在多次印刷而損壞後，可以單獨替換，這就使得大量印刷成爲可能，並且《農書》的實用價值極高，所以成爲當時的暢銷書亦不無可能。但文革時，紅衛兵焚毀了《農書》，但大英圖書館幫孟席斯找到幾冊副本。孟席斯心裡想的是：即使文藝復興人將圖例畫得更精緻、圖例旁的說明更加清楚，但是只要他能夠找到文藝復興人所繪製的圖例與《農書》上所畫的相似的話，那麼他就可以主張，中國使節帶來的《農書》——收錄在《永樂大典》——是義大利文藝復興的根源，而不是來自古希臘、古羅馬時期的經典。於是，他放棄了週末休息時間而選擇研究《農書》，當然書上的每一張圖片都是重要的，因爲都可能是找到答案線索。孟席斯說：

93　K.T. Wu and Wu Kuang-Ch'ing, "Ming Printing and Printers," *Harvard Journal of Asiatic Studies*, Vol. 7, No. 3 (February 1943), pp. 203-260，引自孟席斯，《1434》，第 236 頁。

打開書的瞬間是我十七年〔指 1991-2008〕研究生涯中最激動
人心的時候。第一幅圖片是兩匹馬拉著石碾在研磨穀物，塔
科拉和迪・喬爾喬的書也是這樣描述研磨穀物的過程。帶著
狂喜的心情，我繼續翻開《農書》——顯然，我在《農書》中
找到了塔科拉和迪・喬爾喬所繪製機器的資料來源。……據我
所瞭解的，塔科拉和弗朗西斯科〔・迪・喬爾喬〕發明和繪製
的各種各樣的機械軸、輪狀物和曲柄，《農書》中都有記載。
這方面可以冶鐵爐上使用的臥輪式水排為例。這個複雜而先
進的機器的建造成法是：「其制當選湍流之側，架木立軸，作
二臥輪，用水激轉下輪，則上輪所周弦索，通激輪前旋鼓掉
枝一例隨轉，其掉枝所貫行桄因而推挽臥軸左右攀耳以及排
前直木，則排隨來去，搧冶甚速，過於人力。」正如李約瑟先
生所言：「在這裡，我們看到通過傳統的方法，旋轉運動和縱
向運動之間不停的轉換，從而產生能量的傳輸。後來這成為
蒸汽機的主要特徵。因此，這個機械裝置的重大歷史意義在
於它是蒸汽動力的形態起源。我認為，塔科拉和迪・喬爾喬
書中所描述的能量傳輸在《農書》中都出現過。1434 網站上
列出了這方面更多的例子[94]。

　　為了讓讀者更清楚地知道文藝復興人抄襲了中國使節所帶來之書
籍上的圖例，孟席斯找了許多證據證明之，在此吾人只再引用孟氏所
列舉之其中之二，一例是塔科拉，另一例是喬爾喬。孟席斯提到了：
「塔科拉展示的可反轉吊車圖片《論發動機》中，吊車有咬合齒輪與平
面齒輪，可以將水平力轉換為垂直力，除此而〔之〕外，吊車還裝有
差動絞盤和平衡錘。塔科拉描述的裝置與《農書》中所描述的一模一
樣[95]。」「我認為，迪・喬爾喬從《農書》中提到的畜力驅動的機器

94　見塔科拉手稿 Lat BnP fol 50R；見迪・喬爾喬手稿 II 1. 141 fol 97v；《農書》，第 19 章，pp.
　　5bb-6a and NS 183，引自孟席斯，《1434》，第 237-238 頁。
95　可反轉的起重機——de Ingeneis III 36R Taccola, de Ingeneis, book 2, 96v，引自孟席斯，
　　《1434》，第 239 頁。

開始抄襲。然後，他從《農書》中抄襲了中國最基本的以水爲動力的機器，這些機器使用臥式水輪和立式水輪。再接下來，他對《農書》中臥式和立式水輪裝置進行改動，這些裝置爲很多研磨機和泵提供動力……[96]。」吾人相信，喬爾喬應該可以很容易地從這些源自於《農書》的機器模型當中，設計出其他相關設備才是。

從以上的分析看來，塔科拉與喬爾喬都從《農書》中獲益匪淺。接下來，我們還得看看文藝復興人當中的最大咖（也就是「要角」）的達文西，難道他與收錄在《永樂大典》的《農書》也有關係嗎？

《農書》與達文西的關係

簡單說，達文西的確向其他文藝復興人，像是喬爾喬、阿爾貝蒂與塔科拉等人，學到了不同的技藝，不過達文西向阿爾貝蒂學到的是繪畫與雕刻，這是達文西的專長，也是我們熟知的部分，更是人們可以找到達文西所完成的成品的專長。其他的「專長」並不明顯，可以說，不知道達氏到底從哪兒學到的？花了多少時間？遇到什麼大師的教導與責罵？

吾人以爲，最重要的是：達文西那些根本沒有成品的「專長」，大家都信以爲眞，而且，無須任何證據，就被當成了眞理。不過，所幸孟席斯非得找到證據不可，但不是達文西的作品，因爲沒有。原來，達文西是向喬爾喬學來的，而這與《農書》有關。而且，兩人曾經見過面呢！的確如此。孟氏總結達文西與喬爾喬的關係，他說：

> 通過列奧納多〔李奧納多〕所繪草圖與《農書》中相關插圖的比較，我們可以做出這樣的判斷，列奧納多詳細描述的機器的每一個要件，在他之前，中國人都以比較簡單的手冊形式做過闡述。
> 總而言之，列奧納多的著作是建立在前人所作大量研究的基礎之上。他的磨粉機和輪式碾粉機、水力研磨機和鋸木通、

96　引自孟席斯，《1434》，第243頁。

打樁機、運輸機，以及各種類型的繞線機和起重機、汽車、泵、提水工具和鏈斗挖土機，都是對弗朗西斯科‧迪‧喬爾喬的《論民用與軍用建築》〔*Trattato di architettura civile militare*〕的發展和改進。列奧納多關於繪畫和雕刻的透視學原理來源於阿爾貝蒂的《論繪畫》〔*De pictura*〕和《論雕刻》〔*De statua*〕。降落傘的設計是建立在迪‧喬爾喬所作研究的基礎之上。直升機是以約 1440 年傳入意大利的中國玩具為模型，塔科拉曾經繪製過的圖片。他關於運河、水閘、引水渠和噴水器的產品設計得益於與迪‧喬爾喬的會面，這次會面發生在 1490 年，起點在帕維亞〔Pavia〕……。他的製圖學知識來源於阿爾貝蒂的《記錄羅馬城》〔*Descriptio Urbis Romae*〕。軍事武器複製了塔科拉和迪‧喬爾喬的設計——只是圖片畫得更好[97]。

看起來，達文西應該被稱為插畫家，而不是發明家。當然，繪畫是達氏的專長，所以就算他真的畫得比喬爾喬好一些，也只是剛好而已，並不值得大書特書，不過，或許達文西應該感謝一下來自中國的書籍讓他有名留青史的寶貴機會。

話說抄襲的人通常會假裝自己什麼都不知道，讓自己看起來很無辜的模樣。但凡走過必留下痕跡，即使時間過了很久，最終還是會被發現的，就像是遇到了孟席斯這樣的歷史界的大偵探。

但事實上，五、六百年前已經有人在為這件糗事暗自竊笑了。

本章結語：蒙娜麗莎的竊笑

完成於 16 世紀初的一幅畫作，主角是蒙娜麗莎，據說她的笑容隱

97 杰克遜〔傑克森〕（Jackson），《蜻蜓》（*Dragonflies*），第 1-4 頁：加布勒豪斯〔Charles] Gablehouse），《直升機和旋翼飛機》（*Helicopters and Autogiros*）[London: Frederick Muller, 1968]，第 1-3 頁：懷特（White），《直升機和陀螺》（*Helicopters and Whirligigs*），引自孟席斯，《1434》，第 245 頁。達文西草稿與《農書》中的圖片，請參照孟席斯《1434》一書，特別是第十六章，另外，亦可參考孟氏之 1434 網站。

藏著「神祕的內容」，也因為其神祕性，所以當年的微笑之眞意至今仍然吸引著許多人的好奇心，並且試著想要破解之。

談到「笑」這個字，無論是大笑、狂笑、偷笑、微笑，與又哭又笑，心裡頭都會喜悅之感，只是程度有異，臉部肌肉的鬆緊度不一，甜度不同，與歡樂搭配著的聲音有別而已。然而，這幾種笑，最受人們歡迎的應該是「微笑」了，因為這種笑內斂不誇張、有禮不唐突，而且含蓄惹人憐。因此，蒙娜麗莎的「微笑」五百多年來，吸引了成千上萬個觀眾的目光，至今人們對於她到底在笑什麼並不知情，只能猜測，或者人云亦云。重要的是：在這個什麼都要拿來比的時代裡，看過世界名畫的觀眾們，其虛榮心的滿足，比起看不看得懂她的微笑重要太多了。所以，蒙娜麗莎到底在笑什麼，不知道也無所謂，就算是誤會了，也沒人在意。

是這樣的，從這幅畫中，我們可以看到蒙娜麗莎的左唇輕微上揚，瞳孔偏向其左方，這表示在畫室裡的達文西正在蒙娜麗莎的右側之一隅將她繪在畫布上。筆者謝某再仔細端詳之，其實蒙娜麗莎的笑容並不是單純的微笑而已。在其微笑之中，還有一點點不易看得出的雜質，就落在蒙娜麗莎稍稍揚起的左邊唇角，就是在這裡藏有一種輕視其主子之意涵，這是一種「竊」笑，稍微受過儒家倫理薰陶的知識青年應該比較容易理解，當一個人做錯事時，旁人看似微笑的眞實意涵吧！？

這名畫，隱藏著一份輕蔑，但這不易察覺。因為蒙娜麗莎知道其主子達文西有抄襲他人作品的不好習慣。為此，她笑了！

　　說起「研究議題」這四個字，讀者可能覺得太沉重了，因為它聽起來學術性太強，很可能嚇跑了潛在讀者，特別是出版業尚找不到其因應衰退之對策、書店一間跟著一間地關門，明顯地，這是一個人們喜歡觀賞 3C 產品裡頭的節目更甚於閱讀實體書籍的時代。

　　為了留住讀者，本章討論一個聽起來並不難的問題，那就是：15 世紀末以來，歐洲探險家，像是克里斯多福・哥倫布（西班牙語：Cristóbal Colón；英語：Christopher Columbus, 1451-1506）、斐迪南・麥哲倫（葡萄牙語：Fernão de Magalhães；英語：Ferdinand Magellan, 1480-1521）、巴爾托洛梅烏・迪亞士（Bartolomeu Dias, 1451-1500）、瓦斯科・達伽馬（Vasco do Gama, 1469-1524）、亞美利哥・維斯普奇（Amerigo Vespucci, 1454-1512），以及威廉・揚松（Willem Janszoon，約 1570-1630），或者再加上更後來的詹姆士・庫克（James Cook, 1728-1779）等，這些人成就了的「地理大發現」（Geographical Discovery）。換句話說，他們替全人類「發現」了以前沒有人看過的「東西」，像是一片大陸、一種特殊地形，或者證實了某種在他們活著的年代還算是「異說」的想法之真實性，例如地球是圓的，而且是宇宙的中心。這些事，乍聽之下，不花個三、五年的努力、不歷經千辛萬苦，哪裡有機會可以實現呢？的確，幾乎（或應該）在每本給不同年齡層讀者的讀物中，不難看到探險家們經歷過狂風暴雨、水手叛亂、原住民的「突襲」，與糧食飲水短缺時的困頓，但即使如此，最終艦隊指揮官展現其過人的意志力、臨危不亂的穩定性格，以及斬釘截鐵的說服力要求其部屬繼續向前行，正所謂「關關難過，關關過」，最後得以名留青史。

　　當然，替全人類「發現」了美洲新大陸也好，或者「發現」較小的澳洲與更小的紐西蘭也罷，抑或是費盡心力才渡過所謂的「聖徒海峽」（即「麥哲倫海峽」），在科學技術能力遠不及今日的數百年前，絕對不是件簡單的事；相反地，這些人類「首次」的發現是值得大書特書的。除了這些探險家們在艱苦之後所完成的夢想之外，這些人在數百年之後，仍然是兒童、青少年、青年，以及成年人的榜樣，其事蹟、處世態度，以及豐功偉業遂成爲一座燈塔，指引著對的方向，並且鼓勵人們向前行。上述的探險家與他們個別的冒險故事早已深植人心，在人們的社會化過程中，也在政府對人民潛移默化的教育之中，這些探險家無人能及的偉大事業成爲人們努力仿效的模式，而探險家們在不知不覺的情況下成了每個人的信仰，不容懷疑。可是，筆者謝某在這些不能懷疑的故事裡，卻看到了一件不太合理的事，那就是：這些探險家在茫茫大海之中，好像都不曾迷路過，爲什麼我們不曾聽過探險家們在航行了數個月之後，發覺有點問題，然後換個方向繼續前進呢？歐洲大探險家們似乎都在其多次的摸索中，全都走了對的路，這不讓人感到奇怪嗎？

　　粗略地想，謝某以爲探險家們不曾迷路的可能原因至少有三個，其一，因爲該旅程被「定義」爲探險，所以走到哪兒都是隨機的，也就沒有迷路（迷航）這個問題了；其二，迷路事小，因爲這是從 A 點到 B 點的移動中常見的事，不值得一提，特別是航行在未知的大海上；其三，這是被刻意隱藏起來的祕密，探險者（通常是發號司令的船長）手中有地圖，所以他們根本不擔心迷路這個問題。其他問題，像是補給不足、撞上暗礁，或者登陸後遇到強悍的土著等，應該更讓探險者憂心才對。吾人以爲，第一、二個原因應該無須再多加討論，而第三個可能的原因，有必要在這一章得到更詳細的說明與解釋。換句說話，本章欲證明，我們的「探險者」可能不是我們所想的那樣，他們是在不太清楚自己要去哪兒的情形下，展開其「發現」之旅；相反地，他們是在已知自己計畫要去的地點、方向及航行時間的狀況下，按圖索驥，歷經不算太長的時間，航行到原本想去的地點而已。也就是說，「探險者」的手中有地圖，他們事先已經知道自己要去拜訪的地方，更知道如何從一個

「未知的」地方返回出發地邀功[1]。

在上一章，我們談「文藝復興」的東方起源時，我們看到了一些鄭和的船隊——具體而言，指揮官洪寶所統領的支隊——從麥加進入紅海，再航行進入運河，連接至尼羅河，北上到達開羅。之後，洪寶的艦隊再航行到佛羅倫斯，這個文藝復興的代表城市。在那城市裡，教皇尤金四世見了中國使節，當時文藝復興人——包括見過中國使節的保羅・托斯卡內里（Paolo Toscanelli, 1397-1482）——從中國人那兒學到了不少事物，像是「天才」達文西所畫的許多插畫，當然也包括了當時最具價值的世界地圖等。雖然目前我們尚未看到教廷的官方文件，但是，按照合理的推論，《永樂大典》應該是中國使節贈送給教廷的禮物（之一），因爲《數書九章》與《農書》都收錄在《永樂大典》這部百科全書式的印刷品當中，而從上一章之中，我們得以發現幾位文藝復興人關於算術、天文、機械、工程與農業用具的想法、概念，甚至是著作當中，其來源始於《數書九章》與《農書》這兩本重要著作。在這一章中，我們會將重點放在航海圖（或世界地圖）之上。

在第一章中，我們留下了些與航海密切相關的地圖，因爲有了地圖才能讓航行更安全。而第二章，我們將更詳細地說明航海圖的由來，藉以解釋爲何歐洲探險家們不怕迷路，這是因爲在準確地圖的引導之下，他們根本沒有迷路的機會[2]。

本章結構由五大部分組成，安排如下：首先，我們先大略地描繪哥倫布的 1492 神話，這個部分將由四個小節組成，其一，我們介紹一件在澳洲新南威爾斯發掘的歷史文物，它製造於 15 世紀，是高達 12 公尺的船舵，其船隻長度超過 100 公尺；其二，因爲與「1492 神話」有關，我們得知道權力與歷史生產之間的關係；其三，我們檢視歷史「停滯說」與哥倫布的「發現」之間的關係；其四，哥倫布到底爲何出航？這

---

1 因爲篇幅的關係，本文將哥倫布與麥哲倫視爲最重要的討論對象，至於其他的探險者，我們不會花費太多時間討論，當然，他們並非不重要。

2 謝某以爲，如果探險者眞迷了路，而且花了很長的時間才回到「正確的」航道的話，那麼整趟探險（冒險）旅程應該會更具故事性。不過，「探險者」當然不可能迷路，因爲他們手上握有高價值的世界地圖。於是，有了地圖，航行的風險立即減少了一大半。

個疑問也許可以找到答案。第二，人們需要故事，特別是需要勵志的兒童與青少年更是如此，因爲他們可以從偉人的生平當中習得對人生有用的經驗與知識。這是社會化過程中頗爲重要的一環，同時，這也可以建構民族主義，邀起人民的愛國心。所以，我們將從兒童與青少年繪本、讀本開始，一直到「美國化」的哥倫布，看看哥氏如何變成美洲——特別是美國這個強權——的英雄人物。

第三，我們看看歐洲探險家出發前的準備工作，我們將分成三個小節來談此議題。其一，關於探險這個概念，看似很容易，事實亦不難。不過，我們似乎得再重申一次，手中沒有航海圖才是眞正的探險；其二，航海圖是國家機密，被妥善地保護著，但百密一疏，總有流落在外的複製本，對後來的「探險」產生影響；其三，哥倫布不只被尊稱爲「探險家」、「發現者」，他還是一位「未卜先知」的艦長。這一節中，吾人想要說明的是，我們應該都同意一個概念：如果手中沒有航海圖的話，歐洲「探險家」在返航之後才有資格被稱爲眞正的探險家。假設歐洲探險家之中，沒有一個人握有航海圖的話，那麼我們應該可以肯定的是：在所謂的全球「探險」的初始階段，其所獲得之成就將不會太明顯，最多是沿著非洲西海岸航行，或者說，充其量也只是到了非洲最南端而已，不可能繞過好望角再橫越印度洋直達印度西海岸。當時，航海圖被視爲國家機密，若想要取得的話，可能的代價是用命相抵，那麼哥倫布在短短的七十天往返美洲這件事，除了他是「先知」之外，另一個可能性是，他已經拿到了價值連城的航海圖／世界地圖。

第四，在理論上歐洲探險家是應該迷了路，回不了家的。這樣的看法，並非瞧不起甫從黑暗的中世紀「倏然」進入了突飛猛進的文藝復興時期，但爲何吾人仍認爲探險者「應該」迷路呢，原因有四，其一，當時的教廷並不支持科學；其二，歐洲對於經度的測量尚處於摸索階段；其三，繪製於 1507 年的瓦德西穆勒世界地圖上，已經繪有清楚的經度與緯度，但當時，歐洲尚未有人探索過全世界，瓦德西穆勒世界地圖必定是抄襲而來；其四，哥倫布、麥哲倫等英勇的探險家，其船上不乏犯過罪的人，在此情形下，他們能招募到幾位願意和一群罪犯一起出航的

傑出的天文學者、製圖者與航海家呢？這著實令人懷疑。

第五，我們得花點時間探討歐洲探險家不曾迷路的原因，這倒不難理解，探險家——像是哥倫布、麥哲倫等人——手上有地圖，或其他有用的資料，沒有它們的話，他們不可能回得了家，這簡單的邏輯卻因為太過簡單，至今無人勇於大聲地提出相異之看法。最後，吾人總結本章之發現。緊接著，我們先描述「探險家」哥倫布的 1492 神話，它深入人心。

探險家哥倫布的 1492 神話

我們習慣將哥倫布視為一位探險家，所以不容易改變人們對於哥倫布的看法，即使他的確在某一個或某幾個航程，又或者在航程中的一個小段落，曾經冒著失去生命的危險，但他終究還是活著回家了，因此稱他為冒險家似乎並無不可。然而，我們可能因為「探險家」這個稱呼而無法從其他面向看到事實的真相，因為它讓人直接地聯想到哥倫布這個人的人格特質，像是積極進取、無畏挑戰與冒險犯難等。在讀者早知故事應該如何發展的狀況（或難題）下，事實的真相之展露更屬不易，但吾人還是願意一試。

在這一小節中，我們分為四個部分來談，其一，我們先從 12 公尺的舵談起；其二，權力與歷史生產之間的關係；其三，歷史停滯說與哥倫布的「發現」；其四，哥倫布出航的原始動機，藉此，吾人希望能夠讓讀者更接近歷史事實。

考古學的發現：12 公尺的舵

事實上，我們應該也沒看過太多哥倫布出航的歷史紀錄，在這種情形下，考古學應該可以派上用場，但至今，我們也沒看過什麼考古學的證據，或至少不是太多件。關於誰先發現了新世界，除了哥倫布之外，還有一位可能的人選，就是明朝的鄭和，此時，一個不怎麼公平的現象產生了：哥倫布不再需要證據了，因為大部分的人早已相信是哥氏發現美洲，歐洲探險家再一一地將其他「未知的」地方找出來。但是，鄭和

就需要證據了，偏偏在官方文件又找不到太多，因為可能是燒燬了。

那麼，在沒有直接證據的情形下，歷史文物、考古學相關研究可能會幫上忙，或許也只能如此而已。根據「業餘的」[3] 歷史愛好者加文・孟席斯（Garvin Menzies）先生的研究發現，有一個極具說服力的證據，他說：

> 在澳大利亞新南威爾斯北部的 Byron Bay（拜倫灣）附近有遺物——找到兩根木樁。經過碳十四同位素年代測定，係於 15 世紀中葉製造，誤差為正負五十年，這意味著這兩根木樁是在明朝製造的。1965 年，從該地點還挖掘出一個木舵。這根方向舵全長 12 米，意味著這個舵適用於長達百米的巨船。鄭和最大的艦隻確實有長達 11 米的舵。相較於此，15 世紀葡萄牙和荷蘭航海者所使用的快船的尺寸，還比這種 12 米、或 11 米的舵大不了多少[4]。

從這段話看起來，合理的推論應該是鄭和的船隊在 15 世紀已經到過澳洲，若說有人沒事將一個 12 公尺舵從某個地方載到新南威爾斯北部的拜倫灣，那是更不可信的看法。單就這項證據來說，不願意相信的人，應該還是不相信鄭和在歐洲探險家出發之前，已經先探索過整個世界，但是本章稍後的證據會說明。至少，歐洲探險家若純粹靠自己的技術、知識等，是無法平安返航的，在他們「快樂地出帆（台語）」之後。

接下來，我們看一下不甚相同的主題，權力與歷史生產這二者間的關係，吾人以為，這將對我們的主題之理解產生助益。

權力與歷史生產

讀者應該還記得上一章談文藝復興時，佩脫拉克對於古希臘展現了

3　孟席斯先生的作品可以說是一位「業餘的」歷史愛好者，比「職業的」歷史研究者更善於利用具體證據之絕佳例子。

4　Gavin Menzies, *1421: The Year China Discovered the World* (New York: HarperCollins, 2002), pp. 205-206.

他極為偏頗的喜好，因此對於佩脫拉克，以及相信佩氏所說的任何隻字片語的人們而言，古希臘的真實面貌並不重要，重要的是，佩脫拉克如何告訴人們古希臘的美好，以及到底好在哪裡。具體而言，關於美好的古希臘文化，這段歷史同時有兩個（可能）重疊的部分，其一，在古希臘時代，發生過什麼？或者，聽說過發生了哪些事件？歷史的真相到底有哪些？其二，談到文藝復興人對於古希臘文化的崇敬與嚮往，也與佩脫拉克的敘事方式有關，也就是說，佩氏如何講述古希臘的美好故事。上述這段話，可以換一種相對學術的說法，「歷史既指事情的真相，也指對這些事實的一種敘事，包括『發生了什麼』和『據說發生了什麼』。第一方面的意思強調一種社會歷史過程，第二方面的意思則強調我們對這一過程的認識或關於這一過程的某個故事[5]」，其中的第二方面與事實的真相未必有關。

佩脫拉克可以用拉丁文與義大利文寫作，他遊歷歐洲各個地方，除了蒐集古希臘、羅馬作品之外，對於注釋古典文學亦不遺餘力。被認為是「人文主義之父」，同時也貴為「文藝復興」三傑之一的詩人佩脫拉克，理所當然地，能夠用盡其最美麗的文句來描述古希臘的精神文化，他的十四行詩朗讀起來必定如歌唱般悅耳動聽，工作之餘，和三五好友在夕陽即將西下時，欣賞著落日餘暉，吟詩作對，偶然地回憶起古希臘人在文化的浸潤下，享受著地中海特有的慢活步調，這整個畫面的每一處無不強化著佩氏本人對於古希臘近乎偏執的喜愛。也就是說，佩脫拉克對於希臘發生過的某事件之描述，並不一定是該事件的真相，而是經過佩氏之詮釋。那麼，透過佩脫拉克極度偏好古希臘文化的態度，人們應該會從其敘事當中，知道「據說」發生過什麼事，而非真正發生過什麼事。或者，也可以這麼說，古希臘時期發生過了哪些事，由佩氏所描繪者可能發生過，然而因為佩氏偏頗的敘事，以致於文藝復興人對於古典文學、語言學等，均抱持著過於正面的態度，而導致離事實的真相頗遠。然而，文藝復興時期聽故事的人，對事實真相之理解興趣不高，讓

---

5 米歇爾－羅爾夫・特魯約（Michel-Rolph Trouillot）著，武強譯，《沉默的過去：權力與歷史生產》（北京：中信出版集團，2023），第 3 頁。

他們感到興趣的是，他們的情感可以隨著佩脫拉克跳過中古黑暗時期，直接回到一切都被美好事物圍繞的古希臘時期。然而，古希臘是個什麼樣的社會呢？它眞的那麼美好？好像不盡然如此。一直以來，我們被告知，古希臘時期已經實行民主制度了，但那只是少部分成年男性的特權而已，女性根本沒有相同的權利，況且那時候，它還是個奴隸社會呢！但相信，在佩氏的敘事裡，我們不會聽到這些。

　　歷史同時指事情的眞相，亦指對於事實的敘事，而後者其實就是歷史學家到底如何說故事，而這與權力有關，也是這節我們要討論的話題。一位海地裔美籍人類學家，著名的跨文化研究者——米歇爾－羅爾夫·特魯約（Michel-Rolph Trouillot, 1949-2012），對此議題有深刻的研究，他說：

> 權力是故事的組成部分……權力本身與歷史共同作用……權力不是一勞永逸地進入故事，而是在不同的時間，從不同的角度進入的。它先於敘事本身，在敘事的創造和解釋中發揮作用。因此，即使我們能想像出一段完全科學的歷史，即使我們把歷史學家的偏好和利害關係放到描述之後的另一階段，權力依然和敘事緊密相關。在歷史中，權力從史料階段就開始動作了[6]。

這裡，我們先用一個簡單的例子來證明「權力是故事的組成部分」這一句話，這個例子大家應該都聽過，即使不甚熟悉。台灣教育部 108（2019）歷史課綱已公布實施三年多了，當時，按理說，教育部會成立一個歷史課綱審查（或研究）小組（或委員會），當然是由一群歷史學專業人事組成，在多次會議之後，經過了爭執與妥協，投票後決定支持某一版本，在獲得多數票並經教育部長簽名之後，高中（以下）歷史課綱就此決定，所有撰寫歷史教科書的老師，以及出版社都必須在課綱

6　特魯約，《沉默的過去》，第 39 頁。

的指導下，才得以付梓成冊，在市面上販售。清楚得很，而無須過多解釋，教育部長握有權力而得以在依法行政的前提下，決定高中歷史課綱，為高中生量身打造一整套的歷史觀與世界觀。是故，可想而知，似乎不需要太多的理論建設在前，即可以推論，握有權力的人可以決定歷史教科書應該怎麼寫，然而對於某些歷史事件之解釋是不是更接近事實的真相，這一點在審查委員開會時未必能夠爭取到足夠的時間去考證。從這個例子看起來，權力已進入了歷史，成為歷史的重要組成部分了。的確，108 歷史課綱在世界史的解釋上大有問題，嚴重到足以讓年輕人戴著歪斜的眼鏡看這個世界，學生所獲之偏頗歷史觀有待矯正，而且掌握權力者，甚至不知道自己鑄了大錯[7]。雖然上述的例子相當重要，但容我們日後再細談，現在我們得先回到本節的主題，前面引用的這段話有什麼值得討論的呢？以下分述之。

首先，特魯約教授主張「歷史學家的偏好和利害關係」不易完全排除在歷史研究之外，為了在研究的過程中主張「價值中立[8]」似乎是沒有必要的。其次，在研究的過程中，權力的介入並不一定發生在特定的時間點，也並非得從某種角度才可能，當然，如此的話，在敘事當中要找到權力的影子並不容易，因為它可以發生在研究中的任何時間點與論點。最後，特魯約提到「權力從史料階段就開始動作了」，吾人贊同這樣的說法，因為通常成為「歷史」的事件是掌握權力者經過爭執、衝突之後勝出的結果，再為後人所知悉，所以權力在史料的挑選時已經介入了。不過，或許可以略微修正之，謝某以為應該可以這麼說，在議題的選擇上，權力也能介入，無須等到之後的史料的篩選時，當然這只是稍微改進特魯約的看法而已，特氏的論點仍具重要性與啟發性。

接下來，我們再談談特魯約關於史料與權力之間結合之說法，即

7　歷史觀與世界觀孰先孰後，是個雞生蛋、蛋生雞的問題，兩者相互影響，不可不慎。一旦給予高中生錯誤的歷史觀，他們就會持有偏頗的世界觀，反之亦然。關於 108 課綱的批評聲浪，請參照，謝宏仁，《社會學囧很大 3.0：看大師韋伯如何誤導人類思維》（台北：五南圖書，2020），相關的議題置於該書第三章，〈無關緊要的明朝〉，頁 115-168。

8　關於價值中立這個議題的討論，請參照，謝宏仁，《社會學囧很大 2.0：看大師韋伯為何誤導人類思維》（台北：五南圖書，2019），相關的議題置於該書第二章，〈隱身在歷史研究的「價值中立」〉，頁 69-122。

在史料挑選時，權力已經介入這個看法。在歷史敘事的生產中，特魯約說：

> 權力的動作始於事實和史料的聯合創造，至少有兩個原因。第一，事實從來都不是沒有意義的：其實，它們之所以成為事實，是因為它們在某種意義上很重要，無論程度有多輕。第二，事實不是被平等地創造出來的：歷史痕跡與沉默總相伴而生。有些事實從一開始就被記錄下來，另一些則不為人所知。有些事實刻印在個人或集體的身體上，另一些則不然。[9]

這段話當中，吾人的看法是，事件經過了時間的淘汰之後，能夠成為歷史事實，當有其重要性，這一點，謝某的看法與特魯約教授的看法類似，但吾人以為，這是歷史學家為了自身的研究（與寫作）之目的而賦予其重要性，也就是：歷史是為了當代的目的而與過去展開的對話。第二，「事實不是被平等地創造出來的」，特魯約這句話也說得貼切。剛剛，吾人提及了，歷史是研究者為了自己當下的目的而與過去（事實）展開之一連串的對話，因此，可想而知，研究者在挑選事實的時候，傾向於尋找那些會支持自己研究假設的「事實」，而忽略——無論是有意或無意——那些對假設不利的資料，於是事實（或事件）之間的重要性產生了不平等的情況，當然，這的確會影響敘事本身的邏輯性與說服力。這麼說，某些事實（之組合）最後（有幸）成為「歷史痕跡」，另一些則總是（被迫）沉默，這就是特魯約所說的「歷史痕跡與沉默總相伴而生」。

現在，我們回到哥倫布「發現」新大陸的故事，或者說「敘事」，接下來，我們要談的是「命名」，而這和西方霸權與其知識霸權脫離不了關係，所以還是涉及到「權力」的掌握。特魯約對此有其看法，特別是因為他的海地裔背景。他說：

9　特魯約，《沉默的過去》，第39-40頁。

對「事實」的命名，本身就是一種偽裝成無辜的權力敘事。有人願意慶祝「卡斯蒂利亞〔西班牙語：Castilla，西班牙歷史地名〕人入侵巴哈馬群島」嗎？然而，這種說法更接近於1492 年 10 月 12 日發生的事情，而不是「美洲的發現」。因此，為事實命名已經給讀者帶來了一種解讀，許多歷史爭議歸結為誰有權命名什麼。將歐洲人對有人居住的土地的初次入侵稱為「發現」，是「歐洲中心論」的力量的一種嘗試，這種力量已經構成了對上述事件未來敘事的框架。與西方的接觸被視為不同文化歷史真實性的基礎[10]。

從上述這一段話看起來，總體而言，世界史是西方人眼中的世界史，是西方人如何看待非西方人，也是西方人詮釋下的歷史敘事，因為最後一句話是「與西方的接觸被視為不同文化歷史真實性的基礎」。但「歷史真實性」是西方人定義的，非西方人只能接受，毫無他法可言。除此之外，以下幾點亦值得再思，其一，特魯約說，為（哥倫布）到達美洲這件「事實」命名，一直以來，被偽裝成與權力毫無關係，那麼，為何必須如此呢？因為人們早已經習慣了知識是「客觀中立」而不帶研究者的主觀偏見，此外人們應該也傾向於聽一些相對和平的冒險故事，而非屠殺原住民之類的軼事才對。

其二，如果只是記錄下 1492 年 10 月 12 日所發生的事，那麼記錄者寫下「卡斯蒂利亞人入侵巴哈馬群島」這句話，的確是相對比較接近歷史事實的，這沒有疑問。然而，所謂的「歷史」是當代作者（或歷史學家）為了自己的目的而與「過去」所進行的對話，也就是說，哥倫布將他的腳踏上巴哈馬群島土地上的那一刻，歷史學家就可以將之描繪成整個美洲大陸在此刻已經「完全」被哥倫布看見了，雖然哥氏去了美洲四次，最終還是只停留在現今的中美洲。然而，在歷史敘事之上，哥

10　Roy Preiswerk and Dominique Perrot, *Ethnocentrism and History: Africa, Asia and Indian America in Western Textbooks* (New York, London, and Lagos: Nok Publishers, 1978), p. 105，引自特魯約，《沉默的過去》，第 158-159 頁。

氏「發現」美洲所承載的意義，至今依然讓許多人信以爲眞。不過，重點是：自此以後，美洲不再是文明之外的大陸了，因爲文明的歐洲已經派人到這片未開化之地，這塊土地經過了哥倫布的「救贖」之後，不再被視爲蠻荒之地。百年以來，掌握權力的教育官員，幾乎都懂得利用哥倫布「發現」美洲的故事來遂行其目的，無論是建構民族認同、社會控制，或者兩者都是；抑或是，其目的僅僅只是爲了展現自己有能力決定學生應該閱讀的內容，還是爲了證明自己的權力還可以被使用，而早已不在乎事實的眞相爲何。只是，吾人懷疑，追求知識這件事還有目的嗎？即使有的話，不是爲了要更接近事實的眞相嗎？如果到頭來只是權力大小、多寡的比較，那麼求知與掌握權力二者似乎是難以區別開來了。我們再接著談下去。

其三，歐洲中心論在社會科學的領域裡，長久以來不曾間斷地展現其力量，當人們習慣用「發現」一詞來代替「入侵（巴哈馬群島）」時，其實已經將自己內心對哥倫布的偉大敘事所產生的讚嘆，轉化成力量持續地增強歐洲中心主義所影響者，這個意思是說，我們在追求知識的同時，希望能夠瞭解世界上所發生的重大事件之原委，然而長時間下來，非但無法接近事實，反而離事實更遠了，讓人不得不感嘆花了大半輩子求學，卻看到了謊話連篇。其實，知道自己看過、聽過的事物（或事件）並不眞實的人，應該還要感到高興，因爲大部分的人終其一生都沒有接近事實的機會。上述這樣的情形，吾人以爲，比起西方世界，歐洲中心主義在非西方國家很可能反而更爲嚴重，原因並不是西方世界「享受」了歐洲中心主義所帶來的情感滿足所導致的混淆，而是比起非西方世界，歐洲人似乎更能理解西方知識在建構的過程中所造成的偏差，而非西方人則還在學習當中，無暇他顧，主因在於，非西方知識分子早已習慣在西方學者面前表現出順從的模樣，忘記了批判精神到底對於理解事實有何重要性。

歷史「停滯說」與哥倫布的「發現」之旅

從上面的分析中看起來，雖然我們已經大略地看到了權力與歷史

生產之間的關係了，但是這種關係只適合用在西方國家（或地區）在世界經濟體系的位置逐漸上升之時，簡單來說，歷史「通常」甚至「總是」由強者來闡述，弱者只能被迫接受，包括所謂的「停滯說」，當然這只適用於非西方世界而已。雖然「停滯說」的起源可以花時間去考察，但是意義或許不大，事實上，在社會科學與歷史學領域裡，都可以見到大師級人物用「停滯說」來簡化非西方（或東方）歷史，我們以最常被拿來與西方相比的中國為例，這裡，各舉一例就已足夠。馬克斯·韋伯（Max Weber, 1864-1920）貴為東、西方歷史比較研究之大師級人物，他說，中國傳統法律自秦朝即已停滯，不再向前，毫無進展可言，韋伯不懂中文，從其研究當中，能夠發現的任何中文文獻是少之又少，即使有，也是二、三手資料[11]。況且，對傳統中國法有點概念的人應該會知道，傳統中國法在唐律是相對完整的，因為明、清的法律都有唐律的影子，這也就是說，唐律比秦律進步一些，即使很少，那麼就不能用「停滯」二字來一筆帶過。費正清（John K. Fairbank, 1907-1991）是哈佛大學東亞研究所創始者，並且擁有「頭號中國通」之美名，然而，其著名的「1842 分期」，將中國分為 1842 年前的傳統中國，與 1842 年後的現代中國，前者屬於停滯的狀態，後者是西方人帶來了「現代性」之後，中國才開始了有意義的變遷。「停滯說」明顯地出現了錯誤，但卻為大師們省下不少研究時間，可以盡其所能地找到傳統中國處於停滯狀態的種種「證據」，來印證他們內心的想法，那就是，只有歐洲（或西方世界）才可能發生了什麼重要事件，其他的地區，也就是非西方世界，充其量還是只能等待西方人將「文明」帶來，好一點的東方人，最多只是學得快一點而已。只有歐洲（或西方）才能發生了什麼重要事件，這恰巧是「停滯說」的基本原則，我們同樣可以在哥倫布「發現」新大陸這件事看到此原則，對於歐洲人而言，其他地方都是停滯的，也可以說，是沒有歷史的。特魯約繼續說：

---

11 請參照，謝宏仁，《社會學囧很大 1.0：看大師韋伯如何誤導人類思維》（台北：五南圖書，2015）。

> 這裡的問題不僅僅是盲目的傲慢……「發現」和類似的術語，
> 確保了一個人僅僅通過提及事件，就進入一個預先確定的詞
> 匯領域，這一領域包含了各種陳詞濫調和可預測的分類……
> 歐洲成為「發生了什麼」的中心。這一過程中，無論其他
> 民族發生了什麼，都已經縮減成一個自然事實：他們被發現
> 了。……〔但是〕早在未來的歷史學家……提及它們之前，它
> 們就已經存在了[12]。

這一段話，必須與前述的停滯說結合在一起，才能將特魯約上述這段話
看得更清楚些。特魯約認為，歐洲中心論者將哥倫布「發現」美洲視為
是一種極度傲慢的表現，這樣的表現必須──也只能──透過對於非西
方國家（或地區）的輕視才能辦得到，於是只有歐洲被西方的學者看成
是具有資格被撰寫成歷史的地方，因為在歐洲所發生的事件，它們才能
被看成是有意義的事件，值得大書特書。當然，其他的地方也會發生某
些事件，但這些事件如果不是不夠重要，那麼就只能是雞毛蒜皮之事，
不值得被記錄下來，最終，非西方地區裡已居住千年以上的人，全都變
成了「沒有歷史的」人。

　　承接上述的分析，筆者謝某亦在〈哥倫布是個騙子：帶著前人的地
圖去「探險」〉一文中指出，古代的中國、埃及，或者阿拉伯世界是文
明的，但近代，它們都停滯了，需要歐洲的幫助才有機會到達文明的境
地，所以從近代開始，人類世界所有重要的事件都必須是發生在歐洲，
像是先前討論的文藝復興，這裡詳述的地理大發現，以及接下來的宗教
改革、啟蒙運動與工業革命，都必須發生在歐洲，此一觀點，與特魯約
教授的看法極為類似，可說是收異曲同工之效。或許，相較於特氏的看
法，吾人走得更遠一些，具體而言，在本書中，謝某欲證明，歐洲中心
主義持續地在社會科學欺騙莘莘學子，而本書的四大神話可以說是這棟
豪宅（歐洲中心主義）的四大支柱，撐著該建築物的主結構。

---

12 特魯約，《沉默的過去》，第 160 頁。

再回到特魯約的說法，「歷史痕跡與沉默總相伴而生」，有一部分的事實打從一開始時，就已經被記錄下來；另外一些，則「被迫」保持沉默，（應該）沒有被知道的一天。在哥倫布的故事裡，如果我們強調哥倫布的冒險精神，與「發現」美洲是極為重要的「歷史痕跡」，那麼以下所討論的哥氏出航的原始動機，就只能用一種極度深沉的喃喃之聲來「沉默」以對，而一旦被「沉默」了，知道真相的人數也就停滯了。

哥倫布出航的原始動機

探險家的命運在未知的地方。如果我們打算浪漫化探險家的一生的話，那麼這位探險家之故事的最好結局應該是：就讓他的生命在他想去的地方結束，因為其靈魂會繼續逡巡在此人往生之前最想造訪的地方，這或許是探險家的宿命，危險一直都在，伴隨在航程之中。所以海洋探險家們只能繼續航行到「未知」的地方，然而這種浪漫化了的情節，與哥倫布無甚關聯，真實的情形如以下這段話所陳述：

> 準確地說，將哥倫布作為一系列現代理性主義代表的假設只是一個神話，因為從根本上，他的航行（和達·伽瑪〔達伽瑪〕的航行一樣）和最初興起於 11 世紀的中世紀十字軍東征的動機緊密相關……必須說明的是，克里斯托弗〔克里斯多福〕·哥倫布和達·伽瑪以及西班牙王室一樣，都對反伊斯蘭教的聖戰理念發生了濃厚的興趣。儘管他確實要尋找黃金，但這對資助收復聖地是必要的（相對於奧斯曼帝國來說，歐洲更落後）。哥倫布在 1492 年 12 月 26 日的日記中這樣寫道：他「希望找到大量的金子，讓西班牙國王能夠在三年內做好準備，實現對聖地的征服」[13]。

---

13 Marc Ferro, *Colonization: A Global History* (London: Routledge, 1997), p. 5; Tzvetan Todorov, *The Conquest of America* (New York: Harper and Row, 1984), p. 10, and pp. 11-13; David Abernethy, *The Dynamics of Global Dominance* (London: Yale University Press, 2000), p. 184，引自約翰·霍布森著，孫建黨譯，〈1492 神話和發現美洲的不可能性：亞非對西方後來居上的貢獻〉，《西方文明的東方起源》（濟南：山東畫報出版社，2009），頁 145-169，第 147 頁。

雖然僅從上面這一段敘述當中，不容易知道哥倫布是不是一位好戰分子，但是其對基督的信仰絕對是忠實而不可懷疑的。那麼，他會不會將傳教看成是自己的神聖使命呢？這不無可能。關於這個議題，茨維坦・托多洛夫（Tzvetan Todorov）說，哥倫布在 1503 年曾經引用過馬可・波羅（Marco Polo, 1254-1324）的話，哥氏說：「中國皇帝曾請求智者教他學習基督教教義。」那麼，哥倫布會不會把到東方去傳福音看成是他的使命呢？托多洛夫認爲，這是無疑的，哥倫布的確將自己視爲「上帝的選民，去履行一種神聖的使命」[14]。那麼，爲何我們能夠知道哥倫布將「傳福音」看成是自己的神聖使命呢？爲何他的出航應該不會單純地只是滿足自己到「未知的」世界去探險的強烈需求，而是帶著宗教意義的呢？具體而言，是爲了收復聖地，是爲了「教訓」伊斯蘭教的信徒。約翰・霍布森（John Hobson）引用了大衛・阿伯內西（David Abernethy）的話，霍氏說：

> 哥倫布出航那年，西班牙建立了宗教裁判所，同時從穆斯林手中奪回了格拉納達，這些事件並不是巧合。因爲哥倫布本人在他的初航中，記錄了格拉納達的收復和他的航行之間的直接連繫[15]。

以上，我們看到了哥倫布出航的主要原因，是基督的信念讓他揚帆出海。當然，一個人決定做某件事時，通常不會只有一個理由而已。更可能的情況是，有一股最大的推力或拉力，也會有幾個次要的原因加在一起。

　　這裡，我們當然再以哥倫布爲例，從上述的分析看來，哥氏並不是一個對未知世界抱持著強烈興趣的人，也難以稱他是個探險家，他想得到海外的黃金，就像當時的每個人那樣，但眞的能找到黃金的人，可

14　Tzvetan Todorov, *The Conquest of America* (New York: Harper and Row, 1984), p. 10, and pp. 11-13，引自霍布森，〈1492 神話和發現美洲的不可能性〉，第 147 頁。

15　David Abernethy, *The Dynamics of Global Dominance* (London: Yale University Press, 2000), p. 184，引自霍布森，〈1492 神話和發現美洲的不可能性〉，第 147 頁。

以說是鳳毛麟角，對錢有高度興趣的人，不一定能在探險活動當中得到太多，哥倫布應該不會不知道這一點。那麼，哥氏還可能爲了什麼而出海呢？有一部分的原因很可能是爲了向國王、其臣子，以及他熟識的人證明地球是圓的，然而哥氏有必要爲了證明地球就是個球體而大費周章嗎？再者，如果地球是圓的，那麼向西走也好，向東走也罷，不就是環繞地球一周嗎？這對哥倫布眞有那麼重要嗎？

　　從上面的分析中看起來，哥倫布出航的理由，像是證明地球不是平面的、向西與向東都能到達某個地點、探險家的個性使然等，其說服力似乎不敵哥倫布日記中的敘述。不過，想必人們早已習慣了歷史事件必須能給後世一些啓發與鼓勵，這件事遠比事件本身是不是接近歷史事實來得重要。接下來，我們即將要談的兒童繪本與青少年讀本應該可以證明吾人之想法。

繪本與讀本裡的偉人故事

　　在我們準備開始討論偉人之輝煌事蹟之前，有必要請讀者先暫時忘掉剛剛才讀完的上一小節讓我們從兒童繪本與青少年讀本重新開始，我們先談哥倫布，再談麥哲倫，其中也會略微地談談迪亞士。我們先看看《文藝復興與大航海》[16]這本在視覺上深深吸引兒童的繪本中的哥倫布開始。

關於哥倫布的繪本與讀本

　　爲了塑造哥倫布勇往直前之堅毅性格，航程之中所遇到的險阻是值得予以強調的，這個部分用繪畫的方式的確更能吸引幼小的讀者，於是書中在三艘乘風破浪的船艦之一，最左側航行在主艦右後方的輔艦[17]之上方，亦即該頁的左上角作者使用了一些文字來強調航程中所遭遇之事，它是這樣寫的：「……哥倫布的航行並不順利，出航沒多久，船隊

16　張武順編著，《文藝復興與大航海》（長沙：湖南科學技術出版社，2013）（我的第一本世界歷史知識漫畫書：7）。

17　不同的時代，主艦與輔艦的名稱可能有異。另外，承擔著不同任務的艦隊，主要的、次要的船艦之名稱也可能不同。除此之外，不同的國家如何稱呼自家的船艦也會有差異。這裡僅用主艦與輔艦作爲區別，對於探險隊的船艦之具體稱呼不加以細究。

就遭遇葡萄牙船隻的襲擊。隨後又碰上海上風暴，一艘船被毀，又因爲維修船隻耽誤了不少時間[18]。」吾人以爲，這些困難正是「探險」所必要經歷的，對此，我們就不多談。畢竟，對於這些偉大的探險家而言，像上述這樣的困難應該是可以克服的，否則還談什麼爲全人類「發現」一整片大陸呢？

　　接下來，我們看一本青少年讀本《哥倫布》[19]，它的封面告訴我們，這是一本「影響你一生的好書（編號19）」，足以培養「堅強奮發」的品格。在該書之〈編者的話〉的開始，編者僅僅用了幾個字試圖說明這本書是極具啓發性的作品，他說：「地圓・夢圓／地球，是圓的[20]。」這麼說，哥倫布爲了證明地球是圓的，向西航行也能到達向東航行可以到達的地點。如前所述，當時歐洲人普遍認爲西邊的盡頭是個無底深淵，持續向西邊前進，只有摔死一途，別無他法。但看起來，哥氏並未完成其夢想，因爲他只到了西印度群島，也不曾到過南美洲，這些是後來的麥哲倫與之後的「探險家」所完成的。雖然應該不會影響世人對哥倫布的看法，但或許值得一提的是，他死的時候窮苦潦倒，這樣的結局不太像是一位偉人的精采故事之完結篇。

　　接下來，我們再讀一本1980年代所改寫的《哥倫布》[21]。因爲有漢

18 李征主編，《文藝復興與大航海》（成都：天地出版社，2021）（寫給孩子的漫畫世界史），第133頁。

19 李天民編著，《哥倫布》，修訂一版（台南：世一文化事業，2007）。本書爲該出版社之叢書《36位中外偉人的精采勵志故事》第19號。

20 前揭書，〈編者的話〉，頁2-4，第2頁。關於地球是平面的，或是球體，事實上是存在爭議的，如果要說在哥倫布的時代，歐洲人還認爲地球是個平面，這可能有疑問，因爲航海者也好，天文學者也好，在觀察海平面遠處的時候，會先看到船隻的桅杆，再看到船身，不太可能不懷疑地球是平面的說法。奧托・英格利希（Otto English）就認爲地球是平的這種說法是無稽之談，他說：「到底誰是頭一位發現地球是球體的人，這點不是很清楚……但可以確定的是，西元前3世紀，人們已普遍接受地球是球體的觀念，至少在希臘世界是如此，此觀念還一直延續到羅馬時代和其後代。」請參照：英格利希著，吳盈慧譯，《查無此史：哥倫布沒有發現新大陸？印度其實沒有咖哩？西班牙人沒有滅掉阿茲特克？深度尋訪歷史下最「偉大」的謊言與眞實》（台北：創意市集出版，2022），第83頁。

21 謝祖英改寫，《哥倫布》（世界偉人傳記叢書編號18）（台北：東方出版社，1988）。這本書是謝某於2023年暑假，一個炎熱的下午，與家人在鹿港小鎮漫遊，無意中走到了杉行街20號的「書集喜室」，當天老闆很熱心地介紹這古厝，他買下來、整修期間所經歷的辛苦。後來，在一個書架的底層看到了這本《哥倫布》，可能因爲最不重要，所以售價只有10元而已，甚至放在一個不起眼的角落。然而，謝某知道自己會用到這本書，所以就拿了一個銅板將它買下，並且希望它還是能發揮其「最後的」效用，無論是多、是少，現在正是時候了。

字右邊還有注音，但幾乎沒有繪圖，所以，其潛在讀者應該不是太小的孩子，按理說，這應該是青少年讀本才對。這書裡頭寫著：「他〔哥倫布〕也深信地球是圓的這種說法，不過，他把地球看得太小了[22]。」明顯地，這是錯誤的。從本書第一章即可看出，文藝復興人托斯卡內里曾經寫信給哥倫布，當時哥氏已經得到了航海的最新資訊，而且歷史事實已經證明哥倫布除了有一本書之外，手中也有世界地圖[23]。哥倫布不但知道自己要去哪裡「探險」，他也知道要多帶些琉璃珠以迎合當地原住民的喜好，藉以交換更多有價值的商品。事實是，哥倫布或其他探險家──如麥哲倫、迪亞士──知道自己會帶著船員到什麼地方、會看到什麼、得花多久的時間抵達，以及如何返回家園，並領取犒賞。當然，編著者不知道真相為何，也只能寫一些吾人聽起來覺得很奇怪的事了，那麼這讀本還寫了什麼「似是而非」的看法呢？我們接著看。

改寫者（或編者、編著者）談道：「歐洲和亞洲之間有大西洋，這一件事是既知的事實，可是，此外還有美洲大陸和太平洋，卻是沒人知道的。哥倫布連作夢也沒有想到，還會有這麼廣大的陸地和一望無際的海洋，橫梗大西洋和（他的）『印度』之間。假使他早就知道有美國大陸和太平洋的話，也就明白繞經西方到東方去，比繞經非洲要來得遠，而且，也來得危險，可能就不會計畫去探險航海了。這樣，發現新大陸的榮譽，也就不會落在他的頭上了[24]。」其實，上述的這段話與實情不符，哥倫布根本就知道有一個比大西洋更大的海洋，只是在他出航以前，它還不是被稱之為「太平洋」。除了上述這個誤解之外，不少人至今仍然誤解哥倫布以為自己到達的地方是印度而非美洲，邏輯並不難懂，如果哥氏到達的地方不是 A，而是 B，他又如何能平安地返回他出發的 C 城市呢？換句話說，若按照原來的計畫，哥氏應該是從 A 回到 C，但卻因為他走錯了路，而不小心來到了 B 這個他不熟的地方，所以，他根本不可能已經知道 B 到 C 的路線，又怎麼回得了 C 呢？也許

22　謝祖英，《哥倫布》，第 48 頁。
23　請參照：謝宏仁，〈哥倫布是個騙子〉。
24　謝祖英，《哥倫布》，第 48 頁。

現在可以略微回答一下歐洲探險家爲何從來不曾迷過路，特別是在茫茫的大海之中，那是因爲我們的好奇心與求知慾在歐洲知識霸權之下，完完全全消逝無蹤了。

哥倫布的偉大事蹟，也相當適合爲之舉行紀念（或慶祝）活動。一般而言，政府喜歡人民對自己的國家產生認同感，例如數十年前，當筆者年輕時，看電影前，一定得先起立唱國歌，似乎在證明自己即使是處於一種放鬆的心情，準備好好地娛樂一下的同時，仍然不忘記國家的重要性；又例如，今日美國大聯盟開打時，還得先聽完國歌才能好好地觀賞球賽，這些做法明顯地是在形塑國家認同。那麼，像美國如此「偉大」的國家，不可能不好好地紀念哥倫布，同時也慶祝他發現了美洲，才有今日的美國。事實上，美國剛剛興起之時，哥倫布就歸屬於這個新國家了，因爲哥氏的金主不是美國仇視的英格蘭。是故，到了19世紀時，哥倫布漸漸被形塑成北美洲的偉大人物，畢竟是他「發現」了美洲大陸，是「〔他〕把基督的光帶進了黑暗之地，還證明地球不是平的[25]」。人們總是喜歡激勵人心的故事，而且最好是寫得簡單一點[26]。

談到了國家認同與民族主義，有兩個國家──西班牙與美國──當然不會錯過任何可以建構自己成爲偉大民族的機會，無論是透過繪畫、文學、雕像等藝術形式的表現。我們先看看西班牙如何紀念哥倫布，稍後再看美國如何看待哥氏及其作爲。在西班牙方面，《哥倫布》的編著者謝祖英說：「在他〔哥倫布〕死後，對他有反感、誹謗他的人們，這時，才知道他的偉大功績和崇高人格。於是，在第三年〔1509〕，他的大銅像也以國民名義，建立在西班牙的首府馬德里，那是爲了紀念他的

25　英格利希，《查無此史》，第87頁。

26　至於那些惱人的事實，像是「〔哥倫布〕他根本就沒有看到北美洲、當時大家已經知道地球是圓的了、哥倫布奴役人民、草菅人命，還被上鐐帶回西班牙，這些全都已被刪改修除」。兒童繪本與青少年繪本更是不能寫得太清楚，因爲人們在年紀小的時候，判斷力尚嫌不足。但年歲增長之後呢？判斷力就自然地變好了嗎？這也未必。因爲「人們願意相信錯誤的想法……無論……是神聖的哥倫布〔與否〕，原因就只是因爲比起複雜的真相，錯誤觀念比較好消化接受。可是錯誤一旦開始生根就會逐漸變成真相，接著就會有越來越多人上當，視之爲確立的實情」。請參照：英格利希，《查無此史》，第87、88頁。

當然，爲了歐洲探險家的偉大事蹟，上述的實情不能被太多人知道，因爲人們愛聽簡單的故事遠勝於那些過於複雜的，特別是兒童繪本、青少年讀物更是愈簡單愈好，至少銷路會比較好一些些。所以，實情只能留給少數人，包括這本書的讀者。

偉業[27]。」看起來，哥倫布這位偉人與其他歷史名人一樣，身邊總是有小人圍繞，在經過比較之後，小人的確可以讓大人物看起來更雄偉。我們知道，哥倫布是熱內亞人，西班牙則是資助哥氏三艘船的王國，特別是在財政狀況也不是太好的時候，還願意提供贊助，相信哥倫布一定為此感動了許久。而西班牙為哥倫布雕塑銅像作為紀念，倒也無可厚非，畢竟一個偉大的國家一定要有些輝煌的過去使其人民產生榮譽感。銅像歷久不衰，再加上經年累月的銅綠附著在雕像上太陽比較照不到的地方，反而在無意間讓人更容易產生一種懷舊感。今日，誰看到了哥倫布的雕像能不被感動呢？

其實，官方訂定的紀念日至少也有同樣的效用。不過，似乎有點奇怪，將 10 月 12 日訂為「哥倫布日」，舉行各式各樣的慶祝活動，使其得以發揚光大的地方是美洲。這是美國於 1792 年時哥倫布「發現」美洲三百年所發起之紀念活動，藉此「淡化英法殖民者對美國的支配，以及建立新國家的國家認同為目的[28]」，吾人以為，這是美國刻意操縱民族主義之做法。後來，這個想法在美洲蔓延開來，無論是北美、南美，或是加勒比海地區。然而，最重要的、也是不能忘記的是：上述的兒童繪本、青少年讀物，基本上是不曾記載過探險家們迷了路，這讓人感覺事有蹊蹺。

在整個大航海時代，哥倫布是知道實情的少數人，麥哲倫也是，然而吾人相信，哥氏與麥氏的船員們都不知道這兩位船長，也就是我們長期相信的「探險家」手中早已有了指引他們去程與回程的航海圖了。接下來，我們得看一下兒童繪本、青少年讀本如何描寫麥哲倫了。

關於麥哲倫的繪本與讀本

這裡我們舉少許例子即可，因為哥氏的部分已經占據太多空間，是故我們只再討論一中文繪本與一英文繪本。繪本的話，當然文字會相對

27　謝祖英，《哥倫布》，第 291 頁。
28　雖然稱之為「民族主義」的操縱，但英、美二國都是盎格魯撒克遜民族，當然美國後來有許多不同的民族加入這個「大熔爐」，引自 Zass17，《真人真事真有事：那些課本沒有教的小故事、大歷史》（台北：圓神出版社，2023），第 32 頁。

少些，但或許可以將之視爲一種精簡的寫法，只寫出重點而已，倘若還是有些意義不大的字字句句，應該也屬少數才對。現在，我們先看看中文繪本有什麼值得一提的。中文繪本的文字作者陳默默在繪本《海上的勇者：麥哲倫》的一開始，寫了些話語來表達自己對麥哲倫這位探險家的看法。陳默默說：「在撰寫麥哲倫的故事時，不得不敬佩他那種想要一探未知、陌生領域的奮勇不懈的精神，因爲那是發生在好幾百年前，不論是航海技術、設備，或對世界的認識依舊一片黑暗的時代，主角及同行夥伴所遭遇的艱辛和苦難，全是出發前難以估量的，這趟海上之旅要有無法歸來的決心[29]。」明顯地，這繪本的作者不知道麥哲倫並非帶著他的船員航向一個未知的、陌生的地方，因爲麥哲倫早已知道美洲大陸接近南極的地方有一道海峽，充其量，或許麥哲倫可以被視爲一位勇者，因爲他知道那兒危險，但還是鋌而走險地走了一遭，但他平安地通過了那一道後來稱爲「麥哲倫海峽」的狹小航道。

　　或許，有人認爲麥哲倫與其他探險家相較之下，顯得仁慈得多，畢竟對他而言，傳教與探險一樣重要，缺一不可，相信他的內心充滿了「愛」，雖然這樣的「愛」可能不及於異教徒。於是，「麥哲倫就開始向宿霧的人民傳布基督教義，要求他們捨棄原有的信仰。麥哲倫對於傳教的熱衷程度不亞於航海，過沒多久，這個島上很大一部分的人全都成爲基督教徒〔天主教徒〕……例外的是馬克坦島（Mactan），這裡的頭目反對麥哲倫傳播基督教信仰。麥哲倫對此無法忍受，決定以武力征服此地」。因此，這位探險家帶了 50 個人左右，配備了比當地原住民優越許多的武器，出發前往馬克坦島「準備痛擊不願歸降、改變信仰的頭目拉普拉普」。麥哲倫發現島上來了 1,000 多名戰士，但因爲精良的武器與他對傳教的熱誠，麥氏仍然具有無比的信心。不過，頭目拉普拉普的無懼表情，還是讓麥哲倫「怒火中燒」。於是麥哲倫大聲斥責：「拉普拉普！你作爲頭目，應該要爲你的子民著想；難道要爲了不必要的堅持而犧牲這麼多人的性命嗎？」拉普拉普義正嚴詞地回答：「少說那些

29　陳默默（文）、徐建國（圖），〈作者的話〉，《海上的勇者：麥哲倫》（「世界的探險」系列）（新北：聯經出版社，2020），第 4 頁。

好聽的話。你們開著大船突然出現在我們的島上，完全無視我們的意願，強迫我們放棄原有的信仰，搜刮我們財物。站出來抵抗，才是眞正爲這塊土地的人民著想[30]。」筆者謝某很高興看到 16 世紀初馬克坦島的頭目就擁有如此清晰的種族意識，並且認爲自己的信仰應該由自己決定，而不是因爲外來者的強迫。另外，從麥哲倫在馬克坦島的所作所爲看來，麥氏應該不比其他「探險家」對原住民更爲寬容才是。後來，麥氏在這場戰役中失去生命，他環繞世界的夢想只能由存活的船員代爲履行。

　　我們再回到這本中文繪本之〈作者的話〉，在它的後半部，陳默默告訴讀者：「在撰寫過程中儘量避免二元對立的閱讀感受出現，例進步／落後、文明／野蠻這樣的詮釋角度[31]。」如果我們對照一下〈作者的話〉的前、後半部這兩段話，可以發現，前半部的那段話對麥氏的褒獎幾乎是毫無保留的；後半部這這段話則告訴讀者，作者在寫作的過程之後，不時地對自己耳提面命，千萬不要落入二分法的圈套，一看到西方（人）就直覺地爲其連結到「進步」、「文明」；一看到東方二字，腦海中浮現的則是「落後」、「野蠻」這一組極爲負面的形容詞。吾人以爲，陳默默雖然努力地想要脫離二分法的思維，但很可惜地功敗垂成了，不過至少，這位繪本的作者知道二分法的思維是偏頗而應該予以避免的[32]。從上述麥哲倫爲改變馬克坦島居民的信仰而發動戰爭這件事看起來，繪本的作者並未譴責麥氏的行爲，反而視之爲理所當然，似乎在告訴我們麥哲倫的一方代表著「進步」、「文明」，而馬克坦島則是「落後」與「野蠻」，這正是落入了二分法思維之陷阱。接著，我們再花一些簡短的時間，談談一英文繪本。

　　在這本 *Little Guides to Great Lives: Ferdinand Magellan*（《通往偉大

30　前揭書，第 68、69、70 頁。
31　前揭書。
32　關於西方哲學二分法如何在社會科學、歷史學的領域像是瘟疫般地肆虐廣大的學生團體，請參照，謝宏仁，《顚覆你的歷史觀：連歷史老師也不知道的史實》，增訂二版（台北：五南圖書，2021）。

人生的小小指引：斐迪南・麥哲倫[33]》），除了船員因爲總是看不到陸地而想到叛變、暴風雨與原住民的衝突等，英文版的繪本提到了1505年麥哲倫曾經參加了一趟航向印度的行程，應該是要證明麥氏確實有能力環繞地球一周吧！？另外，比較不同的是，作者明確地指出麥哲倫比其他探險者對原住民還要仁慈，這是麥氏的不同。繪本中有一段用白色的字印刷，且置於藍底（海洋）的中心，畫面中有十幾朵浪花與兩艘雙桅帆船搖晃地前進，這段白字說：「歐洲的探險與擴張伴隨著極高的成本。已經住在其世居地點的人們被殘忍地對待與剝削。〔探險者用〕武力強取土地、偷走其財產，當地人被殺或囚禁於監獄，或者被以奴隸販賣[34]。」所以，麥哲倫比其他探險家對原住民好一些嗎？當然沒有。事實是，只要有原住民堅持自己的信仰，這絕對是麥哲倫無法容忍的，麥氏必定用優勢的武力達到其「傳教」之目的。馬克坦島的原住民能夠維持住本來的信仰，是因爲麥哲倫已經戰死了。吾人以爲，這英文繪本的作者願意說實話，而非避重就輕，或甚至是避而不談，算是有良知的人。

　　如果在這兩冊 —— 可能不具很大代表性[35] —— 的繪本尋找其相似處的話，那麼筆者謝某認爲，應該就是，兩繪本也不認爲迷路這件事是值得一提的，但也許這正是本章的重點，因爲至少數十年以來，大多數的學者與讀者，再加上難以計數的作者，沒有太多人在意歐洲探險家是不是曾經迷過路。但無論如何，很明顯地，兩繪本應該不認爲偉大的航行家麥哲倫曾經迷了路，花了九牛二虎之力才回到「預定的」航道，但談到「預定的」航道，又好像與「探險」二字產生了衝突，幾乎沒有自圓其說的辦法。

　　雖然麥哲倫在菲律賓過世，是由其他的船員繼續航行 —— 最後返

---

33 Isabel Thomas, *Little Guides to Great Lives: Ferdinand Magellan* (London: Laurence King Publishing Ltd., 2019). 本書的中文名稱爲吾人所翻譯，因爲是青少年版，所以中文書名稍微口語化一些。但應該無傷大雅。

34 前揭書，第17頁。

35 當然，這也不容易，如果謝某眞打算要找出具備「代表性」的兒童或青少年繪本的話，無論吾人用的是什麼標準，相信總有人會反對。然而，吾人在此處討論繪本，只是想知道年紀較小的讀者所接受的讀物是不是存在著影響其思維模式的問題而已。

回西班牙只剩 18 人——但他仍被視為是第一個完成環球航行的人。與哥倫布一樣，麥哲倫的贊助者也是西班牙，也許這個國家應該接受更隆重的表揚，因為沒有西班牙的支助，哥倫布與麥哲倫應該很難離開伊比利半島。支助麥哲倫的是西班牙的查理五世（1500-1558，神聖羅馬帝國皇帝，即西班牙卡洛斯一世）。1518 年 3 月查理五世接見麥哲倫時，「麥哲倫再次提出了航海的要求，並獻給了國王一個**自製的**〔粗體為吾人所加〕精緻的彩色地球儀。國王很快就答應了他[36]」。然而，這個所謂「自製的」彩色地球儀應該不是麥哲倫自製的，而是與德國天文學家、數學家，同時也是製圖學家的約翰尼斯‧肖納爾（Johannes Schoner, 1477-1547）有關，肖納爾同時也因為他製作的地球儀之技術精良而在歐洲聲名遠播。這裡值得一提的是，肖納爾持有一張 1507 年的瓦德西穆勒（Martin Waldseemuller, ca. 1470-1520）世界地圖，我們稍後會再談這個議題。

歐洲探險家出發前的準備

　　本節再分為三個小節，其一，吾人簡單地介紹一個普遍接受的概念，那就是：沒有航海圖在手，才是真探險。當然，另一個說法，同時也是個啟人疑竇的說法則是：如果「探險家」已經有了航海圖，這趟旅程還能稱之為探險嗎？吾人懷疑，相信多數人也不能同意；其二，航海圖是國家機密，當然百密必有一疏，不只是保護國家機密，就連嚴謹的學術研究也是，必然有疏忽的地方，無論是有意或無意；其三，我們介紹一位「未卜先知」者，他就是哥倫布，是本書的主角（之一），他知道「美洲」原住民喜歡什麼東西，於是在出發之前準備了很多。

沒有航海圖的真正探險家

　　這是一個簡單的概念，不過，或許在這裡值得重提一下，因為它與

36　王捷安編著，《地表大探險：認識世界的地理奇觀》（新北：智學堂文化，2015），第 111 頁。本書除了對於哥倫布、麥哲倫之「地表大探險」保持了最大的尊崇之外，亦對於迪亞士繞過非洲南端進入印度洋（應該走不遠，而且是沿岸航行）、達伽瑪接著開闢了新的印度洋航線，以及「發現」白令海峽的維圖斯‧約納森‧白令（丹麥語：Vitus Jonassen Bering, 1681-1741）上校之事蹟有所著墨。

歷史事實有關。而大學與某研究單位的學術研究——自然科學或社會科學——不就是爲了看清眞相、更接近事實與眞理嗎？當然，眞理不只是知識（而已），常常也有權力牽涉其中，於是我們得看得更清楚才行，以免被權力的運作所影響，離眞理愈來愈遠。

從上述的一些兒童繪本也好，青少年勵志讀本也罷，哥倫布、麥哲倫手中都沒有航海圖，因爲一旦說出了探險家在出發之前已經看過了航海圖，知道自己要往哪個方向走、得走多久、預期看到的事物，與返航的方向、路線、時間，以及中途可以獲得補給的地點、物品與數量等，繪本與讀本都將不再能吸引閱讀之人的好奇心，繼續閱讀下去。不過，吾人以爲，兒童繪本與青少年讀本的作者應該不知道歐洲探險家在他們啓航之前，已經有了地圖。然而，我們都清楚地知道，雖然探險家在出發往未知的地方之前，一定會盡可能地蒐集相關資料，但眞正的探險家手中**應該不會**有大致上還算是精確的航海圖，具體而言，是世界地圖。那麼，航海圖在所謂的「大航海時代」爲何重要呢？

簡單說，航海圖是哥倫布與其他「探險家」在行程的過程中，都不曾迷過路的主要原因。即使是只用常理來推測，我們應該都能猜出歐洲探險家們手中早已有了地圖，否則的話，不可能完全按照其計畫去到一個未知的地方，並在一段時間後，安然返航。那麼，爲何航海圖／（世界）地圖在哥氏、麥氏的時代重要性如此崇高呢？因爲它被視爲國家機密，而這可能是部分學者不知道哥倫布、麥哲倫這兩位歐洲向外擴張初期的探險家手中早有準備地圖的主要原因（之一），但這裡，我們不深究這個問題。

在這一節中，筆者謝某希望讀者記在心裡，在出航之前，眞正的探險家們手中不會有完整的資料（包括地圖、航海圖與星曆表等），具體而言，這裡我們談的是一幅世界地圖。

航海圖是國家機密

因爲當時「航線圖都是手抄的，並且在嚴格的監督下翻譯完成。但是那些開關新貿易航道的路線圖卻未被印刷，因爲它們太珍貴了，而

有些更早即已售罄；有些則成為國家機密，一旦有人洩露，就是死罪。因為如果被競爭對手的船長拿到了，他就能夠利用對方花費巨大代價得來的寶貴資訊。一旦發現了新的航道，執行危險的程度就能大幅降低。由此可見，最早一批探索者所經歷的危險，再怎麼誇大也不過分[37]」。這麼說，航海圖之所以珍貴是因為它（們）攸關國家競爭力之良窳，雖然，那時候未必有學者已經想出了所謂的重商主義，統治階級也未必有零和遊戲的概念，然而，就連海上的搶匪也知道，如果遠處的船隻被別人搶了，就得眼睜睜地看船上的「戰利品」被搬到別人的船上去，自己只能摸著鼻子離開，因為船比別人的小，人數又少，武器的彈藥也不夠。所以，航海圖被列為最高機密，因為裡頭可能有豐饒之地的清楚位置，代表著取之不盡的財富，可以用來戰勝鄰國的船艦。

　　一般認為，歐洲人因為比地球上其他區域的人對於海洋抱持著更為開放的、積極的態度，於是為海外擴張而揚帆起航這件人類歷史上的大事，在知識累積（或建構）的過程中，像探險家如此吃重的角色並不適合由非歐洲人來擔綱。可是，西方人在崛起之後，搶得了說故事的權力，無論多麼努力地想要自圓其說，總是會出現破綻，不可能不被發現。如同本章的標題所示，如此困難的、重要的，或者可以稱之為無與倫比的海上探險活動，不知道得犧牲多少船員的性命[38]、財力、物力，以及所有可以派得上用場的武裝力量等，才有可能達成目標。但是，我們除了知道歐洲探險家們有偉大的情操、過人的意志、排除萬難的決心，以及勇往直前的堅毅性格（或許再加上強大的基督信仰）等，我們沒有聽過有任何一位探險家迷了路，並且在迷路之後，由船長決定返航時，大家開始擔心回去的路是不是原來那一條，更何況迷了路之後，應該也很難確定返航的路線到底是否正確；又如果船長可以確定返航的路

---

37 威廉·曼徹斯特（William Manchester）著，張曉路、羅志強譯，《光與黑暗的一千年：中世紀思潮、大航海與現代歐洲的誕生》（新北：木馬文化，2019），第290頁。

38 這絕不是在暗示活下來的船員登陸之後，以任何理由——傳教、船員的性需求、不公平的交易條件與飲用水的取得等——而被殺害的原住民之生命財產不重要。相反地，吾人以為，歐洲探險家在新大陸所做的惡行應該更完整地描繪在各類讀本裡，特別是兒童的繪本，應該從小就灌輸孩童正確的歷史觀與世界觀。當然，這件事並沒有想像中容易，畢竟吾人深信目前的社會科學仍然充斥著歐洲中心主義的思維方式。

線，那麼當初怎麼會迷路呢。不過，我們都擔心太多了，因為歐洲探險家們根本沒迷路過，大概是因為他們只是沿岸航行吧！也就是在他們航海時，還看得到陸地。而這是在沒有航海圖／世界地圖的情形之下，歐洲本來應該有的最高成就。

　　美國作者、歷史作家，同時也是傳記作家的威廉‧曼徹斯特（William Manchester, 1922-2004）建議我們回想一下歷史，數百年以前，關於歐洲的探險故事，它可以這麼說：「歐洲初期的探險，沒有什麼成就，最多在非洲西岸[39]。」或者充其量也只是航行到了非洲的最南端而已，並未繞過好望角，進入印度洋，更不用提及其他的作為，因為根本沒有。這裡，吾人以為，倘若曼徹斯特在先前願意讓他的好奇心催促自己繼續往前追問的話，或許關於哥倫布「發現」美洲這件事的真實性（或虛假性）應該會更早公諸於世。事實上，曼徹斯特可能忘了自己先前所說的：「一旦發現了新的航道，執行危險程度就能大幅降低。」後來，他在自己的著作中卻說哥倫布是「傳奇航行[40]」，可以看出曼氏相信的是，哥倫布之所以能夠完成遠航至美洲的偉大事蹟，是因為其堅忍不拔的意志力與過人的聰明才智，再加上機智的反應，才能夠化險為夷，完成世紀之大任務。然而，只要曼徹斯特繼續追問下去的話，那麼他或許會想起，哥倫布的探險活動，其危險程度之所以那樣低，會不會就是他已經「發現」新的航道，所以哥倫布才有可能將危險減到最低呢？那麼，哥倫布如何發現新航道呢？因為他手中已握有地圖，而且是當時準確的地界地圖。再者，哥倫布手中的地圖來自何方？如果當時的地圖是高度機密的「文件」（或資料）的話，擁有地圖，或者有能力解釋地圖的製圖師或航海家，都將成為國家的重要資產。

　　順帶一提，哥倫布、麥哲倫，以及迪亞士等探險家們，帶著自己不算太大的艦隊出航，除了重要的食物、淡水與其他的補給，以及一部分的罪犯與無業者之外，應該還有醫護人員、航海家以及天文學者等，知道自己的船到底是在哪個位置的人，也許還有製圖師、翻譯員等，這樣

39　曼徹斯特，《光與黑暗的一千年》，第 290 頁。
40　前揭書，第 292 頁。

的話整個探險旅程之中，應該可以降低一些風險。但是，如果當年願意跟著罪犯一起生活在船上的「專業人士」，在聘僱上並非易事的話，那麼幾艘小船出航，能夠平安返航的機會應該還不是太大。雖然有錢能使鬼推磨，但是要前述擁有一定社經地位的「專業人士」與罪犯相處兩、三年，這件事應該難以達成，即使返航之後可能可以分配到一些黃金。

這裡，筆者謝某可以做一個合理的推斷，或者說是充當一下事後諸葛。在哥倫布應該僱不到幾位專家和他一起探險的情形之下，除非他手上有地圖，不然的話，出航前，哥氏也不會表現出一付老神在在、氣定神閒的模樣啊！

「未卜先知」的哥倫布

哥倫布在 1492 年第一次到美洲「探險」時，他是艦隊司令，兼任探險隊總指揮，當時，「船上除了配備有各種火炮長槍、彈藥箭矢等武器外，還備足了食品、淡水、酒、藥品……索具等航行用具和物資。探險隊還帶上許多玻璃〔琉璃〕珠、小鏡子、花帽子、銅鈴、襯衫、飾針、針線、花布、小刀、眼鏡、石球、鉛球等百貨用於交換。這些東西在歐洲不稀奇也不值錢，但在一些偏僻不開化的地方卻能換來高價，至少在緊急關頭能換來食物和淡水。總體來說，船隊還是以商貿為主、配備武器只是自衛[41]」。這段話當中，至少有以下兩點值得再思，且都與商貿有關。其一，這是歐洲首航至美洲的行程，哥倫布應該儘量多帶一些生活必需品──最重要者是食物與淡水──為何要帶一些生活百貨像是飾針、針線、花布、小刀、眼鏡等，難道哥倫布「猜到」了居住在大西洋的另一邊的人喜歡 DIY 嗎？另外，為何要帶玻璃〔琉璃〕珠呢？這是因為哥倫布得到一本書，書裡頭提到了原住民特別喜歡琉璃珠，因此的確可以用它來換取對歐洲人而言更有價值的商品[42]。

其二，哥倫布的「探險」真會是以商貿為主嗎？那麼，哥氏應該有未卜先知的能力，知道在船上放上什麼貨物才能賺取最大的利潤。雖然

---

41 李不白，《用地理看歷史：大航海，何以扭轉世界霸權？》（台北：時報文化，2021），第106頁。
42 謝宏仁，〈哥倫布是個騙子〉。

帶著商品出海去貿易，聽起來並不像是出去探險的模樣，畢竟會帶著一大堆商品出海，爲了賺更多的錢不是商人該做的事嗎？這樣的人，怎麼可能會是探險家呢？這著實讓人感到不解。附帶一提，「配備武器只是自衛」，或許只能稱之爲委婉的說法罷了，因爲西方殖民者在其「海外擴張」之時，總是因爲「防衛」過當，而不小心殺了原住民，而且數量頗多。至於那些幸運的、沒有被殺的，就充當奴隸，等著過勞死那一天的到來。總而言之，雖然謝某質疑歐洲探險家們不曾迷過路這件事，但是更對有人將哥倫布視爲商人而不是探險家的說法感到訝異。

應該沒有人會認爲哥倫布有預知未來的能力才對，所以如果要回答爲何哥氏在出航之前就知道應該在船上攜帶什麼物品，以便在到達時與原住民交換，並藉此獲取利潤的話，唯一的可能性就是哥倫布早已得到重要資訊，因此才會帶上一些看起來不值錢的東西，但是在新大陸卻可以賣得好價錢，例如琉璃珠。上一章，在討論文藝復興時，我們曾經談及了尼科洛・達・康提〔尼科洛・德・孔蒂，Niccolò de' Conti, 1395-1469，以下稱爲孔蒂〕這個人，他曾經於1419年到過卡利庫特。孔蒂對卡利庫特這個城市的描寫，與馬歡——穆斯林航海家，通曉阿拉伯語及波斯語，曾隨鄭和三次下西洋——所記錄下來的卡利庫特相似度極高。哥倫布手上的地圖與書籍，很可能來自於孔蒂，書籍上記錄了原住民喜歡琉璃珠，這是哥倫布在探險時帶了不少琉璃珠的主要原因[43]。這麼說，因爲孔蒂去過卡利庫特，而且也可能在那兒見過中國船隊與船員，那麼就有可能獲得了極具價值的航海圖與印刷的書籍。有了這些資料，「探險家」哥倫布就能降低出門探險的風險，如曼徹斯特所說的，一旦「發現」了新航道，風險減低了一大半，然而偉大的歐洲探險家竟然原本是回不了家的。

歐洲探險家原本回不了家

在上一章中，我們談到了，在中國使節尚未到達佛羅倫斯之前，

43　前揭書，第 67-68 頁。

歐洲人對於宇宙的看法仍是以托勒密的地心說爲主，這是教廷支持的說法。那麼，可以合理推論的是歐洲探險家在 15 世紀末、16 世紀初（與之後可能很長一段時間裡）應該沒有能力「發現」哪一塊大陸、通過窄小的海峽，或者開闢印度洋的新航路等，這是爲什麼呢？若是歐洲的天文學家因爲「被迫」（被教廷所迫）相信地球是宇宙的中心，那麼，歐洲探險家們——包括哥倫布、麥哲倫等——根本回不了家。具體而言，雷吉奧蒙塔努斯於 1461 年至 1465 年的大部分時間裡，居住於羅馬，於 1474 年時，雷氏撰寫了《星曆表》（*Calendarum*）和《古希臘星曆表》（*Ephemerides ab Anno tables*）這兩本書，孟席斯認爲這兩本書對於歐洲的航海家們來說，在測量經、緯度以及確定海上位置時，產生了非常大的作用[44]。此外，隔一年之後，也就是 1475 年雷吉奧蒙塔努斯第一次提出星曆表，他的星曆表在預測發生日食、月食的時間，與太陽、月亮升起與下降的時間，以及行星與行星、行星與月亮之相對位置都極爲準確。在雷吉奧蒙塔努斯的星曆表發表後的三十年裡，它的高精確度，讓航行家們完全不必用到儀表就能測量出海上的經、緯度，因此，首批到達新世界的「探險者」於焉產生[45]。

如前所述，迪亞士就使用了雷氏的星曆表計算出好望角的精確緯度，迪氏向葡萄牙國王報告此事後，葡王於是知道了船長必須航行多久之後，才能抵達印度洋，雖然他只到了好望角[46]。然而，雷氏之星曆表裡之重要訊息都來自中國，並且這與中國使節有關，而托斯卡內里是曾接觸過中國使節的人，雷吉奧蒙塔努斯曾經加入過托斯卡內里的研究團隊，如果讀者還記得第一章所證明者。可以這麼說，當年，佛羅倫斯如果沒有中國使節的來訪，並且帶來了當時最進步的印刷品，以及其所承載的豐富且寶貴的知識，文藝復興人團體與歐洲「探險家」們的手中就不可能握有足夠的資訊，能夠平安去美洲、印度，或接下來的其他地方。雖然，可以想見的是，航行於大海不會沒有危險，但是至少我們已

---

44 Ernst Zinner, *Regiomontanus: His Life and Work* (New York: North-Holland, 1990), pp. 117-125，引自孟席斯，《1434》，第 180-181 頁。

45 孟席斯，《1434》，第 181-182 頁。

46 Zinner, *Regiomontanus*, pp. 121-125，引自孟席斯，《1434》，第 182 頁。

經知道「探險家」們並非如兒童繪本所畫的冒險故事般，也非如青少年讀本所描寫的那樣，歐洲探險家英勇無比，靠著其堅忍的意志力，證明了地球是個球體。簡言之，他們絕非冒著生命危險出發到未知的地方，因為他們在出發之前，早已準備好地圖、航海圖與星曆表，如此的話，危險性已經大幅度地降低了，我們稍後會提出更多證據。

但即便如此，在這裡，為了分析的順利進行，筆者謝某請讀者暫時忘記探險家手中的地圖和其他必要的航海資料，換句話說，請讀者假定自己並不知道歐洲探險家們的手中早就握有地圖了。從現在起，吾人將要分析，在當時的歐洲，其社會經濟發展的狀況，探險家們根本不可能在航向「未知的」大海之後，還能平安返航，原因有四，第一，當時，教廷支持信仰，但不支持科學，教皇、教士與教會人員相信的是，地球是宇宙的中心，我們居住的地球，與人類一樣，都是上帝所創造，任何研究都不能違背教廷這個看法。第二，當時歐洲對經度的測量尚不準確，若無法準確測量經度，不可能知道自己身在何處。第三，繪製於1507 年的瓦德西穆勒世界地圖，應該不會出現才對，因為歐洲人並未測繪美洲。第四，船上的專家應該不多，如果謝某的推測沒錯的話，這將對航行的安全產生些許影響，而且是相當負面的。接下來，我們先看看教廷對科學的態度。

教廷不支持科學

簡單說，信仰勝過科學。尼古拉・哥白尼（Nicolaus Copernicus, 1473-1543）是數學家，也是天文學家，一位多才多藝的文藝復興人。他提倡日心說，太陽才是宇宙的中心。當然，如此的論點教廷應該會注意到，因為與教廷支持的地心說迥然不侔。不過，對哥白尼而言，可以說是幸運的，雖然他早在數十年前就已經寫下了日心說的草稿，但是他在 1543 年臨終前才發表了《天體運行論》，否則的話，想必生前會有更長的期間裡，其論點不見容於教廷的主張，而可能受到不小的懲罰。

一般以為，其著作開始了所謂的「哥白尼革命」，對於天文學有很大的啟發。支持哥白尼日心說的伽利略・伽利萊（Galileo Galilei, 1564-

1642，以下按習慣稱爲「伽利略」），是義大利的數學家、物理學家、天文學家，同時也是一位哲學家，他改良了望遠鏡，讓天文觀測這件事更爲容易、精確與有效。但伽利略就沒有那麼幸運了，他的後半生只能一個人孤單地過日子，因爲他在 1610 年時公開支持日心說，站在哥白尼那邊，所以受到天主教教士的強烈反對，並且在 1633 年時被宗教裁判所審訊，判定爲一名異教徒，其擁護的日心說只能在被壓迫的情形下「選擇」放棄，他的大作《關於托勒密和哥白尼兩大世界體系的對話》被教廷列爲禁書，伽利略只能在無法睜開雙眼的情況下，於軟禁中度過餘生。這麼說，在教皇體制之下，人們日常生活的每一個層面都與宗教有關，追求知識也是。沒有教皇的許可，在宗教法庭的權力運作之下，任何想法、論點與堅持，都可能惹來殺身之禍，或者終生監禁。

　　上面的分析，似乎與我們今日所熟知的、強調科學的西方不甚相同。而且，就連我們從小熟知的天文學家──哥白尼、伽利略──竟爲了追求眞知而受到迫害，也許惡劣的環境反而是培養天才的土壤吧！？那麼，雖然並非完全沒有好事發生，但是歐洲的黑暗時代到底有沒有所謂的「科學」與「現代文明」呢？不敢說沒有，因爲再怎麼差勁的教育體制底下，也可能產生一、兩個狀元，充其量，只是數量較少而已。這裡，我們聽聽學者曼徹斯特，在其大作《光與黑暗的一千年》一書中，他是如何回答這個問題的。曼徹斯特說：「當整個基督教世界接受天主教的權威，讓一片混亂的歐洲大陸獲得救贖。那時的歐洲處在所謂的黑暗時代，毫無科學和現代文明可言，唯有信仰讓歐洲人緊緊團結在一起，並給予沒有信仰的人希望[47]。」信仰的確會帶來希望，特別是現實生活讓人感到眞的無望，信仰的確可能讓人們更加團結，因爲在農作物欠收的情形之下，精神糧食會比生活物資容易取得。如果佩脫拉克都想起了希臘羅馬時期古典文化的美，想必黑暗時代應該沒有什麼「科學」與「現代文明」可以拿出來炫耀的，但也許，有人可以看到科學與文明的種子也說不定，所以不能說沒有，只是還沒長大而已。事實上，談

47　曼徹斯特，《光與黑暗的一千年》，第 154 頁。

「科學」二字範圍太過廣泛，也許我們應該將討論的問題侷限在天文學這個領域就好，當然這並不是說，天文學與其他學問，像是數學、物理學等無關。

我們再接著談談哥白尼，因為哥氏的日心說，正好反對了教廷支持的托勒密之地心說。從天文學的角度來觀察，吾人以為，以下引用的這段話，應該可以告訴我們，歐洲在文藝復興之後一段很長的時間裡，對於宇宙星體的運行，應該還不太清楚，至少在 1630 年代，大多數的人還不知道地球會自轉，同時也繞著太陽旋轉。但如果文藝復興之後，人們還不清楚天體運行的規則，又該如何在黑夜裡航行呢？航海家們在夜間不都是看著星體的相對位置來確認自己的相對所在嗎？因此，以下引用的這段話將告訴我們，哥倫布、麥哲倫、迪亞士和其他的探險家，在15、16 世紀出海「探險」時，他們手中有地圖，而地圖來自於他處，絕非是歐洲人所繪製的航海圖。因為在大航行時代的開始之時，歐洲還在累積其能力——數學、天文、物理與製圖等——準備啟航而已，但是探險家哥倫布與麥哲倫趁著整個歐洲還在等待的時候，就決定要先出發了，因為他們手中已經握有最先進的世界地圖與航行資訊。稍後，謝某將更為詳細地解釋他們地圖的由來。

現在，我們先來看看歐洲在天文學的「成就」，瞭解一下為何當時歐洲還需要（東方的）幫忙。一樣借用曼徹斯特的話：

在羅馬教廷看來，哥白尼在死時是一個叛教者，他企圖推翻在 2 世紀時便得到教會及超過 200 位教宗認同的托勒密〔Claudius Ptolemaeus, c.a. 100-168〕理論。但是太陽系不會因為哥白尼的死而消失，它太巨大了。在一個世紀之內，佛羅倫斯的伽利略印證了哥白尼體系，他也因此被視為異教徒喚到羅馬。1633 年，伽利略在宗教法庭遭到嚴刑恐嚇，最後他否定了地球會自轉。然而，在他離開法庭時，有人聽到他低

聲自語：「它是旋轉的。」他最後在失明與恥辱中去世[48]。

　　從上述的段落可以看出，即使在 1630 年代，教會仍不遺餘力地抵抗科學，阻止進步的想法，就連科學這個西方人普遍感到自豪的領域，同樣必須臣服在教會的信仰底下，奄奄一息。這段話正是在告訴我們，當時的歐洲不可能有橫越大西洋、穿越「麥哲倫」海峽進入太平洋的能力；或者，無法繞過了好望角繼續航行，最終找到了到達印度的新航線。

　　從上面的分析中可知，歐洲在教皇的統治底下，真正的「科學」難以被接受，「現代文明」則還在育嬰的階段。所以，想要達成一場歐洲探險家不曾迷路的「地理大發現」絕對不能靠自己，而只能靠別人了。

經度的測量

　　對於探險隊而言，能夠發現世人從未看見過的動植物、奇特的地理環境、天文奇景，與航行數千浬後登陸的小島上的高山與湖泊，這是所有成員一生最重要的成就。當然，這必須是在活著回家的前提之下，若像麥哲倫那樣死在異鄉，他見過什麼新奇的事物，應該也不會有人知道。因此，能夠活著回家這件事才是最重要的，否則的話，對失去生命的隊員來說，一切努力都將化為烏有。那麼，隊員出發之前，最重要的是準備足夠的食物或淡水，而且是能裝多少就裝多少，因為成員都害怕餓死或渴死在船上，就是因為不知道航程到底有多遠，所以這一趟的往返──如果有回程的話──才能被稱為探險，否則就只是拿了一張航海圖出國旅遊而已。因此，總得估計一下航程有多久，才能進一步得知每個人可以分配到的食物、飲水之多寡，那麼要如何計算地球不同位置之間的距離呢？簡單說，這需要經緯度測量的幫忙了，不然，船隻只是茫茫大海的幾葉扁舟而已。因此，哥倫布打算一直向西邊航行，要知道他探險隊航行的距離，他應該有一些經度的觀念才對，否則就真的是一場睹命的探險活動了。那麼，哥倫布出發之前，歐洲能不能準確測量經度呢？應該不行。按此道理推論的話，哥倫布不知道如何測量經度，所以

48　前揭書，第 153-154 頁。

測不出航行的距離，也不會知道要航行多久，這才叫「探險」。但真是這樣嗎？吾人懷疑此說。

　　經緯度如何測量有幾種測法，這裡我們各簡單介紹一種。緯度的測量比較簡單，夜晚時，可以利用北極星（南半球則以南十字座代替），「北極星的高度角即是船隻所有地的緯度……如果是在赤道，北極星消失，高度為 0 度，緯度就是 0 度，假設到了北極，北極星就垂直在天空，高度是 90 度，緯度就是 90 度[49]」。葡萄牙人在 15 世紀時已經知道如何測量緯度，不過因為在航行時，船身會因晃動而導致過大的誤差，這問題得等到 18 世紀六分儀發明了才得以解決。測量經度則較為困難，有一種測量經度的方法與時鐘的出現有關，此方法的概念是將地球劃分為 360 度，一天有 24 小時，所以每隔 1 小時相差 15 度，「假設以看日出時間為準，如果甲看到日出的時間比乙早了 1 個小時，那麼他們所處之地就相差 15 度，其他依此類推。但這些需要一個前提，就是精確的時鐘，以保證甲和乙使用的是同一個時間，這個問題到 18 世紀鐘錶匠約翰・哈里森（John Harrison）出現才解決[50]」。綜合上述，我們可以得知，歐洲在 15 世紀就解決了緯度測量的問題，但並不精確，至於經度就必須等到 18 世紀左右才得以解決測量的問題。

　　以下，我們再用一個例子，說明 15 世紀末、16 世紀初，歐洲計算經度的能力仍是不足的，部分學者就指出了，哥倫布和麥哲倫都將地球算小了，於是他們二人都被認為是因為算錯了才決定出海，因為若是當時的數學與天文學發展得更好的話，哥倫布與麥哲倫就會知道地球的實際大小，這兩位探險家就會害怕到不敢出海了。以下這段話，可以再一次確定，在哥倫布與麥哲倫出海前，歐洲人尚不熟悉經度的計算，它這麼說：

　　　1518 年，西班牙國王卡洛斯一世（Carlos I）繼位。卡洛斯
　　　一世出身於神聖羅馬帝國哈布斯堡家族（奧地利），時年 18

49　李不白，《用地理看歷史》，第 109-110 頁。
50　前揭書，第 110 頁。

歲。第二年〔1519〕卡洛斯一世當選為神聖羅馬帝國皇帝，稱
查理五世，同時領有西班牙、德意志、南義大利、尼德蘭（荷
蘭）和西屬美洲殖民地，一時權勢滔天，更熱衷於歐洲和世
界的霸權。3月，麥哲倫……經人推薦，面見了卡洛斯一世。
麥哲倫向卡洛斯一世進獻自製的地球儀，並提出在不侵犯葡
萄牙人利益的前提下，向西航行到達東方的香料群島。麥哲
倫還表明香料群島在教皇子午線西邊，屬於西班牙的勢力範
圍。**事實上，當時確定經度還有困難，也不知道地球到底有
多大**〔粗體為吾人所加〕……和哥倫布一樣，麥哲倫把地球算
小了，否則不會有這麼大的勇氣[51]。

看起來，麥哲倫是準備好了的探險家，所以他膽敢覲見剛剛上任的神聖
羅馬帝國的年輕皇帝，並且拿著「自製的」地球儀──我們稍後還會看
見──呈現給對外面的世界產生征服欲望的查理五世。關於這段陳述，
吾人看出了以下幾個疑點。

　　第一個疑問，我們先談談麥哲倫帶了「自製的」地球儀到了查理五
世的宮廷去解釋向西航行的可能。我們可以合理地懷疑，麥哲倫真有能
力自行製作彩色地球儀？除非他有地圖，這一點，我們在稍後的分析會
解釋得詳盡一些。但即使如此，要將平面的地圖製作成立體的地球儀，
也不是兩三天的功夫就能夠完成的。當然，我們很難證明麥哲倫沒有能
力製作出一個還算準確的地球儀，但是主張麥氏的地球儀是自製的，同
樣找不到證據來說服讀者麥哲倫擁有高超的測量、製圖、印刷與美勞的
才能。這裡，介紹一位約莫與麥哲倫同時期的製圖師約翰尼斯‧肖納爾
（Johannes Schoner, 1477-1547），他是德國數學家、地理學家、天文學
家、製圖師，並且以其高超技術製作地球儀而聞名歐洲，吾人猜想，恐
怕麥哲倫拿給卡洛斯一世（查理五世）觀賞的地球儀與肖納爾有關，當
然，這需要更多的證據才能服人，可惜未必在短時間內就能找到。事實

上，麥哲倫身上的確有一張地圖，而且他知道地圖上有一處海峽，也就是後來成爲「麥哲倫海峽」的地方，我們稍後會證明之，並且連同上述肖納爾製作的地球儀。也就是說，麥哲倫──就像哥倫布那般──早就知道自己要去哪兒，將會看到什麼，而不是在什麼都不知道的情形下，冒然前往。當然，眞正的探險家有時候也必須冒然前往某地，在不可能準備得充分的情形下，但麥哲倫、哥倫布卻都是在充分準備後，才啓航前往「已知」的地方「探險」，與眞正的冒險家略有不同。

　　或許人們可能會懷疑中國擁有的技術是否能夠測量整個世界。實際上，根據劉鋼的說法，中國人擁有這種能力的可能性時間頗長，在此我們僅簡要提及。在秦朝（BCE 221-207），爲了進攻南越，必須開鑿一條運河，即靈渠，以連接西江上游和長江。如此重要的水力工程使秦朝能將軍隊開赴廣西，然後沿著西江派到廣東。這必須倚仗複雜的技術來計算緯度、經度和海拔高度，否則連接西江和揚子的靈渠根本無從實現；而隋代（581-619），在大運河的建設工事中絕對得要進行精確測量。這兩個例證道出中國在很久以前就具有先進的技術與測量能力[52]。

瓦德西穆勒世界地圖

　　水手必須會測量緯度和經度，否則將無法返航享受熱情的歡迎與溫暖的擁抱，且能夠精準地測量緯度和經度，是在海洋上環行的唯一方法。以難度來說，計算緯度要比判斷經度相對容易，所以歐洲人在發明了六分儀和精確計時設備之後，便幾乎解決掉緯度的測量問題，當然那時技術還在繼續改進。但是在 16 世紀初之前，歐洲世界地圖中不應該存在經度和緯度的原型，特別是難以測量的經度。然而，奇怪的是，在1507年的瓦德西穆勒世界地圖中，卻畫著經度和緯度[53]，而這還不是故事的全部，我們繼續看下去。

　　因此，在 1492 年哥倫布「發現」新大陸後，瓦德西穆勒世界地圖

52　前揭書，第 63-34 頁。關於經度的計算，請參照：Gavin Menzies, *1421: China Discovered the World*。亦可參考：劉鋼，《古地圖密碼：1418 中國發現世界的玄機》（新北：聯經出版社，2010）。
53　謝宏仁，〈哥倫布是個騙子〉，第 62 頁。

能否獲得必要的技術來計算每個單位經度的距離，這頗令人感到懷疑。
1507 年的瓦德西穆勒世界地圖被視爲第一幅繪製緯度和經度的歐洲地
圖，但令人納悶的是，僅在探索美洲十五年之後，歐洲竟然就出現這樣
的高級地圖，在這麼短的時間內，有多少歐洲冒險家、地理學家和製圖
師曾經到訪並測量過美洲，以便在瓦德西穆勒世界地圖上放上緯度和經
度[54]？

　　威廉・曼徹斯特在其大作裡的一幅插圖（瓦德西穆勒世界地圖）的
下方寫道：「『對歐洲以外**未知**〔粗斜體爲吾人所加〕彊域的探險──
麥哲倫的環球航行是這波探險的最高峰，將整個世界呈現在人類面
前。』1507 年，即麥哲倫啓航十二年前，德國宇宙學家、製圖家馬丁・
瓦爾德澤米勒〔瓦德西穆勒〕與人文學家馬蒂亞斯・林曼出版了最早的
世界地圖。在這幅地圖中，美洲第一次被命名，並分隔出大西洋與太平
洋[55]。」這一小段話當中，有幾個疑問應予以澄清。首先，這是一幅世
界地圖，所以可以看到美洲，更何況曼徹斯特說，美洲第一次被命名。
可是，哥氏只到過中美洲，未曾到過南美洲，精確度還有待提升，爲何
會有整個美洲的地圖呢？第二，曼徹斯特在「暗示」歐洲以外的世界都
是未知的，並且麥哲倫的環球航行是探險的最高峰，但麥哲倫出遠門的
十二年之前，世界地圖已經畫好了，這表示一定有人早於哥倫布、麥哲
倫「探險」之前，就已經將全球航行過一次，並且記錄下來了，所以才
會有瓦德西穆勒世界地圖。哥倫布只知道美洲，其他地方都沒拜訪過，
所以瓦德西穆勒世界地圖一定與哥氏無關，那麼會與瓦德西穆勒這位製
圖師有關嗎？只用推理的方式去找答案即可，歐洲人在 1492 年哥倫布
去了美洲之後，一直到 1507 年瓦德西穆勒「繪製」了世界地圖的這段
時間，根本沒有其他的歐洲探險家到過美洲大陸，不可能用猜測的方式
畫出世界上每一塊大陸的相對位置。所以，瓦德西穆勒世界地圖，一定
抄自其他的製圖者，絕對不可能是瓦氏的原著。那麼，瓦氏的地圖來自
何方呢？在以下的分析之中，我們將會看到答案的。

54　前揭書，第 63 頁。
55　曼徹斯特，《光與黑暗的一千年》，第 296 頁。

　　上述這段曼徹斯特對於瓦德西穆勒世界地圖的描述，還透露出一個重要的訊息，那就是「美洲第一次被命名，並分隔出大西洋與太平洋」。也就是說，在這幅世界地圖繪製完成之前，歐洲人根本不知道大西洋的西邊是美洲，當時歐洲人普遍認為「美洲」大陸並不存在，所以只要一直向西航行，就可以到達中國[56]。不只如此，在麥哲倫（和他的船員）環繞世界一周之後，也只有少數人才會聽到「太平洋」這個大洋，因為大多數的人根本沒有機會聽到這樣的消息。如果沒有地圖／航海圖的話，歐洲探險家及其船員不可能回得了家，關鍵在航海圖。但是，無論是兒童繪本、青少年讀者、青年勵志的傳記人物，或者是成人的科普讀物，甚至是高中歷史課本，都不可能談到航海圖的事，而只會提及偉大「探險家」英勇事蹟。這也正常，有誰願意接受「探險家」們在探索未知的海洋之前，先看過了自己想去的地點、航行的路線、洋流、暗礁、補給的島嶼或大陸，甚至是已經知道了當地人喜歡的東西呢？航海圖的祕密──現在如同過去──是西方知識體系，以及支撐這個體系的西方學者也好，或者東方學者也罷，竭盡心力地想要將之掩藏者，因為這將破壞西方優越感的再塑造。

　　總而言之，當今無論是西方或東方的學者，因為太過忙碌而不知道，或根本完全沒聽過航海圖在歐洲探險家出發之前，就已經被這些假的「探險家」掌握了，而那些知道航海圖的存在的學者們，應該都會盡可能不談這個祕密，畢竟，學者都已經花費了前半輩子追求最高學位，再用後半輩子為自己終生的學術成就奠基，已經沒有多餘的時間拿這個祕密來拆掉自己的舞台。不過，筆者謝某還有一點時間，我們還得繼續追問下去，再談談探險家──特別是歐洲的這群──不曾迷過路的真正原因。

　　接下來，我們再看第四個原因，此原因可能沒有那麼學術，但常理

56　一般認為，哥倫布將西印度群島誤認為日本（或中國），但是從本書第一章的分析中，我們得知哥倫布絕不是「誤認」了什麼，而是大多數的讀者一直被蒙在鼓裡。事實上，哥倫布的手裡握著地圖（還有書籍），麥哲倫也有。關於哥氏的地圖（與書籍），請參照：Menzies, *1421: The Year China Discovered the World*；謝宏仁，〈哥倫布是個騙子〉。關於麥哲倫的地圖，請參照本章的分析。

有時候還是有用的，我們應該看一下和哥倫布第一次出發前往美洲「探險」的成員到底如何組成，因爲這對航行的安全產生影響。

船上的成員之組成

那麼，哥倫布到底帶了誰遠航呢？他當時僱了哪些人前往「未知的」地方探險呢？在當時的條件下，航行於大海應該比今日困難許多，因爲風險更高，不得不謹慎爲之。

先前，在第一章的論述中，我們看到了佛羅倫斯以及其他城市所謂的「文藝復興人」，個個身懷多種技能，擁有足夠的知識來觀察宇宙和這個世界。然而，大部分的人沒有受過教育，因爲活字印刷的想法、做法，以及成品才從東方傳入而已，根本不可能普及到尋常百姓家。事實上，「在當時人們的觀念中，地球的表面是平的，而西方海洋則是平面的邊緣，盡頭處有巨大的瀑布，瀑布的下面，一個魔鬼正張大嘴巴等著吞噬漂來的船隻」。哥氏心裡想，「用這些人做船員根本無法航行」，怎麼辦呢？在百般無奈之下，「哥倫布只好選用一些罪犯來當船員[57]」。

當然，罪犯來自各個行業，多才多藝者也不會太少，只不過若眞的要從罪犯當中找到專家的話，那麼這位專業人士應該也年過半百、年老力衰了，因爲要培養一位數學家、天文學家、製圖專家，或者像是達文西這樣的「機械與工程」專家，應該要花上十年以上，甚至更久的時間。要登船與哥倫布一同遨遊大海，這位專家得先犯罪之後成爲罪犯，不然的話，就是家中早已有了這樣的人，習慣和「更生人」相處。的確，我們是事後解釋，已經知道了哥氏找了不少犯罪者與他同行，而這些人當中，很可能有專業人士，但人數應該不會太多，因爲專業人士犯罪率應不至於太高才對。更何況，我們不容易看見證據，告訴我們哥倫布曾經大舉地向各個領域的專業人士伸出友誼的雙手並且擁抱他們。那麼，帶著幾位有前科的專業人士一起去探險，這樣的故事情節當然吸引

57　李征，《文藝復興與大航海》（四川：天地出版社，2021），第 125 頁；亦可參照：張武順，《文藝復興與大航海》（湖南：湖南科學技術出版社，2013），第 131 頁。

人。

　　總而言之，從上面的分析中看來，在資訊不足、知識欠缺的情況下，歐洲探險家們應該是會迷路的，但是爲什麼歐洲探險家通通不曾迷過路呢？我們接著分析之。

歐洲探險家不曾迷路的原因

　　底下，我們再分爲幾個部分來探討歐洲探險家們沒有迷過路的原因。首先，我們再看一次瓦德西穆勒的世界地圖還藏了什麼玄機；其次，我們大略地再看一次哥倫布的航海圖；最後，我們談一談麥哲倫的地球儀與航海圖，並且在這一小節當中，我們將多花點時間在麥哲倫手中所有的資料，因爲相對而言，前二者，也就是哥倫布的地圖、書籍與瓦氏的世界地圖，我們都相對熟悉一些。現在，我們從瓦德西穆勒的世界地圖開始。這一節中，我們將顚覆過去對於歐洲探險家的看法，原來，人類歷史上最偉大、有名的「探險家」們，對於探索未知的世界不是那麼地感興趣，因爲他們的出航、返航怎麼看都像是自助旅行，當然旅行中不乏運用一點暴力，而這就無須再多說了。

　　現在，我們得再談談瓦德西穆勒世界地圖，這幅曾經被認爲是世界上最先進的地圖，吾人亦相信瓦氏所繪製的地圖眞的非常進步，進步的程度已經到讓人不敢相信這會是眞的。

再談瓦德西穆勒地圖

　　發生在明朝萬曆年間，耶穌會士利瑪竇（Matteo Ricci, 1552-1610）觀見了神宗皇帝，帶了他「自製[58]」的《坤輿萬國全圖》當作見面禮。一般認爲，《坤輿萬國全圖》襲自瓦德西穆勒地圖，而瓦德西穆勒地圖被視爲當時，也就是 16 世紀初期，最先進的世界地圖。雖然非洲的樣子看起來是最準確的，但美洲太過細長，而亞洲東部的形狀也不正確，

58　若説此圖是「自製」的，並不完全正確，因爲該圖是與明代科學家李之藻（1565-1630）合作刊刻的。據說《坤輿萬國全圖》部分想法來自於當時歐洲最先進的世界地圖，也就是瓦德西穆勒世界地圖。然而，這種說法不足採信，並且該圖的部分內容更像是抄襲是中國人所繪製的地圖。關於此圖的諸多疑點，請參照，謝宏仁，〈哥倫布是個騙子〉。

不過為何它仍是當時最先進的地圖呢？因為這是歐洲第一份清楚地標出
了經、緯線的地圖，這著實讓歐洲人大吃一驚。

根據劉鋼對於瓦德西穆勒地圖簡短但極具說服力的描述，我們可
以從中引申出重要的想法，先看看他怎麼說。在其大作《古地圖密碼：
1418 中國發現世界的玄機》中，劉鋼討論了約莫數十張對理解大航海
時代的歷史相當有助益的古地圖，其中的彩圖 4，即是 1507 年《瓦德
西穆勒世界地圖》。劉鋼這麼說：「此圖不僅呈現出南美大陸的輪廓，
並且還繪出安地斯山脈和南美洲主要河流的流向。這些地理資訊意味
著，在 1507 年之前有人對南美洲大陸進行過地理勘測。」上述這一小
段對該地圖之解釋，已足以清楚地告訴我們以下的事實，第一，瓦德西
穆勒世界地圖一定是抄來的，不可能是德國製圖師瓦德西穆勒自己繪製
的，因為歐洲在 15 世紀末到 1507 年之前，應該只有亞美利哥·韋斯普
奇（Amerigo Vespucci, 1454-1512）曾經前往南美洲探險，據說他曾經
到達阿根廷的巴塔哥尼亞。然而，他停留的時間很短，人力與物力均不
足以繪製出安地斯山脈以及其河流的走向，唯一的可能是瓦德西穆勒得
到了抄襲的範本，他的世界地圖是複製的。

那麼，瓦德西穆勒到底從誰那兒得到了世界地圖（的訊息）呢？
這個時候，我們得再回到 15 世紀的佛羅倫斯——也就是本書第一章所
討論的主要城市——見見幾位文藝復興人，他們都是多才多藝者，像是
托斯卡內里、雷吉奧蒙塔努斯、肖納爾以及達文西等。其中，達文西是
當時的斜槓青年，因為他同時是天文學家、數學家、物理學家、工程專
家、哲學家與製圖師，還有可能是解剖學家，以及機械專家等。根據孟
席斯的說法，「瓦德西穆勒那張地圖是直接從托斯卡內里那兒得到複製
而來的。該圖是托斯卡內里見了中國使節之後，與雷吉奧蒙塔努斯共同
努力繪製的[59]」。

在本書第一章時，我們談論到幾位重要的、多才多藝的「文藝
復興人」，其中一位就是雷吉奧蒙塔努斯，雷氏的原名是約翰·繆勒

59　孟席斯，《1434》，第 150 頁。

（Johannes Müller, 1436-1476），但他喜歡用其拉丁文名字——雷吉奧蒙塔努斯（Regiomontanus），他是數學家，同時也是天文學家，這與托斯卡內里相當類似，只是雷氏比托氏年輕了40歲，他們可說是忘年之交。與這兩人時常見面者還有阿爾貝蒂——文藝復興時期在義大利的建築師、詩人、密碼專家與哲學家——與尼古拉等人，這幾人組成了研究小組，於1450年代晚期與1460年代初期這段時期，經常在尼古拉的住處見面。如同雷吉奧蒙塔努斯自己說的，他受到托斯卡內里的影響頗深[60]。

　　這裡，我們找到了線索，瓦德西穆勒世界地圖是來自於見過中國使節的托斯卡內里與雷吉奧蒙塔努斯兩人共同努力所繪製的，那麼托氏與雷氏的原圖從哪裡來呢？當然是中國使節送給托斯卡內里的珍貴禮物了。

哥倫布的航海圖

　　本書第一章提到了哥倫布的手中（應該）握有地圖，雖然不一定是來自見過中國使節的托斯卡內里，但是從托斯卡內里在1474年6月25日寫給哥倫布的信中，仍然可以知道哥倫布在收到托氏的信件之前，已經知道了絕大多數歐洲人還不知道的航線，一條從東向西航行到中國的航線。這裡，或許有必要再看一次托斯卡內里寫給哥倫布的信之部分內容。

　　托斯卡內里在信裡這麼說：「醫師保羅向克里斯托弗〔克里斯多福〕‧哥倫布致意。我收到你的來信和寄來的物品，對此，我非常滿意。我已然感受到你想按照我去信（即寫給卡農‧馬丁斯的那封信的副本）中指出的那條路從東向西航行（也就是向西航行到達中國）的宏大願望，這條路在一個球面上會顯示得更清楚。充分明白了你的意圖後我非常高興……但你還不完全瞭解這條路，你除了應該像我一樣，從那些自……中國……來到羅馬教廷（當時在佛羅倫薩）的高貴而博學的人帶

60　前揭書，第180頁。

來的最豐富、最優良、最真實的信息中獲取經驗[61]……。」這一段話裡，至少有幾個論點可以再加思考。首先，托斯卡內里與哥倫布不是第一次用書信往來，因為托斯卡內里說，他收到了來自哥倫布的信件和物品，也許是禮物。其次，在這封信寫完寄出之前，哥倫布已經知道托斯卡內里在寫給馬丁斯的信裡提到了向西航行也能到中國的航線。第三，哥倫布在收到這封信的時候，手邊應該還沒握有托斯卡內里送給他的地圖。不過，這當然無法證明哥倫布沒有其他地圖的可能來源，包括托氏和哥氏兩人後來的書信，也可能藏有一張相當精確的世界地圖。但無論如何，哥倫布的確知道新航線已經被找到了，即使出海遠行，也不會是盲目地在大海中漂流。

　　這裡，我們還是再簡略地討論哥倫布手中握有的地圖。當然，地圖未必只有一份，航海家、製圖師，或者探險家們應該都會盡可能廣泛地蒐集來自各方面的資料，再根據自己的知識與經驗做出判斷。筆者謝某數年前的拙著〈哥倫布是個騙子〉一文中，提到了哥倫布除了手中握有地圖之外，還有一本書，它們很可能是來自孔蒂（亦即尼科洛‧德‧康提），此人是來自威尼斯的商人，也是旅行家，他離開威尼斯時才24歲，先到達大馬士革、敘利亞，後來到了卡利庫特等地，大約在50歲時，他回到威尼斯。在卡利庫特時，他可能見過中國船員或是商人。孔蒂在東方經商遊歷之際，當時也是鄭和下西洋之時，他也許為我們留下了重要線索，只是這還需要更多的證據，還得努力些時日。現在，關於孔蒂的證據仍不夠紮實，但是他的確可能獲得來自中國人的禮物，吾人以為，這是值得再探究的線索。

　　可以這麼說，當時哥氏航海圖的來源，是可能不只有一個，其他有用的資訊也可能是如此。並且，有可能同一張航海圖的複製本，同時會有幾位航海家透過不同的管道取得，就像是第一章所提之文藝復興人，例如托斯卡內里、肖納爾、雷吉奧蒙塔努斯，與哥倫布大約在同一個時期擁有了同一張原始圖及其副本。在當時，這應該算是普遍的情況。而

61　馬卡姆（Markham），*Journals of Christopher Columbus*，引自孟席斯，《1434》，第121頁。

事實上，根據孟席斯的研究，哥倫布的地圖、肖納爾的地球儀，和瓦德西穆勒的世界地圖都來自於同一張原始圖[62]。這裡，我們應該可以確定，哥倫布在出發之前，手中已經握有足夠的資訊，讓他在準備足夠的食物與淡水之後，還能在船艙中堆放不少美洲原住民最喜歡的商品——琉璃珠。那麼，是不是還有其他的證據呢？孟席斯繼續問道：「最後，在哥倫布動身前往美洲之前，有確鑿的證據證明教皇尤金四世與他的後繼者們擁有一幅繪有美洲的地圖嗎[63]？」這是我們即將回答的問題。

哥倫布旗艦的艦長馬丁‧阿隆索‧平松（英語：Martín Alonso Pinzón；西語：Hermanos Pinzón）是一位造船家、航海家。在哥倫布訴訟案（Pleitos de Colón）中，平松的兒子提到了，他的父親曾經看過保存於羅馬教廷裡的一幅畫有美洲地圖的副本，就是因為這幅地圖，平松才啟動了他自己的美洲「探險」之旅，只是他的父親並不是獨自前往，而是決定加入哥倫布的探險隊[64]。這張地圖在哥倫布訴訟案的期間是由羅馬教廷所保存，在平松加入哥倫布出發前往美洲之前，美洲早已出現在羅馬教廷保存的地圖之上。

從上面的分析中，我們得知了哥倫布的探險故事其實是編造出來的，因為證據顯示哥倫布早知道地圖的存在，他自己至少也有一份副本，並且部分關於全球地圖的消息，也來自托斯卡內里，相信這也會增加哥倫布「探險」的信心吧！接著，我們再看看麥哲倫這位探險家手中到底有什麼？

麥哲倫的地球儀與航海圖

這一小節，我們還得再分為幾個小節來談。其一，我們先討論一顆

62　孟席斯，《1434》，第135頁。托斯卡內里寄給哥倫布的那張地圖，應該是在雷吉奧蒙塔努斯的協助下完成的。請參照：孟席斯，《1434》，第122頁。
63　前揭書，第136頁。
64　平松的確是哥倫布1492年遠洋探險的真正組織者。見貝迪尼，《哥倫布百科全書》第二卷，參見「阿里亞斯‧佩理斯‧平松」詞條「歷史上的合作」（查英文版資料，第十章註釋）。平松的長子證實，在1492年他父親的一位朋友，羅馬教皇圖書館的一位職員，曾給他父親一份文件的副本，上面顯示向西橫渡大西洋到達「日本」。這深深打動了平松，他將教皇圖書館的這份文件出示給哥倫布，並勸後者再次覲見天主教的君主，這一次哥倫布成功地獲得了支持，引自孟席斯，《1434》，第137頁。

地球儀，它的來歷有其重要性；其二，我們還得再談一下，當時歐洲人對美洲的瞭解非常有限，除非麥哲倫握有航海圖，否則不可能出航；其三，我們再接著找出麥哲倫手中握有航海圖的證據。

麥哲倫的地球儀

　　先前我們提到了 1518 年 3 月查理五世接見麥哲倫時，麥氏再一次地提出了航海的要求，而且他還獻給了國王一個號稱是「自製的」彩色地球儀。這個地球儀應該不是麥哲倫自製的，比較可能的是與肖納爾有關，因為肖氏有能力製作地球儀，而麥哲倫（應該）沒有，而且肖納爾有一張瓦德西穆勒世界地圖的複製本。不過，這並不是說，肖納爾的地球儀是抄襲自瓦德西穆勒的世界地圖的副本，因為製作地球儀的技術沒有數年的功夫是不可能成功的。然而，就像前述所提及，哥倫布的地圖、瓦德西穆勒的地圖，以及肖納爾的地球儀，都來自同一張原始圖[65]。這原始圖的來源，就如第一章所證明的，是托斯卡內里在佛羅倫斯從中國使節那裡獲得的禮物，這禮物不是天上掉下來的，也不是源自於古希臘、古羅馬的「高度」文明，而是來自明朝永樂皇帝的贈予。當然，如果中國的皇帝不夠大氣的話，以當時所有外國的航海技術與天文知識，能夠到中國朝覲的機會應該很低。唯有將當時最有價值的知識與技術送給外邦的國王，他們的使節才可能到達中土，所以這或許與永樂皇帝是否「慷慨」無關。

　　事實上，孟席斯告訴我們，肖納爾製作了兩個地球儀，分別是在 1515 年與 1520 年製作完成的。重點是，不管是哪一顆，地球儀都清楚地顯示了南美洲與「麥哲倫海峽」，也就是說 1515 年的地球儀早已經將「麥哲倫海峽」繪製出來了，等待著麥氏在 1519 年時啟航去「發現」該海峽。這裡，我們接著看孟席斯先生的另一項證據，它讓我們瞭解到肖納爾的地球儀，與托斯卡內里的關係匪淺。讀者應該還記得在第一章時，我們提到托斯卡內里寫信給哥倫布，信中描繪了全球圖，

65　孟席斯，《1434》，第 135 頁。

肖納爾的地球儀竟然與托斯卡內里所描述者幾乎完全相同[66]，當然這不可能是巧合。僅舉三例來說，其一，托斯卡內里在寫給哥倫布的信中說：「以前我常常說起從這裡到達香料之國印度（即中國，這裡用的是 15 世紀中國的專名）的海上通路：一條比途經幾內亞要近得多的海路。」孟席斯在參考肖納爾的地球儀之後，做出了以下的評論：「這在肖納爾的 1515 和 1520 年的兩個地球儀上都有顯示。」其二，托氏說：「儘管我可以在一個代表地球的球體上展示這條路，不過我想還是在一張航海圖上展示要更簡單清楚些。」孟席斯評論道：「也就是托斯卡內里同肖納爾一樣，都複製了一幅全球地圖，托斯卡內里將這個副本加入到一幅航海圖中[67]。」其三，托氏提到「從安提利亞島，也就是你們稱的『七城之島』，到非常著名的 Cipangu（日本，可能是馬可·波羅用中國古語中『吳語』的發音將日本記爲 Cipangu 島），要途經 10 個分區，也就是 2,500 英里」。孟席斯對此評論道：「在 1520〔地球儀〕圖上，安提利亞島所在的位置是 335 度，日本是 265 度。在北緯 15 度線上相差 120 度大約爲 2,500 英里（也就是那個緯度上地長一周的三分之一[68]）。」從上面的三個例子看來，肖納爾的地球儀製作時所參考的地圖與托斯卡內里所擁有的，應該是同一個來源。而麥哲倫送給查理五世的地球儀，不可能是麥哲倫「自製的」，可能的來源是肖納爾。否則的話，麥氏又成了另一位斜槓青年了。

麥哲倫的航海圖

　　這裡，我們先從麥哲倫出發之前，歐洲人到底對美洲知道了多少開始，當然我們的目的還是：證明若沒有中國使節送到佛羅倫斯的大禮，歐洲的「探險家」們根本不敢跨越大洋，充其量只能在沿岸航行而已。

66　前揭書，第 123 頁。
67　前揭書，第 124 頁。孟席斯想說明的是，麥哲倫在啓航之前，歐洲已經繪製好「麥哲倫海峽」了，因此孟席斯比較了托斯卡內里寫給哥倫布的信中對地球全圖的描寫，與肖納爾地球儀二者之間的神似。孟氏先寫下托斯卡內里信中的描寫，之後隨即評論肖氏的地球儀，孟席斯一共列出了十點相似之處，這裡僅使用其中的一小部分。關於托斯卡內里寫給哥倫布的信件之內容中所描繪的地球全圖，與肖納爾的地球儀所顯示的十個相似之處，請參照：前揭書，第 124-125 頁。
68　前揭書，第 125 頁。

接著，我們將再藉由孟席斯先生不懈的研究精神下，所找到的四個證據，證明麥哲倫出發尋找已知的「麥哲倫海峽」。

　　為何麥哲倫在出發之前，手中必須先握有（至少一張）航海圖呢？假定麥哲倫真的去探險，吾人相信麥氏應該會想方設法地盡可能多蒐集一些關於美洲的資訊，如此的話，出海的風險應該可以降低一些。那麼，當時歐洲人到底對美洲有多少瞭解呢？我們就先前的分析（也包括第一章）來回答這個問題。我們知道文藝復興人之間有其人際網絡，雷吉奧蒙塔努斯與見過中國使節的托斯卡內里熟識，在雷氏去世多年以後，哥倫布與下一位去過美洲的歐洲「探險家」，也就是亞美利哥·韋斯普奇（Amerigo Vespucci, 1454-1512）都使用過雷吉奧蒙塔努斯——與鄭和的星曆表極為相似——的星曆表來預測日食、月食，以及經度與緯度[69]。應該這麼說，雷吉奧蒙塔努斯的天文學知識，肯定與東方的根源有關，並且對於哥倫布、麥哲倫、迪亞士等航海家的測量技術產生了很大的作用。

　　在麥哲倫於1519年出發前往「未知的」麥哲倫海峽之前，事實上，歐洲只有兩位航海家——也就是哥倫布與韋斯普奇——到過美洲，前者未曾到過南美洲，後者則聽說去過三次，第一次從1499年到1501年，他發現了亞馬遜河河口、千里達；第二次是在1501年與1502年之間，他曾經到達阿根廷南部的巴塔哥尼亞地區；第三次可能不是真的，傳說是在1503年到1504年間。雖然，資料不清不楚，但是韋斯普奇去過南美洲應該沒有疑義才對。重點是：在麥哲倫出發之前，人們——或者說，歐洲人——對於美洲的瞭解就只有這麼多，就連德國著名製圖師瓦德西穆勒——曾在1507年繪製了可說是當時最進步的世界地圖的人——都沒去過美洲。

　　因此，幾乎可以斷定，麥哲倫在出發之前，如果沒有航海圖的話，的確有可能到達美洲，但絕對不會知道有個「麥哲倫海峽」必須穿越，才能從那兒看到「太平洋」，並且繼續他的環球之旅。那麼，要如何證

69　前揭書，第189頁。

明麥哲倫手上有航海圖呢？再次地，我們還得藉由孟席斯先生孜孜不倦地研究後所獲得的成果。以下的證據可信度極高，說服力絕對不輸給「專業」的歷史學家。

航海圖的證據

這裡，我們必須再次借重孟席斯先生努力研究後所得到的有力證據，當然，這並非筆者謝某選擇相對輕鬆的方式來做研究，而是孟氏的研究應該得到更多的注意力。因此，吾人在此選擇再次引用孟席斯先生提出的四項證據，這些證據應該足以充分說明，麥哲倫——就像是哥倫布那樣——在出發「探險」之前，對於自己即將前往的地方已經有了初步的認識，或許他知道的還更多一些，但必定是遠遠地超過「未知」的狀況許多。孟席斯提出了四項證據，充分地說明了麥哲倫是在已經知道了「麥哲倫海峽」後，才出發尋找該海峽的，以下一一說明之。

孟席斯說：「第一條證據……在 *1421*〔: *China Discovered the World*〕中講過了，麥哲倫出示過一幅地圖給菲律賓群島的利馬薩瓦〔Limasawa Island〕國王，並向國王說明自己的艦隊是如何橫渡太平洋到達菲律賓群島的[70]。」事實上，歐洲人對於太平洋的知識不是太多，無論是它是否存在？或是它的大小？第二條證據來自安東尼奧·加爾沃（Antonio Galvao）這位葡萄牙著名歷史學家，加爾沃記載過葡萄牙國王擁有一幅標有「龍尾」——也就是「麥哲倫海峽」——的地圖這件事，加爾沃說：

> 1428 年的記載說葡萄牙國王的長子佩德羅閣下（Dom Pedro）是個偉大旅行家。他遊歷了英格蘭、法國、日耳曼、並從日耳曼進入聖地（耶路撒冷），還遊歷了其他一些地區；返回時取道意大利〔義大利〕，到訪了羅馬和威尼斯兩座城市。他從意大利帶回一幅世界地圖，圖中顯示了世界所有地區。在這

70　利馬薩瓦島（Limasawa Island），1521 年 3 月 28 日麥哲倫在此登入。Pigafetta and Miller, *Straits of Magellan; Griffin, Portsmouth, 1884*, p. 7, and Menzies, *1421*, pp. 169-177，引自孟席斯，《1434》，第 128-129 頁。

幅圖中，麥哲倫海峽稱作「龍尾」[71]。

這一小段話，吾人以爲重點有二。其一，在於葡萄牙國王的長子佩德羅從義大利帶回了世界地圖，的確當時應該只有佛羅倫斯擁有世界地圖，因爲中國人在造訪的行程之中，也帶了禮物贈送給教皇。其二，在這幅圖之中，南美洲的尾端被稱作「龍尾」，當然，後人在麥哲倫帶了「探險」隊穿過了龍尾的若干年以後，爲了紀念麥氏的壯舉，某個人將「龍尾」改名爲「麥哲倫海峽」，藉此宣揚這位偉人的事蹟。大部分的人對於麥哲倫出發之前已經有了地圖這件事不太瞭解，所以也就「順理其章」地接受了麥哲倫海峽這個稱呼。就算是現在已經知道了「龍尾」比起「麥哲倫海峽」應該更合適的名稱，也不知道應該向誰表達將海峽的名字再改回龍尾的訴求。

第三項證據，孟席斯告訴我們：「就是在麥哲倫啓航之前，國王查理五世的大臣們盤查麥哲倫時曾提及：繪製了一幅全球圖，圖中強調了那條海峽的位置——『*de industria dero el estrecho en blanco*』。麥哲倫強調指出這是一條祕密的海峽：『*estrecho de mar no conocido hasta entonces de ninguna persona.*』（這是一條至今爲止無人知曉的海峽[72]）。」這項證據清楚地指出了，查理五世的大臣們早已知道南美洲的樣子，而且也知道南美洲的南端有一個海峽叫「龍尾」。不只如此，麥哲倫同樣早就已知道「龍尾」了，但他不知道的是：日後，有人將「龍尾」改成了「麥哲倫海峽」，用此來紀念他的「早知道」。孟席斯給我們的第四項證據是，「在 *capitulacion*，也就是西班牙國王與麥哲倫在 1518 年 3 月 21 日訂立的協約上有這樣的字句：『*para buscar el estrcho de auqellas mares*』，意思是『去尋找那條海峽[73]』」。最後這項證據告

71　Galvao, *Tratado*; and Antonio Cordeyro, *Historia Insula* (Lisbon, 1717), quoted in H. Harrisse, *The Discovery of North America* (1892), p. 51，引自孟席斯，《1434》，第 129 頁。

72　Pigafetta, *Magellan's Voyage*, pp. 49, 50, 57; Menzies, *1421*, pp. 169-177; Guillemard, *Ferdinand Magellan*, p. 189，引自孟席斯，《1434》，第 129 頁。

73　Guillemard, *Ferdinand Magellan*, p. 191，〔孟席斯〕非常感謝塞爾夫先生將吉爾馬的這本書推薦給我〔孟席斯〕，引自孟席斯，《1434》，第 129 頁。

訴我們，西班牙國王和麥氏簽訂的協約裡清楚地要麥哲倫找到該「祕密」海峽，只有找到了海峽，才算是完成了協約裡確定下來的任務，麥氏才能得到獎賞。

綜合前述，麥哲倫出發之前，已經掌握了充分的資料，他知道自己（應該）可以返航。只是，事與願違，他在菲律賓強迫原住民改宗，遭遇了抵抗，在當地人的人數占據絕對優勢的情況下，麥哲倫也無力回天，這使得麥氏在菲律賓被殺身亡。不過，或許這樣的結局，讓相信麥哲倫是第一位完成環球航行的探險家的人，願意持續地相信麥哲倫絕對是位不折不扣的偉大探險家，因為他在什麼都不知道的情形之下，還是為「全人類」寫下了歷史的新頁，完成了有史以來第一次的環球之旅。

本章結語：穿越麥哲倫海峽之前

在穿越麥哲倫海峽之前，歐洲有一位船長，他經常也用探險家的面孔在當代的各種讀物出現。不少人可以輕易說出其偉大事蹟，這位有名的探險家在 1520 年「首次」通過高緯度的南美洲狹窄通道，由大西洋進入太平洋、「首次」環繞地球一周等。他經歷過人生的風風雨雨，在危險海洋的驚濤駭浪中存活下來，在人類「未知的」土地上，抱持其堅定信仰，感動異教徒而讓他們「自願」改宗，只有在遇到冥頑不靈的抵抗者，他才會勉為其難地使用其優越武力作為神聖傳教工作的後盾。上述的偉大功蹟流傳已久，兒童因為繪本而銘記在心，雖然大人很可能因為工作壓力而記不清楚，但無論如何也還能大略地回憶起船長傳奇故事之概要。但是，吾人以為，最重要的部分——粗心也好、故意也罷——卻被遺忘了，那就是：這位船長將船駛進「麥哲倫」海峽之前，其實他早已知道該海峽的存在，以及相對的正確位置了，但他瞞著船員們，應該多少有點將自己神格化的意圖吧！

試比較今日三不五時就出錯的衛星導航，讓車主與其愛車卡在山腰間無人的小徑，動彈不得，使人禁不住地懷疑「科技始終來自於人性」這句話。難道迷路應該是一種常態嗎？麥哲倫還算活躍時的 16 世紀初期，他手中的地圖讓他去了他作夢都想去的地方，而且是在沒有迷路的

情形之下，可見麥氏手中的地圖其精準程度堪稱一絕，很可能比現在（幾乎）每部新車都列爲標準配備的導航設施更高明些，這是不可思議的成就。但現在讀者多少應該有些懷疑是否要將這樣的成就、榮耀歸於麥氏。

　　最後，再談談爲何麥哲倫看到太平洋時，會覺得這個大洋眞是「太平」呢？其實，明朝稱爲「滄冥宗」的太平洋不一定是眞太平，可能只是比較之下的必然結果而已，因爲海流經過狹小的通道，又快又急，即使對有經驗的航海者而言，船隻都難以控制，隨時可能因爲撞擊礁岩而解體。一旦通過而保住性命了，就算只是標準的大浪，船員們也能用相對悠哉的心情來面對浪花。是故，此時船長與船員看到的平靜的大洋，有可能是心理狀態所造成的，畢竟先前的危險經驗在記憶中還清晰得很。簡言之，「太平」洋未必比大西洋平靜，就如船長麥氏所想的那樣。若是如此，又何必在一想到太平洋的時候，腦海裡就浮現出船長因先前的緊張而尚未放鬆的臉部表情呢？

　　相較於其他非西方國家，歐洲之所以成為今日進步的歐洲，原因何在呢？學者也好，一般人也罷，腦海自動地立刻浮現了幾件曾經發生過的大事，也就是在歷史上占據重要性的事件，像是先前討論的文藝復興與地理大發現，以及宗教改革（Reformation）與啟蒙運動（Enlightenment），這四件歷史上的大事，似乎早已成為部分對於歷史相對有感的人們，可以朗朗上口的故事，當然，要從這四件事當中找出最重要者並非易事，是故吾人也只能按其發生的時間順序一一介紹、討論，再進一步地質疑、批判其真實性，這裡，我們將討論的重心放在發生於 16 世紀初期的宗教改革之上，下一章，也就是本書的最後一章，我們再進入啟蒙運動的殿堂裡。

　　在社會科學裡，宗教改革為何重要？簡單說，是因為古典社會學大師之一的馬克斯·韋伯（Max Weber, 1864-1920）首先將宗教議題，置於其東、西方歷史比較研究的分析之中，並且，具體而言，韋伯認為 16 世紀初以馬丁·路德（Martin Luther, 1483-1546）為首的宗教改革扮演重要角色，也的確如此。路德於 1517 年 10 月 31 日，他為了反對教皇的特使約翰·特契爾（Johann Tetzel）為了替羅馬籌錢享樂，而到處販賣贖罪券（《大赦證明書》），於是路德寫下了他最著名的《95 條論綱》，並將之釘在威登堡（Wittenberg）諸聖堂的大門上，「邀請各界在贖罪券的買賣、教皇赦罪的權柄，以及所謂教會的寶庫（指歷代聖人侑教皇行善所累積的善工，可折算為贖罪券，供信徒購買贖罪，脫離煉獄）等三個議題上，進行公開的辯論」，路德與教廷的衝突就此浮上檯

面[1]。

宗教改革之後，路德宗被稱之爲「新教」，用來與「舊教」（天主教）區隔，但是新教是不是與天主教決裂了，這個問題倒是值得再討論，我們也會這麼做，在稍後的分析中。不過，韋伯並未給予路德宗特別的關愛眼神，他卻是對路德的繼任約翰·加爾文（John Calvin, 1509-1564）「情有獨鍾」，特別是加爾文的預選說／預定論[2]（Predestination）有其獨到的見解。是這樣的，韋伯宣稱加氏的預選說是獨一無二的，其他地方所無，我們不會在其他地方找到它。換句話說，不只是其他宗教所無，像是天主教，畢竟新教是爲了與天主教做出區隔，所以如果新教中的加爾文教派（或稱加爾文主義[3]）才論及預選說，那麼天主教理應沒有這樣的教義才對，而且不只是天主教「應該」沒有，就連新教的不同宗派也沒有，這是韋伯告訴我們的。例如，韋伯就曾堅定地主張預選說的教義是「最重要的」、「最爲獨特的」、「中心的」與「基本的」，是「純粹的加爾文主義」之教條，它建構了「有力的且重要的『因果關係』……特別是（但不限制於）在解釋資本主義的起源與發展[4]」。在此，吾人以爲，有必要先簡單陳述一下預選說的內涵，以利於接下來的分析，因爲資本主義正是韋伯爲我們發現的西方勝過東方之主因，而預選說與資本主義之興起有關，而資本主義要興起，還得先有資本主義的「先行者」，也就是資本主義「精神」，而這種「精神」只在加爾文宗的信徒心裡面，韋伯對此極有自信。吾人猜想，自信或許是成爲大師

1　林治平主編，《馬丁路德95條論綱發布500週年歷史圖片展導覽手冊》（台北：宇宙光全人關懷，2017），第49頁。

2　因爲代表著同樣的意義，本文將「預選說」與「預定論」二者交互使用。不過，就吾人的經驗而言，特別是在古典社會學大師韋伯的中文譯作裡，通常使用的是「預選說」這個詞彙，是故筆者在引用、討論，或者批評韋伯的論述時，將會刻意地使用「預選說」而不用「預定論」。

3　吾人在學術著作中發現，不少學者並不嚴格地區別所謂的「加爾文教派」與「加爾文主義」這兩個概念。雖然「入境隨俗」未必是正確的，但是在本書中，筆者謝某亦「隨波逐流」地交互使用上述兩個概念，不加以做細緻之區分。

4　Max Weber, *The Protestant Ethic and the Spirit of Capitalism* (New York: Charles Scribner's Sons, 1930) (1905/1920), p. 98, cited in Milan Zafirovski, "Calvinist Predestination and the Spirit of Capitalism: The Religious Argument of the Weber Thesis Reexamined," *Human Studies*, No. 41 (2018), pp. 565-602, p. 575. 此議題亦可參照：謝宏仁，〈重讀經典《新教倫理與資本主義精神》〉，《社會學囧很大2.0：看大師韋伯爲何誤導人類思維》（台北：五南圖書，2019），頁179-234。

級人物的首要條件。

資本主義精神又在哪裡呢？它藏在相信預選說的加爾文教派信徒的教義裡。這裡僅簡單地說，預選說是指能否得到救贖而成為上帝所選擇者，與人類的善行無關，這是上帝早已決定的事，人們無從得知。然而，信徒總是想知道，於是他們被告知，可能自己也想要如此地確信著，特別是那些相對富有的信徒，可以用賺錢來榮耀上帝，雖然最終還是無法確定上帝已決定之事，但至少心裡會感到妥適一些，因為比其他信徒賺得了更多財富，自己更有機會在死後於上帝的身旁分配到一個小小位置。然而，錢是賺了，但仍然苦無答案，於是加爾文信徒內心總有一種焦慮感，這是一種無法根治的內在緊張性，我們不知道其轉換的過程如何？但是，韋伯斬釘截鐵地告訴我們，這就是所謂的「資本主義精神」，這種精神逼使人們持續地工作，賺更多的錢，繼續榮耀上帝，同時也消除了一部分自己的焦慮感。無意之間，加爾文宗的信徒在不斷地追求財富的某個時候，在資本主義精神長期推動之下，資本主義在（新教的）加爾文教派信徒之間誕生了。

相對於社會科學方法論的集體主義，韋伯在一個世紀前就已經推銷其個體主義方法論，而且可以說獲得了巨大的成功，至今──或者到前（2022）年為止[5]──韋伯仍然被尊稱為社會學古典三大家之一，而這三大支柱正因為缺一不可，無論哪一根柱子一被發現有裂痕，因為茲事體大，關係到整棟古典社會學這建築物，所以萬萬不可讓人發現柱子好像有問題，不能立馬對外宣稱其中一根柱子的基礎好像被侵蝕了，整棟建築物已經是危樓。這裡，我們可以先將大師韋伯的方法論，以及其論點推演之邏輯做一個簡單的描述。首先，新教徒這一群人的入世之禁欲

5　前年（2022 年），筆者撰寫了第四本「小書」，自 2015 年開始撰寫，雖是「小書」，但日後可能產生些許影響力，請參照：謝宏仁，《社會學囧很大 1.0：看大師韋伯如何誤導人類思維》（台北：五南圖書，2015）；《社會學囧很大 2.0：看大師韋伯為何誤導人類思維》（台北：五南圖書，2019）；《社會學囧很大 3.0：看大師韋伯因何誤導人類思維》（台北：五南圖書，2020）；《社會學囧很大 4.0：看大師韋伯奈何誤導人類思維》（台北：五南圖書，2022）。若說這幾本書於日後能夠推翻大師韋伯的論點也不是不可能的事。換句話說，社會學的古典三大家，三大支柱的其中之一，其根基已漸漸受到侵襲，在不久的未來，柱子可能斷裂，再也撐不住上頭的建築物。

生活，他們努力賺錢，卻不享樂，他們將錢存下來，爲了投資更有利潤的行當。其次，這一群人之中的加爾文宗信徒是韋伯主要的研究對象，因爲新教徒之中，只有這群人信仰預定論的教義，韋伯告訴其追隨者，信徒能否得到救贖是上帝預先決定的，與人的行爲——特別是善行——並無關聯。其三，因爲預定論的關係，信徒在得不到是否得救的答案的情況下，他們長期處於內在緊張性，一種莫名的焦慮感如影隨行，無從解決，唯一的辦法，就是繼續賺（更多）錢來榮耀上帝。最後，時間一久，加爾文派教徒爲全球累積了第一桶金，這桶金可以說是資本主義的原始積累，在無意之間，資本主義誕生了。再接下來，歐洲開始了全方位的理性化，愈來愈進步，難以超越。這些當然都是其他地方所無，韋伯相信如此，其追隨者也是。更簡單地說，歐洲是因爲有了加爾文的預選說而有了資本主義（精神），也才有了今日的成就[6]。一如往昔，筆者謝某對韋氏的說法感到十分懷疑，也就不得不振筆疾書了。

　　本章結構安排如下：首先，或許爲了分析的方便性，再加上讓讀者更容易理解，化約論在方法學上成了一大問題，因爲它過度簡單了複雜的現實狀況。具體而言，心理學化約論是韋伯的專長（之一），值得我們一開始就討論它，因爲宗教改革是韋伯社會學的重要研究議題，而這件歐洲大事，正好是韋伯嘗試其化約論的代表作。第二，路德與天主教的「決裂」應該是可想而知的，因爲這位德意志的神學家、哲學家，同時也是神學教授的宗教改革的發起者（之一），理應與天主教決裂，至少在某種程度上，是故我們將檢視路德的新教到底離天主教有多遠。第三，我們談談路德的反猶主義，數百年來，知道的人應該相對較少，而且就算知道了，也會有一部分的人選擇不說，畢竟對於像路德這般的偉大人物，怎麼會產生任何反對猶太人的想法呢？我們會詳加論述這個問題。第四，加爾文的預選說被韋伯賦予極爲重要的角色，在全球資本主

6　韋伯並非是全球首位將基督教神學信念與理性主義結合的宗教社會學家，事實上，弗里德里希・施萊爾馬赫（Friedrich Daniel Ernst *Schleiermacher*, 1768-1834）比韋伯早了近一個世紀，施氏將神學的虔敬主義和理性主義做了有機的結合，施萊爾馬赫被尊稱爲「現代性」神學的典範。所以，韋伯不是第一位將神學與理性主義融合在一起的人，在此議題上，韋伯顯然不是一位特別有創意的學者。關於施萊爾馬赫與大師韋伯的比較，請參見本書附錄一〈韋伯的「導師」施萊爾馬赫〉。

義（精神）的起源這個問題上，如果我們可以證明韋伯對加爾文宗的看法有誤，那麼韋伯的資本主義「宏觀理論」就會存在可疑之處。第五，我們介紹一位「應該」與當年的韋伯同等重要的社會學家維爾納·宋巴特（Werner Sombart, 1863-1941），此人也是德國人，與韋伯頗為熟識，但卻不像韋伯那樣有名，不過宋氏的論點可能比韋伯更接近歷史事實，值得一探究竟。最後，吾人總結本章的發現。

　　在進入主要討論之前，筆者謝某想在這裡提醒讀者，雖然學者運用其專業之所學，努力地想要瞭解歷史上重要事件發生的重要原因與結果，釐清其間之因果關係，不少人的確也做到了，頗值得學習之。然而，謝某以為，無論學者們找到的原因、理由具有多大的說服力，在面對歷史的「偶然性」時，同樣會產生只能「束手就擒」之無奈感，因為一件非預期的事情都可能使人類的歷史往另一個方向發展，此時，所謂的歷史的「必然性」將會失去其解釋的力道。

　　我們將會看到，被尊稱為「宗教改革」之父的路德，其實並不想離開天主教再立新教，路德的教義之中，不乏與天主教相似、甚至相同的看法。加爾文在日內瓦住了下來，但只有在最後的五年才有居民的身分，難民身分的加爾文原本從義大利北部欲前往「改教城」史特拉斯堡（Strasbourg）的時候，只是「路過」日內瓦，當時該城已經開始了宗教改革，同時他到達時，主教與薩伏衣（Savoy）家族的統治亦已被推翻，改由議會治理，加爾文在被力勸之下留在日內瓦協助「鞏固改教運動[7]」。在日內瓦，加爾文抵制貴族政治制度的理念有了迴響，然而加爾文並不是日內瓦的第一號改革人物，他原本只是路過這個城市而已，無意間留下來「守護」改革的成果。那麼，或許可以這麼說，歷史的偶然性經常讓人懷疑學術研究的理性程度。

　　接下來，我們進入討論主題，從大師韋伯的拿手絕活化約論開始。

7　瑪麗蓮·羅賓遜，〈前言〉，約翰·加爾文（John Calvin）著，陳佐人選譯，《更寬廣的生命：加爾文著作選》（新北：校園書房，2011），頁 6-11，第 7 頁。

過度簡單的化約論

　　這一節標題「過度簡單的化約論」其實只寫了一半，被隱藏起來的的後半段是「複雜繁瑣的歷史研究」來對應前者，一看到完整標題，讀者自然的反應會是，筆者想要表達與支持的研究法應該是沒有寫出來的後半段題目。

　　本節首先解釋（心理學）化約論在社會科學研究法當中為何深受喜愛；其次，再說明化約論可能產生的問題。當然，本章的重點仍然置於韋伯的豐富想像力，長期以來被大師韋伯過度地賦予重要性的「宗教改革」。

因為簡單所以受歡迎

　　單單是想到複雜繁瑣的歷史研究（或稱實質研究），就會讓專業的社會（科）研究者避之唯恐不及了，所以當前的社會科學家「通常」不讀歷史，理由是，那可是歷史系學者的工作[8]。

　　化約論的好處是什麼呢，這裡用最簡單的方式來說，那就是：化約論因為簡化了事物複雜的樣貌，將複雜的關係單純化，為學者節省許多寶貴的時間，使其有「多餘的」時間可以去從事一些學術研究之外的事物，像是追逐近期利益、潤滑人際關係、優化專屬網頁，以及創造網路聲量等。身處在今日這種「時間就是金錢」的時代裡，能夠讓學者、讀者用最簡單的方式讀懂的「懶人包」，絕對會比花兩天才能看完一篇嚴謹的學術文章更加吸引人，因為受過專業的學者有時候也會遇到只能看懂一半的文章呢！因此，「過度簡單的化約論」吸引了很多人的目光，而「複雜繁瑣的歷史研究」則剛好相反，上述化約論的「優點」不存在於讓人日子不好過的歷史研究之中。

　　當然，化約論的學者在享受快速得到問題的「解答」的同時，會

8　乍聽之下，似不無道理，不過這只是推託之詞。為什麼呢？因為社會科學同樣必須建立在經驗事實之上，而重要的事件，經過學者的詮釋之後，就成了人們口中的歷史，即使學者對於所謂的「重要」事件的看法未必一致。然而，無論時間的長短，記憶的清晰或模糊，總是有一些事件是相對重要的，是應該被再而三地解釋，而這些事件就組成歷史了，縱使也能再分為幾個次領域，像是戰爭史、文化史、女性史、科技史與農業史等。簡單說，社會科學家應該嘗試擁抱更寬、更廣、更長遠的歷史觀，雖然數十年看來，情況並不樂觀。

留下「很多」、甚至「更多」問題，這些問題當然不會是喜好化約論的學者所能看到的。我們還是以大師爲例，吾人以爲，韋伯是一位心理學化約論的指標性人物，我們知道韋伯最終想回答的是西方爲何興起、東方爲何衰落，他給我們的答案是西方有資本主義，東方沒有。韋伯再往前推論，因爲西方的加爾文教派的、（只有）他看到的那群信徒有一種「不一樣的」（資本主義）精神，他們被一種來自預定論的焦慮感所驅使，而努力賺錢想榮耀上帝，這群人過得很緊張，害怕自己不是上帝所選擇的子女，所以他們認爲（或以爲）可以用賺錢這種方式來榮耀上帝，不小心累積了資本主義社會的第一桶金。就是這種焦慮感轉換成資本主義精神，於是西方有了資本主義，一切都理性化了，過了些時日，歐洲經歷了所謂的啓蒙運動，更強固了西方領先東方的基礎。但對於韋伯而言，東方之所以落後於西方，是因爲數百年前西方有一群人內心的信仰產生的緊張性與焦慮感，這是韋氏通過其心理學化約論的透鏡看到的景象，數十年來，甚至是一個世紀以來，幾乎成了定論。以下，我們再以韋伯看到的景象，試著找出可能的問題。

化約論的可能缺失

我們僅用幾個例子來看化約論可能造成的問題，因爲「化約論」已經將極其複雜的社會現象用最「簡單的」概念、理念型、理論，以及後來產生的論點，來試圖解釋繁雜的問題。以下，我們簡略地提出問題來質疑韋伯看到的「化約」過的圖像，但因爲篇幅的限制，我們只談其中數個。

首先，韋伯所處的時代距離現在已超過一個世紀，若我們用當代較爲「進步的」社會科學方法學來看，我們面臨的第一個問題會是：一群人的心理狀態，是如何可能地足以解釋東方、西方之間的落差呢？以我們現在的知識水準來看，這有點離譜，而且是不可思議的。更讓人覺得不可思議的是，爲何韋伯那個年代就可以爲之呢？一個世紀以前，社會科學的水準眞的如此不堪嗎？吾人不相信如此。其次，對於韋伯而言，新教徒無論如何都應該比天主教徒有錢，因爲新教徒追求更高利潤

的商業活動是被允許的，天主教徒受制於信仰，不敢過度追求金錢，但是信奉天主教的比利時似乎也是很富裕，還有義大利的城市國家，宗教改革之前也好、之後也罷，應該不會比新教徒過得更辛苦才對。不過，韋伯對此問題似乎不感興趣。再次，新教有不同的派別，像是路德宗、加爾文教派，與英國國教派等，在不同的時間，不同的神職人員帶領下進行改革，韋伯認為加爾文教派在預選說／預定論的教條之下，因為焦慮自己能否得到救贖，「只能」用賺錢來榮耀上帝，所以這群人應該是最有錢的，因此韋伯說資本主義（精神）從這群人的身業發跡。但是，為什麼我們在沒有看到韋伯提出來的數據之前，絕大部分的人都相信了韋伯，相信了加爾文主義信徒在無意間將資本主義帶到這個世界呢？此外，難道加爾文教派的信徒都比較有錢嗎？如果是的話，我們又該如何證明呢？應該說，是韋伯如何證明，畢竟這是他的主張。

　　最後，大師韋伯應該會同意以下的說法，如果一位研究人員可以做到利用「反例」來支持自己的看法，那真是比較高階的做法。具體而言，韋伯除了用「正面的」證據，也就是其看到的加爾文教派的有錢人，是改宗之後才賺到了更多錢，而不是早已賺了大錢之後才改宗的。更厲害的是，例如約莫於 17 世紀開始，篤信加爾文宗的蘇格蘭，一直是英國最窮的地區，若是韋伯能證明這個最窮的地方，也曾經因為其信仰而賺過大錢，後來被詐騙集團給拐了，或者統治階級設下陷阱，讓這個地區的有錢人捐出了大筆土地，變窮其實是後來的事，蘇格蘭人並非從沒過過好日子。的確，我們是不應該看到窮人就直覺地認為他們一定年輕時偷懶了，沒認真工作過，才導致了目前難堪的局面[9]。在以上的分析中，我們可以清楚地看到了化約論看似解決了（大）問題，其實是

9　對於大師韋伯生前唯一出版的傑作《新教倫理與資本主義精神》之批判，請詳見，謝宏仁，
　　〈重讀經典《新教倫理與資本主義精神》〉，頁 179-234。
　　順帶一提，我們知道韋伯是運用理念型的能手，筆者謝某猜想理念型與化約論如果同時「操作
　　得宜」的話，應該可以大幅減少「走入歷史」（也就是「歷史研究」或「實質研究」）的時間
　　才是。吾人以為，韋伯無論是在理念型的處理上，或是化約論上的執著程度二者都有其過人之
　　處，所以他確實「走入歷史」了，可惜很快地就「走出來」了，也許裡頭太悶了些，特別是他
　　不懂中文，內心還在想著，這世間怎麼還有人願意使用不如拼音文字那般進步的「象形文字」
　　呢？

帶來更多的（小）問題，讓吾人納悶的是：社會科學界裡好像不在乎心理學化約論帶來的大問題尚未解決，而太多缺乏歷史研究所產生的小問題卻又找不到時間逐一予以解決，處在這樣的窘境下，學者們只得帶領其學生，繼續膜拜大師韋伯三 D 列印的雕像，點頭如搗蒜。

不過，真正的故事才要開始而已。韋伯不只是運用理念型的高手、操作化約論的能人，也是西方哲學二分法思維之社會學代表。簡單說，二分法將「好的」、「善的」、「進步的」、「現代的」等形容詞套用在西方世界，將「不好的」、「惡（劣）的」、「落後的（倒退的）」、「傳統的」等套用在東方社會。對韋伯而言，關於資本主義之有無，當然是西方「有」，東方「無」；同樣地，「現代性」只有西方才有，東方只能處於停滯的狀態，相對於西方而言。

韋伯對於新教特別有好感，不巧地，新教中的路德宗與「現代性」有關，這可能與韋氏刻意強調新教與天主教必須「決裂」有關。

路德與天主教的「決裂」

路德在的威登堡教堂釘上了他的《95 條論綱》標示了德國的「現代性」，這裡被視為是新教的起源地，同時也是（建構）「現代」德國的開始。因此，與代表舊教的天主教的「決裂」這件事就有了討論的必要了，本節即打算對此議題進行討論，吾人以為，路德釘上他的《95 條論綱》這件事，與天主教的「決裂」之象徵意義可能大於實質。

這裡，我們將再分為以下的小節討論。第一，與天主教「決裂」的必要性，因為如果新教那麼重要的話，與舊教天主教之間的差別，應該是顯而易見的，這樣的推論應該是頗為合理，我們得看看新教與天主教之間的關係。第二，預定論被韋伯視為加爾文教派「獨特」的教義，我們得檢視天主教是否有相同或類似的教義。第三，我們檢視新教路德與天主教的重要人物，看看其「決裂」的程度是否真如想像中那樣嚴重。第四，路德與加爾文、路德與天主教的傳統之間的關係，值得重新檢視，因為這可以讓我們更加清楚地看到新教與舊教，也就是天主教之間若即若離之難解情愫。當然，雖分為幾個小節來談，我們還得圍繞在路

德是否眞的與天主教決裂這件事之上。

與天主教「決裂」的必要性

本節的開始有必要先討論一下新教與天主教「決裂」的必要性，也就是宗教革新者總得說出與改革之前到底有什麼不同，亦即與過去的「斷裂」。

以路德爲先驅者的宗教改革（Religious Reformation）在某個意義上，當然代表著新的開始，與過去斷裂之意。不過，因爲「改革」（Reformation）與「革命」（Revolution）畢竟有些區別，前者與過去的關係更明顯一些，後者則相對不明顯，當然這是程度的問題，並不容易劃分。也可以這麼說，「改革」比較強調現在與過去之間的延續性（continuity），而「革命」則強調二者之間的不延續性（discontinuity），也就是斷裂性。這是大略上的區分，事實上，對於這兩個字（詞）的使用，也會因爲研究者寫作的目的而產生影響，所以即使是「改革」，也會有學者強調斷裂性，因人而異，也會因目的而異。

事實上，對於德國、德國人，以及韋伯的「現代」德國也好、「現代」歐洲也罷，關於宗教改革這件事，只有與「過去」、「傳統」（天主教）斷裂，才能走向「現代」，韋伯用的也是這一套。那麼，如果路德的改革對於韋伯有什麼啓發的話，韋伯的「現代」德國與「現代」歐洲，也就只能出現在路德對教會的革新之後，只是，韋伯談的是資本主義，他的目的是要證明西方領先了東方。這麼說，韋伯本人對宗教改革本身的興趣或許並不是很大，但是在宗教上革新這件事卻可以讓他找到資本主義（精神）的「起源」，至少他以爲自己找到答案了，已經可以解釋西方爲何獲勝了，那就是宗教改革。更具體地說，是「加爾文宗」的預選說，韋伯以爲這是任何其他地區都沒有的東西，這群人、這群對資本主義興起有幫助的人，只能存在加爾文宗的社區裡，在那兒努力賺錢，但不花錢，因爲賺錢是爲了榮耀上帝的，不是用來享受的。

德國宗教研究的專家克莉斯汀・海默（Christine Helmer）對於新教

與天主教的分裂有其獨到之看法，她說：

> 16 世紀時，全歐洲各地以不同方式發生了革新，從英國和法
> 國到德國和瑞士，再到波西米亞和西班牙，天主教的諸多改
> 革也發生在特倫特會議（Council of Trent, 1545-1563）前後。
> 除了路德，還有羅耀拉（1491-1556）、加爾文、亞維拉的
> 德蘭（Teresa of Avila）、慈運理和十字架約翰（John of the
> Cross, 1542-1591），全部都扮演了重要角色。他們全都相信
> 教會能在歷史上存續，取決於推動和推續革新的能力。「教
> 會必須始終進行改革」：以拉丁語來說，是 ecclesia semper
> reformanda。
> 然而 19 世紀德國新教歷史學家蘭克（Leopold von Ranke,
> 1795-1886）卻區隔了東西教會大分裂（譯注：指 11 世紀基督
> 教會大分裂）後出現的兩個西方教會刻意區別開來。蘭克認
> 為，一個是宗教改革的成果；另一個，他則用了「反宗教改
> 革」（Counter Reformation）一詞形容，指稱那些留在羅馬天
> 主教會內的神學家。這種二分法將新教改革者視為原創者，
> 而將他們的羅馬天主教同儕視為反動力量，表現出了那段時
> 期的反天主教思想。在這段時期當中，把路德當成現代西方
> 〔粗體為吾人所加〕開創性人物的說法，開始主導宗教改革的
> 敘事。但這其實並不是 16 世紀的產物。「路德成為西方開創
> 人物」的敘事，是 20 世紀初才有的結果[10]。

上面這段話告訴我們，天主教也在改革，也許動作稍微慢了點；不只是
路德與加爾文戮力於革新教會的工作，其他的神職人員也是。很明顯
地，蘭克的二分法將新教改革者看成是「原創者」，此種做法被韋伯複
製到他的加爾文的預選說，我們稍後會看到，無論是蘭克或是韋伯，預

10　克莉斯汀・海默（Christine Helmer）著，蔡至哲譯，《路德神話：德國如何發明新教改革者》
　　（新北：遠足文化，2022），第 58 頁。

定論只能是新教的，不可能是天主教那群「反動力量」可以理解的，但這不符合歷史事實。而如果社會科學在方方面面的努力是為了更接近真相，那麼，將加爾文視為預選說的原創者，這恐怕直接落入韋伯所挖掘的陷阱裡。另外，我們還得留意一件事，「路德成為西方開創人物」是20世紀後世的學者建構出來的「歷史」，並非16世紀的事。

再回到「決裂」或「斷裂」的議題上。韋伯的現代的、資本主義的新教，除了與天主教的決裂成為必然之外，韋伯對這樣的斷裂還覺得不夠，他還得在新教當中找到「特別的」一群人，讓這群人為全世界承擔重任，韋伯認為他還必須找到內心時常為某種焦慮感所苦的一群人，對韋伯而言，這是一種不可多得的內心狀態，因為只有在這種狀態底下的人，才能夠不停地追逐財富，在他們的信仰底下，這群人絕不會享受物質生活，只能累積財富來榮耀上帝，在平凡的日常生活之中的某一個陽光燦爛的午後，這群人當中的某幾個人，他們喝著不算太貴的東方茶葉，心裡想著如何賺更多錢的時候，資本主義誕生了。當然，這群人當時並不知道自己已經做了偉大的事，後來是韋伯告訴了他們的後代。

這麼說，為了讓宗教改革更有意義，也為了資本主義（在歐洲）的出現，新教與天主教的斷裂必須明顯一點。接下來，我們討論預定論，就如海默所言，因為蘭克「將新教改革者視為原創者」，韋伯似乎就找到了一個可以「依靠」的對象了，於是乎，他將加爾文的預選說視為原創，但事實上，天主教很早以前就已經有了預定論的教義了。簡單說，韋伯可能便宜行事，不加思索地直接利用了蘭克的說法。

雙重預定論

預定論（預選說）或許應該稱之為雙重預定論，我們稍後再解釋它。這裡暫且先談一下別的事，請容許謝某先賣個關子。

大師韋伯說過的話學者都相信絕對不會是假的，韋伯必然是經過一番苦心鑽研之後，才會在他活躍的學術圈與其應邀的演講場合宣告之。是故，當韋伯主張在新教中預選說這個教義是加爾文教派所獨有之時，絕大多數的學者，特別是對天主教歷史不是那麼熟悉的東方學者而言，

相信韋伯的話，遠遠比起自己花時間找資料再確認大師「所言甚是」省事許多，雖然這樣的做法可能比學生的期末報告還不如。所以，在「長考」之後，學者決定相信加爾文教派才有預選說，也只有加爾文教徒們才會產生焦慮感，在長期處於內心緊張的時候，激發自己的潛能，努力賺錢來榮耀上帝，於是資本主義有點「莫名其妙」地在西方社會——應該說是加爾文信徒「生活區」——首次出現在人類世界之中，就連「發現者」韋伯都感到意外呢！

　　然而，就算總是個一言九鼎的人，也會有說錯話的時候。就預選說而言，韋伯告訴我們，預選說是加爾文所獨有，那麼應該就是前無古人、後無來者的意思，也就是說，至少剛開始的時候，預選說是加爾文創意發想的、它是獨一無二的。社會科學界的菁英普遍相信韋伯對預選說的看法是對的，年輕時的筆者謝某也無法成為例外，相信了只有加爾文才懂預選說，只有加爾文才有機會將預選說向其信徒宣揚，數十年來，這樣的論點——後來變成信念——幾乎不曾動搖過。不過，加爾文本人可能不會同意上述的說法，因為加爾文自己承認過，預選說不是他首創的。加爾文曾經暗示過：「他承認他的預選說教義，特別是『預定的救贖』與它的事證，並非是一種神學上的發明，而只是拒絕天主教神學先前的版本〔而已〕。」「拒絕『普世的』（"universal", *universalis*）救贖，他棄絕天主教教會（Catholic Church, *ecclesia catholica*）裡的『所有的人都〔被〕選擇』（"election of all", *electis omnibus*），〔相反地〕他鍾情於〔被選擇者、被救贖者〕他們『成為真正的上帝之所選』（*verum electi Dei*）的排外性[11]。」這裡，我們得留意一下，加爾文贊成的是預定論的排他性，絕不是每個人都應該會得救，從預定論來看，「神愛世人」並不是指神愛所有的人，而是神只愛自己所選擇的人，也就是得到神的恩典的人，那些得到救贖的人。

　　米蘭・札飛洛夫斯基（Milan Zafirovski）也曾述及了韋伯對於加爾文預選說的看法，他說：「這正是韋伯如何描寫加爾文的、以及正統的

11　John Calvin, *Christianæ Religionis Institutio* (Basel, Online edition, 1536), pp. 137-148, cited in Zafirovski, "Calvinist Predestination and the Spirit of Capitalism," p. 575.

加爾文主義用其本身的『〔上帝之〕恩寵的特殊主義〔"particularism of grace"〕』，狹窄的、排外的『貴族式的預定之救贖』，『上帝選定的聖人們之精神上貴族』與『天堂的』寡頭政治，來取代天主教之救贖的普遍主義[12]。」當然，我們從韋伯論點的結果來「推論」，加爾文「獨特的」預選說，是韋伯將新教（特殊主義）與天主教（普遍主義）區別開來的一片「隔板」，這塊板子成爲韋伯與他成千上萬的信徒眼中現代的、進步的西方世界，與傳統的、落後的東方社會之間的明顯界線。後來，這塊隔板被韋伯漆上了亮麗的「資本主義（精神）」的彩色顏料，在社會科學領域裡，至今依舊光彩奪目。這裡，讓我們發現了，韋伯必須擁抱預定論帶來的特殊主義，因爲韋伯不能讓西方與東方之間沒有界線，他不能讓世界上的所有地方都出現資本主義，否則的話，他的論點就會無人問津了。簡單說，對韋伯而言，預定論的特殊主義必須被強調，同樣地，預定論本身也是，具體而言，只能由一個教派（加爾文宗）獨有，如此的話，西方（或歐洲）才會是獨特而不同於東方。這樣說來，韋伯論點的邏輯性很強，只是不符合歷史事實而已，因爲加爾文自己都承認預定論根本不是他自己創立的，更離譜的是，韋伯也清楚地知道預定論不是新的發明，這教義早就存在了，加爾文根本不可能是首創預選說的人。

　　那麼，我們又如何得知韋伯知道預定論早在加爾文之前就有了呢？一開始時，我們就開門見山地說，韋伯宣稱預定論是「純粹的加爾文主義」當中「最重要的」、「最爲獨特的」與「基本的」教條[13]。事實上，韋伯在同一個地方也暗示了「加爾文沒有發明〔預選說的〕教義，而是直接採納了奧古斯丁（與路德），間接地吸收了穆罕默德的教條[14]」。這麼說，韋伯如果不是存心欺騙他的追隨者的話，那麼應該是在其「學

12　Rodney Stark, "Class, Radicalism, and Religious Involvement in Great Britain," *American Sociological Review*, Vol. 29, No. 5, pp. 698-706; David Zaret, *The Heavenly Contract: Ideology and Organization in Pre-Revolutionary Puritanism* (Chicago: University of Chicago Press, 1985), cited in Zafirovski, "Calvinist Predestination and the Spirit of Capitalism," p. 575.

13　Weber, *The Protestant Ethic and the Spirit of Capitalism*, p. 98, cited in Zafirovski, "Calvinist Predestination and the Spirit of Capitalism," p. 575.

14　Zafirovski, "Calvinist Predestination and the Spirit of Capitalism," p. 575, Note 13.

術是一種志業」的信念之驅使下，爲了完成一個有說服力的研究，而刻意遺忘加爾文根本只是採用前人的預選說教條，然後再宣揚給他的信徒而已，加爾文根本不是預選說之首創者，只是他對預選說的宣教比其他人更爲努力而已，雖然這也未必是易事，但離韋伯所言——預選說爲加氏首創，在信徒生活中產生了資本主義（精神）——之差距實在過大。這裡，我們先稍加提一下奧古斯丁（354-430）這個人，之後還會詳細說明，奧氏早在 4、5 世紀時，就已經提出過預定論了，讓人十分懷疑，韋伯是基於何種想法，說出了加爾文「首創」了預選說這樣的說法，因爲韋伯在其大作之中，就曾經解釋過奧古斯丁的預定論教義了。札飛洛夫斯基說：

> 韋伯指出「奧古斯丁第一次試圖發展〔預定論〕教義」，他欲表達一種「確定的感覺，〔這種感覺是〕一種宗教恩典，它是一種客觀存在的神性〔an objective power〕之唯一產品。而不是歸因於個人的價值」。並且，〔奧氏第一次發展預定論教義〕確認了「聖經的基礎」（原則爲以弗所書第一章）[15]。

上述這段文字，是韋伯在其傑作《新教倫理與資本主義精神》一書中，討論奧古斯丁首次嘗試發展預定論時，奧氏對於「恩典」與「聖經」的重要性之強調。姑且不論韋伯到底在多大的程度上贊成奧古斯丁的說法，但很清楚地，韋伯的確知道天主教在奧古斯丁時期，也就是 4 世紀與 5 世紀時，就已經有了預定論教義了，根本不必等到 16 世紀的加爾文來「首創」預定論。

　　言歸正傳，什麼是雙重預定論（double predestination）呢？根據加爾文的定義，所謂的「雙重預定論」意思是：「我們稱預定論是上帝有恆的法則，由祂自己的意志讓每個人成爲其模樣。人並非在平等的條件下被創造，無寧是永恆的生命爲一部分人預先決定的，而另一部分的人

15　Weber, *The Protestant Ethic and the Spirit of Capitalism*, p. 221, cited in Zafirovski, "Calvinist Predestination and the Spirit of Capitalism," p. 571.

卻是被永恆地詛咒[16]。」從加爾文的定義看起來，雙重預定論只是說明了，是有一群人可以得到救贖，獲得永生，但這還只是預定論之一部而已，尚有另一部分人是被詛咒的，而且永遠都無法改變，因為這是上帝的意志，人類無法靠善行來左右已經註定的結果。事實上，我們可能在韋伯在社會科學界巨大的影響力之下，所以長期以來，一直以為預定論是單一的，只有一群人能獲選為上帝的子民，得到救贖，但是預定論是雙重的，我們幾乎不曾注意過被詛咒的那群人，被詛咒的那群人應該也值得關注。

簡單說，預定論本來就是雙重的，所以也沒有所謂的「單一」預定論，都是雙重預定論，只是長期以來，學術界將之簡稱為預定論而已，也許是被詛咒的那群人也沒有什麼好說的，反正他們也無法為改變自己的命運而努力，因為這是上帝預先決定的。但總而言之，無論是叫預定論，或是稱之為雙重預定論；不論是叫預選說，或是稱之為雙重預選說，都不會是加爾文所首先創立者，更不可能是加氏所獨自擁有。

路德、奧古斯丁與伊拉斯謨

這一節，我們討論路德與奧古斯丁，以及路德與伊拉斯謨之間的關係，目的仍然在於證明路德是否真的與天主教決裂，以完成其宗教改革。我們將先敘及奧氏，再談論伊氏。

聖奧古斯丁（354-430），生於北非奴米迪亞（Numidia）省的塔賈斯特（Tagaste）城。奧古斯丁早年學習哲學，並且在學成之後，以修辭學為業，在這期間，他信了摩尼教（Manichaeism）的善惡二元論超過十年，其母親為虔誠基督徒。奧古斯丁於387年受洗，一年之後為了建立隱修團體而回到了家鄉，395年成為了希波（Hippo）教區的主教，往後的三十五年裡奧古斯丁都擔任這個職務。

奧古斯丁透過其著作——最重要者為《懺悔錄》，與《上帝之城》、《論三位一體》等——發揮他在神學、教會思想，以及生活的巨

16　John Calvin, *Institutes of the Christian Religion*, ed. John T. McNeill, 2 Vols. (Philadelphia: Westminster, 1960), 3.21.5, cited in Arthur Miskin, "Calvin on Predestination," *Puritan Reformed Journal*, Vol. 6, No. 2 (2014), pp. 37-53, p. 39.

大影響力，其中包括了原罪論、預定論、恩寵論、教會論與隱修會規等，受到奧古斯丁所啓發的人物有很多，其中包括了多瑪斯（即聖多瑪斯·阿奎那，拉丁語：St. Thomas Aquinas，約 1225-1274），與新教的路德、加爾文等人。路德曾在奧古斯丁派的修道院裡虔敬地過著苦行生活，不過這樣的生活卻帶給路德恐懼與沮喪，路德懷疑起這樣的生活與信仰的意義之間的連繫[17]。但值得一提的是，路德在該修道院生活過一段時間，也受到了奧古斯丁預定論的影響，我們在稍後的分析中還會提到。可想而知，路德受到奧氏的影響絕非僅止於預定論，只是，這個教義在宗教改革這個議題上有其重要性，且可能比我們想像的更爲重要。

　　吾人尚須提醒讀者，路德受到奧古斯丁預定論的影響，表示天主教會很早以前就有預定論教義了，並非韋伯所言，預定論／預選說是新教之後才有的，更不是韋伯認爲只有加爾文宗才有預選說。那麼，就預定論這一點來看，新教並不能夠與天主教完全斷絕關係。接下來，我們談談路德與伊拉斯謨的關係。

　　路德反對教廷同意藉金錢換取上帝赦免，並且強烈地質疑贖罪券。相似地，伊拉斯謨（Desiderius Erasmus Roterodamus, 1466-1536）對於教會之腐敗亦感到不以爲然，不過異於路德對羅馬教會極盡諷刺的手法，聽說伊拉斯謨這位荷蘭的神學家、人文主義思想家，傾向選擇相對中立的言論，但謝某懷疑如此善意的說法。伊氏用拉丁文於 1509 年開始寫作並在二年後出版的名著《愚人頌》，就是針砭教會道德敗壞的作品。

　　伊拉斯謨，史學界稱他爲鹿特丹的伊拉斯謨（Erasmus von Rotterdam），是天主教神父，爲北方文藝復興的代表人物。伊拉斯謨是一個用純拉丁語寫作的古典學者，他撰文批評羅馬天主教會的驕奢腐敗，但也僅此爲止，宗教改革運動爆發之後，他並未起身支持改革派。可能是因爲自己寫了幾本批評教會的書而感到些許自責吧！？他拒絕教廷授給他的樞機職位。關於伊拉斯謨寫的書，除了前述的《愚人

17　陳德光（撰寫者），〈聖奧古斯丁〉，全國宗教資訊網，https://religion.moi.gov.tw/Knowledge/Content?ci=2&cid=368，檢索日期：2023 年 11 月 5 日。

頌》之外，更值得一提的是另一本書叫《對話集》，此書不一定是造成路德與伊拉斯謨交惡之最重要原因，但是當時仍是天主教之頂尖成員的路德應該為了這本書而感到氣憤難平。威廉‧曼徹斯特（William Manchester）如此地描述：

> 一名安特衛普〔Antwerp, Antwerpen〕的人文主義者寫信給伊拉斯謨：「到處都在賣這本書，每個人都買了、都在談論這本書」。元老院警覺了，催促伊拉斯謨停止寫作並用餘生懺悔。但已經太晚了，就在那年，1514年，〔伊拉斯謨〕出版了《慣用白語文規範》（Familiarium colloquiorum formulae）最初幾個版本。最終，它被稱為《對話集》，這成為他作品中規模最大、組織最鬆散，也最難定義的作品。從本質上來說，這本書集合了各種思想，亦缺乏統一的主題。這本書以通俗和閒聊式的拉丁文寫成，包括給予孕婦的祝福……包括鼓勵淨心；如何恰當回應別人打噴嚏；讚美忠誠；反對焚燒異教徒；還有一篇冗長乏味的「年輕男子與妓女」的對白……此外還有下流的對話；對人類行為的荒誕觀察；以及對婚姻機構的支持等等……他抨擊牧師的貪心、濫用絕罰〔開除教籍、逐出教會〕、聖蹟、齋戒、兜售文物等；他警告女人……在修道院內，貞潔更容易受到傷害……他再一次把矛頭對準了梵蒂岡。他深惡痛絕儒略二世〔Pope Julius II, 1443-1513〕發動戰爭……墮落與腐敗也使他憤怒……欲望取代了禱告和冥想……[18]」。

看起來，伊拉斯謨在批評教廷腐敗時，應該早已經忘記了「文雅」二字對於所謂的神學家，或是人文主義者究竟代表著什麼意義？從上述的語句看起來，實在比路德好不到哪裡去。曼徹斯特繼續論道：

18　威廉‧曼徹斯特（William Manchester）著，張曉路、羅志強譯，《光與黑暗的一千年：中世紀思潮、大航海與現代歐洲的誕生》（新北：木馬文化，2019），第163-164頁。

此書一出版就賣出了 2 萬 4 千冊，在當時，除了《聖經》，是絕無僅有的暢銷書。1520 年，一位牛津出版商發現，他賣的暢銷書有三分之一是伊拉斯謨寫的……這本書如此受歡迎，是因為書中辛辣諷刺了那些自以為是、自認為懷抱著純潔信仰的人。於是，如同其他擄獲了大量群眾的作者一樣，伊拉斯謨被開除教籍，罪名是他迎合大眾，告訴民眾想聽的東西，並單純地受賺錢的欲望所驅使。由於他的成功對基督教產生重大影響，他因此被羅馬皇帝通緝，皇帝下達命令，要是有教師在課堂上討論《對話集》就當場處死。馬丁·路德最初也同意羅馬皇帝的做法：「我至死都不會允許我的兒子讀伊拉斯謨的《對話集》。」路德在那個時候仍然在維滕貝格大學教授《聖經》，仍是天主教一名傑出成員，然而在未來三年裡，他的想法改變了，同時也改寫了西方文明史[19]。

這一段話裡，有幾個問題值得再討論一下。首先，伊拉斯謨肯定是一位暢銷書作家，讀者群非常廣大，而且因為他諷刺的功力深厚，教廷的神職人員應該感受到極大的壓力，所以後來伊氏被通緝，走投無路。其次，雖然這可能尚存爭議，但韋伯對天主教禁止信徒追逐財富的說法應該是對的，因為伊氏「單純地受賺錢的欲望所驅使」而被判有罪。再次，路德當時還是「天主教一名傑出成員」，可想而知，路德與伊拉斯謨處於交惡的狀態，後來兩人的確也不合，無論是在兩人的人際關係上，或是在許多論點之上。不過，新教的路德真的就與天主教的伊拉斯謨「決裂」了嗎？這倒不一定，新教（代表人物路德）與天主教（有重要影響力的伊拉斯謨）之間的藕斷絲連，特別是在人文主義這方面，還是可以分辨的。

這麼說，路德與伊拉斯謨交惡，在某一方面來說，表示著新教與天主教決裂，但事實並非如此，且我們可以發現人文主義與神學同時在

路德新教與天主教教會裡。英國歷史學家彼得‧伯克（Peter Burke），是歐洲近代早期歷史的專家，特別專長於社會、文化與思想史，他在其著作《文藝復興》寫道：「人文主義與神學之間的關聯在 16 世紀的前二十年達到巔峰。雖然之後路德……與伊拉斯謨交惡，但這種關聯卻一直存在。也許我們這樣描述此種關聯會更好一些，即它是對人文主義理念及人文主義技藝的新環境的適應。當人們像過去那樣依據『人的尊嚴』（dignity of man）來定義人文主義時，路德便會被視為一位反人文主義者，因為他不相信人擁有自由意志（這與……伊拉斯謨不同）。不過，從人文學科的意義上講，路德並不是人文主義的敵人。他本人受過古典教育，也贊同古代學問的學術復興，他認為這受到了上帝的鼓勵，是為教會改革做的準備。他支持其同僚菲利普‧梅蘭希通（Philip Melanchthon）為維滕貝格（Wittenberg）大學制定大學人文主義教學大綱而做出的努力[20]」。伯克從人文學科的對於理解人的意義這一點來觀察，他發現路德並不是乍看之下的反人文主義者，相反地，路德贊成古典學問的復興，因為路德認為這可以為天主教教會的改革奠定更好的基礎。

　　從上面的分析看來，路德非但沒有與天主教兩位重量級人士——奧古斯丁與伊拉斯謨——的想法分道揚鑣，相反地，路德與奧氏也好，與伊氏也罷，在想法、論點上仍然留存重要的連結，宗教改革的創立者路德，並未如一般所想像地那樣與天主教決裂。

路德、加爾文與天主教傳統

　　先前的分析中，讀者應該或多或少地看到了「宗教改革家」路德與天主教的「決裂」絕非那樣地徹底，這裡我們再花點時間看看稍微排在路德之後的加爾文兩人與天主教的關係，雖然不是直接的證據，但將以下的討論視為旁證應無不可，畢竟研究人員也不能不留心於對自己所堅

20　彼得‧伯克（Peter Burke）著，張宏譯，《文藝復興》，第二版（北京：北京大學出版社，2022），第 81-82 頁。關於梅蘭希通所寫的《路德傳》為基督新教開創出何種新的傳記書寫觀，請參照，例如，花亦芬，〈梅蘭赫〔希〕通為馬丁路德所寫的第一篇傳記——近代初期罕教史與史學史的考察〉，《新史學》，第 23 卷第 3 期（9 月，2012），頁 91-149。

持的論點有幫助的隻字片語。

關於路德與加爾文兩人如何看待天主教傳統（之一部），大衛・弗格森（David Fergusson）在其〈加爾文的神學遺產〉一文中分享其看法，弗格森說：

> 加爾文當然是一位宗教改革的神學家，因此他跟隨路德的唯獨恩典（*sola gratia*）之主題。對上帝的崇拜與順從之唯一可能是透過神的恩典，神居高臨下於我們所在之處與我們相見，祂從沉淪的人類世界之廢墟將我們舉起。在基督裡，我們的罪被赦免，所以我們被證明是無罪的，並且神聖的靈魂授予我們一條接近上帝恩典的永恆途徑。這些全是宗教改革的教誨，而加爾文煞費苦心地將之〔上述的教義〕表達出來，這些正是對於天主教傳統之講授，〔可惜地〕這些在羅馬教廷已消失一段時間[21]。

從這段話當中，至少有幾個看法值得重述，首先，路德與加爾文都認為「唯獨恩典」是他們從聖經裡所看到的最重要之教誨，對於兩人而言，除了恩典之外，不存在其他方式可以接受上帝[22]。第二，吾人以為，「對上帝的崇拜與順從之唯一可能是透過神的恩典」，這句話當然是「唯獨恩典」之「解釋」，只是寫得比較複雜一些而已，從這句話裡頭可以瞧見預定論的影子，正因為只有恩典，沒有其他，所以教徒在人世間的善行與是否得到救贖沒有關係，同樣地，因為只有上帝的恩典才能決定，是故預定論也必須符合「唯獨恩典」的教義，這是上帝已經決

---

21 David Fergusson, "Calvins Theological Legacy," *Ecclesiology*, Vol. 6, Issue 3 (January 2010), pp. 274-289, p. 278-279.

22 1519 年時，路德與教廷代表在萊比錫（Leipzig）進行辯論，整場辯論持續進行了 18 天之久，最後路德在被步步進逼的情況之下，他「最後不得不宣告，聖經是信仰唯一的權威，教皇、教父及議會都不是信仰的依據」，請參照：林治平，《馬丁路德 95 條論綱發布 500 週年歷史圖片展導覽手冊》，第 55 頁。事實上，路德對於聖經的看法，可能也來自奧古斯丁，因為路德曾經在奧古斯丁派修道院苦行了一段時間。然而，為了反對羅馬教廷的貪腐，將教皇、教父以及議會都排除在信仰的依據之外，不能不說這是一個合理的做法。重新將「唯獨聖經」拾回，而這又再一次地證明，路德並未打算離開天主教的「傳統」。

定的事，不存在變更的機會，看起來，路德與加爾文的教義也好，天主教的傳統也罷，預定論的影子似乎都在四下逡巡著。筆者謝某以爲，預定論的確有可能讓信徒的內心感到不安，然而，要讓不安的情愫轉換成不斷追求財富的動力，甚至於還在無意間讓資本主義興起，獨厚西方世界，這恐怕還得加上韋伯豐富的想像力才可能發生。

第三，按照「唯獨恩典」的教義，對「上帝的崇拜與順從」只有透過神的恩典方能爲之，這是路德與加爾文都深信的，那麼天主教傳統呢？路德與加爾文是宗教改革者，所以他們兩人的想法應該與天主教傳統有極大的不同，但這恐怕不是事實。因爲「加爾文煞費苦心地將之表達出來，這些正是對於天主教傳統之講授」，也就是說「唯獨恩典」是路氏與加氏所堅持者，但這同樣是天主教義的傳統，根本不是在天主教的傳統之外，路、加兩人特別「外出」去找尋相異的教導、義理來與天主教做出區別，在教義上，路德與加爾文是想要重新尋回羅馬教會原本已經存在但卻因故喪失了的「傳統」。換句話說，雖然宗教改革之後稱爲「新教」，但這不是說，新教的教義與天主教義徹底地決裂了，甚至用決裂二字都太過了，因爲新教還保留了不少天主教的傳統，宗教「改革」並不是與天主教完全斷絕關係而創立了新教。

路德的反猶主義

先前提到了路德的宗教改革被視爲與天主教的決裂，雖然「決裂」二字事實上是過度了，新教與天主教之間的相似性並未被賦予足夠的注意力。這麼說，新教在德國，與德國以外的北美，被「包裝」得像是對某些特定的區域之經濟發展產生了良好的促進作用，不少學者將其時間與精力用於理解宗教與經濟之間的關係，給予信仰最重要的地位，在解釋經濟發展的時候，部分學者似乎爲了自己能夠找到看起來簡單易懂的具體例證來說服他人，於是類似於韋伯論點的論文、書籍等，仍然不斷地出版，像是在緬懷大師韋伯對於人類思維的啓發[23]。然而，在先前的

---

23 請參照，Rong-I Wu, "From Calvinism to Capitalism: The Secularization of the American Work Ethic," *American Studies*, Vol. 9, No. 3 (September 1979), pp. 73-89；王振寰、朱元鴻、黃金麟、陳

分析中，我們已經先簡略地解釋心理學化約論在研究因果關係上的缺失，具體而言，以韋伯及其追隨者爲代表的學者，經常奉大師所說的論點爲圭臬，並且以韋伯的研究方法爲範本，進行了「新的」研究，但事實上，這樣的研究難以讓人看到事實的眞相。可惜，直至今日，仍然有部分學者，繼續跟隨著那位爲社會科學做出最壞示範的韋伯，而所謂的「新教」至今依舊被視爲「現代」德國、北美經濟獲得成功的主要推動力，即使新教在美洲大陸不知道已經融合了多少其他信仰的要素了。當然，其他地區相對不成功，經過簡單的推論，就是因爲缺少了盛行於北美地區的某種信仰了[24]。

　　這裡，吾人的重點在於，人們似乎早已習慣用好的事物將某位英雄人物生平之中的幾個重要階段填滿，也因爲其人生已經被填寫得相當充分，於是壞的事物就只好被遺忘。於是，此位英雄人物——我們的例子路德——的最大優點就（只能）是沒有缺點的。然而，眞實的情形確是如此嗎？恐怕不是，但說出來，會讓很多人感到難過而無法接受，所以許多學者選擇不說，同時也選擇遺忘，而且忘得一乾二淨。但筆者謝某決定還是說出來吧！因爲此時此刻還暫時忘不了。它是關於路德的反猶主義。以下這段話值得留意，它這樣寫道：

　　　在路德的晚年，特別是 1543 那年（路德於 1546 年去世），路德以基督宗教神學家的視角，寫下攻擊猶太人的一些最醜陋的論述。1543 年，他製作了數百頁的反猶太文本。這當中《論猶太人及其謊言》（*On the Jews and their Lies*）一書特別值得檢視。在這個著作中，路德敦促他的基督徒同胞去「燒毀猶太人的會堂……，強迫他們工作，並嚴厲對待他們」，就

介玄主編，《西方與東方：高承恕與台灣社會學（理論篇）》（台北：巨流出版社，2014）；王振寰、朱元鴻、黃金麟、陳介玄主編，《西方與東方：高承恕與台灣社會學（經驗研究篇）》（台北：巨流出版社，2014）；宇山卓榮著，周芷羽譯，《神的經濟學：信仰——經濟發展背後看不見的手》（台北：漫遊者文化，2017）。

24　請參照，余杰，《大光（第 1 卷）：清教秩序五百年》（新北：八旗文化，2021）；余杰，《大光（第 3 卷）：華夏轉型兩百年》（新北：八旗文化，2021）。

跟摩西在曠野做的一般，摩西殺死 3,000 人，避免了全民族的
滅亡[25]。

僅僅從路德這本《論猶太人及其謊言》（*On the Jews and their Lies*[26]）
的書名，即可一窺路德內心世界（之一部），他對於猶太人的厭惡感之
深，清楚地從他鼓勵其信徒去燒毀猶太人的會堂此一態度就可以看得出
來了。此外，單單在 1543 這一年，路德反猶太的文本就高達數百頁，
由此可見他對猶太人的怨恨應該不淺。如同聖經神學與路德學術領域的
專家海默（Christine Helmer）所言，「雖然反猶主義，與中世紀基督宗
教世界中基督徒對猶太人的普遍敵意一致，但在 1543 年的這篇〔這本〕
晚年作品中，以及另一篇〔一本〕同樣惡毒的《論不可知的名與基督的
世代》（*On the Ineffable Name and on the Lineage of Christ*）著作中，路
德以難以言喻的粗暴和破壞性，走向更極端的境地。正如美國神學家施
拉姆（Brooks Schramm）所言，路德『對猶太教和奉行之人抱持著極度
否定的態度[27]』」。這本《論不可知的名與基督的世代》的名，如海默
所言，「這是對希伯語『上帝的名』的無差別謾罵。著作當中，路德描
述並讚揚了自己過去證道的威登堡聖瑪麗教堂，在那教堂附近一角有個
貶低猶太人形象的雕像：猶太母豬（*Judensau*）。這雕像將猶太人描繪
成正在母豬下垂乳房吸奶的豬，而一名男子從母豬尾巴下方窺視她的肛
門[28]」。請留意，這個極具貶義的雕像竟然就座落在離路德釘上了他的

25　海默，《路德神話》，第 204-205 頁。

26　Martin Luther, *On the Jews and Their Lies*, Foreword by Texe Marrs, Third Printing (Spicewood, TX.: RiverCrest Publishing, 2018). 此版本之中，在目錄之前，有一頁的標題寫著〔馬丁・路德撰寫本書的理由，與他爲所有猶太人與基督徒的祈禱〕，其內容之前半部經翻譯之後爲：「我們的論文，我希望，將會爲一位基督徒提供足夠的材料，不只是讓他能夠防禦自己在面對眼盲的、狠毒的猶太人，也讓他成爲猶太人的惡毒、說謊、與詛咒之仇敵。不僅止於讓他瞭解猶太人的信仰是錯誤的，還得讓他明白猶太人百分之百已由魔鬼所掌握……。」以上這段話是路德撰寫《猶太人及其謊言》此書之目的。路德已經說得很清楚，應該無須再多加解釋，讀者可以很明顯地看到路德對猶太人的嫌惡感。

27　Brooks Schramm, "Martin Luther, the Bible, and the Jewish People," in *Luther, the Bible, and the Jewish People: A Reader, edited by Brooks Schramm and Kirsi I. Stjerna* (Minneapolis: Fortress Press, 2012), pp. 3-16, p. 10，引自海默，《路德神話》，第 205 頁。

28　海默，《路德神話》，第 212-213 頁。

《95 條論綱》的威登堡教堂附近。

　　一直到路德去世的幾天之前，那時候是 1546 年的 2 月，他在家鄉艾斯萊本（Eisleben）證道，之後路德發表了《警告猶太人》（*Admonition against the Jews*），裡頭記錄著他對猶太人的尖酸刻薄，這些對猶太人的「惡毒聲明」遂成為這位「名留青史」的宗教改革者的最後遺言。路德對於猶太人的攻擊文本以高密度的頻率發表，「在反猶太誹謗、各種謠言……路德疊加了他原本就熟悉的中世紀基督教思想。正如中世紀的基督徒所說，猶太人是殺死基督的人，這種長期的指控與基督徒認同的新約福音書中〈馬太福音〉27 章 25 節的內容有關……要到 1965 年梵蒂岡第二次大公會議結束，羅馬天主教神學才公開後譴責這種詮釋，但這種詮釋讓猶太人兩千年來一直受到譴責。將背叛基督的猶大視為猶太的象徵……這也是中世紀常見的解經策略。路德喚起人們熟悉的『流浪猶太人』想像，他們在嘲笑十字架上的基督徒被迫要在歐洲流浪……路德寫道，猶太人的苦難是他們頑固拒絕聽從先知的呼喚悔改，又不相信基督的結果和證據。這樣一來，注釋、謠言、神話、恐懼和仇恨，甚至基督徒帶給猶太人的痛苦，都被路德當作殺害猶太人和燒毀猶太教堂的正當理由[29]」。很清楚地，新教在反猶主義這個問題上，保留了中世紀天主教的傳統，並未打算與舊教決裂。

　　在德國，路德的反猶主義在第二次世界大戰期間，讓邪惡的現實變成可能了，最後造成了歐洲 900 萬猶太人中有 600 萬遭到屠殺，海默說得極為道理，她說：「路德成為改革者的敘事在 20 世紀的前幾十年被製造出來，而後的學者也把路德運用在他們推動的民族主義進程上，之後，在法西斯主義的脈絡下，路德生平發表過的反猶言論，萌發成政治上的現實……20 世紀德國的反猶主義敘事，是以路德為原創故事現代性歷史之重要部分[30]。」如果「傳統」的天主教與「現代性」的新教之間的區分被視為合理的，那麼路德與反猶主義又該做出何種解釋呢？這恐怕會是個難題。

29　前揭書，第 212-214 頁。
30　前揭書，第 230 頁。

　　我們可以確定，韋伯對路德有一定程度的認識，畢竟在德國，路德與「現代性」相當緊密地連結在一起，韋伯亦認爲宗教改革之後，德國（或者歐洲）的現代性[31]也跟著到來了。如果韋伯將路德視爲新教的代表性人物，那麼，韋伯的論點之中，是不是就有可能隱含著反猶太主義[32]的想法，這種可能性的確存在。不過，幾乎可以百分之百確定的是，在第一次世界大戰期間（1914-1917），如果韋伯（於1920年去世）提出對猶太人有利的觀點、學說與論述的話，應該也不太容易在當時的學術圈獲得太多肯定的讚美聲才對。因此，或許我們仍然可以做出合理的推論，既然韋伯在其宗教社會學給予新教相當正面的評價，並且生活在反猶主義的氛圍裡，韋伯應該不太可能形塑出對於猶太教過多正面的論點才對。

　　在討論完關於路德的種種事蹟之後，接下來，我們看看另一位宗教改革者加爾文，一位不經意在日內瓦留下來固守改革成果的「改革者」。

加爾文與「他的」著名預選說

　　應該有不少人認爲宗教這個議題在社會科學領域裡長期坐落在邊陲的角落裡，它倒也不是乏人問津，但畢竟也非主流人物所感到興味者，更別提宗教議題之中的「預定論」了。雖然上述這個說法看似有理，但也不是完全正確，因爲古典社會學大師馬克斯·韋伯（Max Weber）曾經讓「預選說」這個宗教議題在全世界討論了數十年，甚至更久。

　　畢竟「預定論」可以說是韋伯研究之中最重要的發現，得多花一點

31　歐洲宗教改革的初始階段，正逢中古世紀甫結束之際，也因此不少學者、知識分子會將宗教改革與「現代性」二者「自動」連結起來。請參照，林治平，《馬丁路德95條論綱發布500週年歷史圖片展導覽手冊》。

　　不過，這種「現代性」可能只適用於歐洲，因爲歐洲在5世紀到15世紀被稱爲「黑暗時期」，大致上是處於停滯的狀態。當然，也有人會主張，即使如此，也不見得沒有任何進步啊！這倒也是。但就算能找到有進步的任何跡象的話，應該也爲數不多才對。

32　對韋伯而言，猶太教與儒教、道教、印度教，以及伊斯蘭教都無法產生資本主義（精神），此一論點是不是能將之視爲韋氏對猶太教的偏見呢？吾人以爲，這並無不可。的確，研究者內心的喜好與否，時常左右著自己心中的一把尺，即使韋伯是社會科學界最常將「價值中立」掛在嘴邊的學者。不過，就吾人所接受的「專業訓練」來看，我們不應該因爲一個人常常說自己的觀點是「客觀中立」的，就不去檢驗其所言之眞實性。

兒時間來分析，因此本節將由以下較多的小節組成。其一，我們先討論大師韋伯與預選說之間的長期糾纏。其二，預定論是否導致其信徒產生焦慮感，而這是路德宗沒有的。其三，我們簡略地敘述一下焦慮感與財富累積的不當連結。其四，預定論並非新教的「專利」，如前所述，天主教很早以前就已經有預定論了。最後，也就是第五小節，我們檢視宗教改革之前與之後的變化，一般而言，大家應該會相信宗教改革之後，總有些變化之處，吾人也認為如此，但是教徒們對於賺錢這件事的態度，改革前與改革後並無太大差異，我們將討論它。以下，我們逐一分析之。

韋伯與預選說的糾纏

　　相信大師韋伯對於資本的累積過程相當感興趣，因為這與資本主義的起源有關，而如此重要的、影響全人類至深且鉅的資本主義，韋伯運用其智慧（或過人的豐富想像力）「證明」加爾文的預選說／預定論讓資本主義得以成長並茁壯，也讓西方長期領先其他地區。應該也可以這麼說，對韋伯而言，是加爾文的預選說「導致」了資本主義精神得以出現，再進而讓資本主義全面展開。再更簡化地說，加爾文的預選說導致了資本主義[33]。

　　談到資本主義，讓人聯想到的第一件事應該是做生意；接下來，會再聯想到需要一筆錢，因為做生意總得要資本。可是，為什麼會這麼簡單呢？社會學雖是一門「聽起來」高深的學問，但高深的學問也不能脫離日常生活。於是，我們得處理「資本原始積累」這個概念，如此的話，我們才能與大師韋伯對話，簡單說，因為韋伯在他號稱「細膩的」

33　話說「雞生蛋、蛋生雞」的問題，不只是日常生活的討論而已，社會科學界裡也有類似的討論。韋伯說加爾文的預選說，使得信徒內心產生了焦慮感，這種有點不太正常的心理狀態，卻在無意間產生了資本主義精神，接下來，經過一段時間之後，由於這種精神的實踐，西方世界累積了非常多的財富，於是就「理所當然」地在世界上扮演領頭羊的角色。簡單說，預選說導致了資本主義，雖然韋伯並沒有說得這樣直接。不過，如果加爾文主義改變了社會，於是讓資本主義的興起有了相對充分的政治、社會與經濟條件，那麼又是什麼樣的條件為加爾文主義的擴張鋪路呢？米蘭・札飛洛夫斯基（Milan Zafirovski）為我們分析了加爾文主義成長的社經條件，吾人以為，札氏是利用其論文在與韋伯唱反調，請參照，Milan Zafirovski, "The Protestant Ethic and the Spirit of Political Power: Sociopolitical Conditions Underlying the Development of Calvinism," *Journal of the Academy Studies of Religion*, Vol. 34, No. 2 (2021), pp. 131-154.

歷史比較研究下，東、西方之所以在數百年來呈現出衰落、崛起的現象，是因為西方有資本主義、東方則無。因為西方有了如此「獨特的」東西——也就是資本主義，那麼其經濟規模應該比傳統市場要大一些，所以資金流通的數量也會比較多，這就與資本積累有關了，吾人以為，韋伯對於事物的起源頗感興趣，所以他認為自己應該找到這個世界上，也就是全人類最先累積到「第一桶金」的人或群體到底是誰，而韋伯認為，他們就是宗教改革後的新教徒。

　　談到「資本原始積累」，大致上，可以分為兩類，一類是容許使用暴力的分式，一類用相對和平的方式進行。前者是馬克思（Karl Marx）的觀點，利用暴力將生產資料與直接生產者之間的關係切斷，財富因此很快地集中在少數的資產階級身上，這一類強調的是資本積累的歷史過程。後者則可以用亞當‧斯密（Adam Smith, 1723-1790）的原始積累——也就是「預先積累」——來代表之，此過程並不包含暴力，它相對和平，相信多數讀者喜歡這樣的積累過程，包括大師韋伯都是，在這個過程當中，有一群工人相對勤奮——也許在某種宗教教義下產生的精神力量之推動下——而逐漸累積了財富，原始積累的過程遂平和地完成了，而且因為工人們普遍接受競爭關係下所產生的貧窮問題，所以賺不了錢的工人們大致上也能接受這樣的結果。可想而知，韋伯喜歡的是用和平的方式來累積資本，謝某依稀記得，韋伯曾經說過，使用暴力來累積資本的方式是不划算的。不過，關於資本主義與暴力兩者之間的關係，吾人倒是有不同的看法，筆者曾在上個世紀中葉至2010年代中葉於現代世界經濟體系學派（The Modern World-System School）學習，記得上課時，該學派的創始人伊曼紐‧華勒斯坦（Immanuel Wallerstein, 1930-2019）告訴學生說：「資本主義的勞動力從來都不是自由的。」可惜，課堂上的發言找不到頁數，引用上可能有些瑕疵，多少讓人覺得遺憾。

　　接下來，我們再將韋伯的論述闡釋地更清楚些。為何韋伯與預選說糾纏不清呢？畢竟新教徒——具體而言為加爾文教派——是韋伯認為的世界上「第一桶金」的儲存者與擁有者，那麼，為什麼加爾文教宗的信

徒比其他宗派的基督徒更願意將時間投入在賺（更多）錢的行業，或商
業活動之中呢？具體而言，西方在宗教改革之後，新教徒在預選說的教
義之下，一方面想證明自己是上帝早就選擇的人，所以韋伯告訴我們，
教徒只能利用賺錢來榮耀上帝，而在榮耀上帝之後，似乎只能藉由賺更
多的錢再（進一步）榮耀上帝；但另一方面卻又遇到尷尬的局面，即使
是已經賺到了不少錢的人，也榮耀上帝不少次了，但還是無法確定自己
百分之百就是上帝所選，可以十分確定地得以享受上帝的恩澤。於是，
教徒心中時不時地處於一種焦慮的狀態，而這種心理狀態非常重要，因
為韋伯認為它催逼著教徒持續外出去賺錢，不小心讓資本主義在出乎意
料之外的狀況下在西方世界產生了，韋伯先生認為這是西方世界領先的
原因，具體而言，是資本主義讓西方長期地走在最前面。那麼，資本主
義（精神）又是如何興起的呢？源自加爾文宗信徒心裡的內在緊張性，
一種讓人不安的焦慮感，一種讓人想賺更多錢的渴望。

　　然而，預選說絕對不是韋伯所說的，是加爾文所獨有，當然，也
不是新教徒才相信此教義。事實上，這樣的說法，只是再一次證明韋伯
過人的想像力而已，因為預定論／預選說根本不是新教的「專利」，不
能用此教義來區分舊教（天主教）與新教（加爾文教派等）。天主教的
教義中也有預定論，它並非如韋伯所言，是新教的專利，並且為新教中
的加爾文教派所獨有。一般以為，新教與天主教在宗教改革之後就徹底
「決裂」了，二者水火不容，因此難以溝通。此外，因為韋伯的關係，
一般還認為，預定論是在宗教改革後才出現的，可以視為新教與舊教的
區別，一個並不是太小的差異。然而，事實上，預定論並非新教的新
創，加爾文也不會是第一個，或是韋伯所認為的、唯一擁護此說的神學
家。以下這段話並非與我們的議題直接相關，但已足以提供給我們一個
概梗，一個關於預定論的說法：

　　探討加爾文這個人有其必要，因為數世紀以來，有關他的論
　　證幾已變成歷史定論……現今對加爾文與加爾文主義的主
　　流觀點，相當程度左右了美國歷史的詮釋，給新英格蘭殖民

地加上憂鬱與壓抑的污名，但在清教徒時期〔指18世紀之前〕，此地區相對於南方、英國與歐陸卻是顯著的自由與革新，抑鬱寡歡的刻板印象大多是推測自一般認為的預定論。在此應該點出，從奧古斯丁（Augustine）至加爾文同時代的依納爵‧羅耀拉（Ignatius Loyola）等基督教思想家均相信預定論，所以他這個觀念並不如大家所想那樣，在基督教世界獨樹一幟[34]。

先前，我們曾經提到奧古斯丁是天主教的重要神學家，自奧氏開始，天主教就已經有了預定論了，無須等到新教的加爾文，上面這段話是這樣說的，加爾文也好，他同時代的羅耀拉也好，他們都相信預定論。

不過，為了進一步討論加爾文教派信徒的焦慮感，我們還得假裝一下韋伯的論點是對的，那就是：只有加爾文宗才相信預選說。當然，討論大師的傑出論點時，還得裝出相信其錯誤論點，這也許是社會科學的悲哀吧！

新教徒的焦慮感

並不是所有新教徒都能產生這種「有價值」的焦慮感，此種「獨特的」焦慮感會讓新教徒的內在緊張起來，之後努力地賺錢來證明自己是上帝的選民，為上帝所選或為上帝所棄，這是上帝早就決定的事，無從得知。也因此，教徒只得持續不斷地證明自己比其他教友更「像是」上帝的選民，這似乎是信徒安心的唯一方式，所以只好出門再去賺更多錢，而賺了更多錢的信徒比起那些相對窮得可憐的教徒而言，也會更加地相信自己才是能夠榮耀上帝的人。當然，苦哈哈的新教徒也不是沒有好處的，至少他們可以不必先透過放棄享受這種「痛苦且沒人性的」過程就可以直接達到禁欲的境地。那麼，這種焦慮感到底在哪些人的身上呢？韋伯這次又為我們發現了什麼呢？

開門見山地說，韋伯看出了比起馬丁‧路德這位宗教改革的先鋒，

34　羅賓遜，〈前言〉，第9頁。

在時間上稍稍落後的加爾文的信徒，無論是在行為上、或是在其心態上似乎皆表現的與路德宗有所不同。韋伯深信著若要瞭解人群的社會行動，就得先探查他們的動機。具體而言，韋伯宣稱他注意到，但別人卻忽略掉了的重要區別，加爾文宗的信徒內心有一種焦慮感，在預選說教義底下的日常生活之中，此焦慮感源自於一種不確定性，不確定自己是上帝的選民，或是上帝的遺棄者，韋伯認為路德宗沒有，而且加爾文教派是（全球）唯一讓信徒的內心感到緊張的新教分支，其他教派的信徒沒有這樣的心理狀態。但這是事實嗎？路德宗信徒從未聽過預選說嗎？預定論教義下產生了不安嗎？天主教原來的教義裡真的找不到預定論的影子（說法、教義）嗎？吾人以為宗教不是應該讓人感到內心安定的嗎？為何在信仰了宗教之後，非但沒有平靜的感覺，反而產生了焦慮感，而且這種焦慮感會一直持續著──大師這樣告訴我們，就算是信徒真的賺了大錢也是一樣，還是無法確定自己是上帝所選或所棄的，因為它早已註定了[35]。如果是這樣的話，不信（基督教）的非西方人，反而可以過得悠哉一點，當然，如果非西方人內心會產生焦慮感的話，比較可能的原因應該不會是信了某種宗教之後，因為教義之中的某種觀念所造成的，而是例如在他們生命中的某個難以預測的時間點，西方人會帶著先進的武器而來，入侵自己的土地，接著是無情的殺戮與掠奪，畢竟歷史也曾經這樣寫。凡人應該都會有焦慮感的產生，韋伯看到了加爾文教派的信徒們內心的焦慮，但是這樣的焦慮感竟然造成了西方崛起──因資本主義的產生，相對地，非西方就「自然地」落後了。這麼說，一群人的焦慮感讓西方扶搖直上，另一群人的相對樂天卻造成了東方一蹶不振。不過，言歸正傳，假定韋伯看到加爾文宗的信徒們內心的憂愁的確存在，也沒有任何解決的辦法，此時韋伯認為這還不夠「獨特」，他還為其加上了一個條件，一個不容許其追隨者懷疑的條件，那就是：這種焦慮感是路德宗所沒有的，只存在於加爾文教派的信徒的內心裡。

　　然而，如此「獨特的」、「有價值的」焦慮感真的存在嗎？韋伯似乎忘了證明，或者他原本想證明的，但是因為某種緣故而無法完成，

35　關於新教待的焦慮感之相關議題，亦可參閱本書之附錄二〈清教徒的憂鬱〉。

所以過了一個世紀之後，我們沒有看到加爾文宗信徒內心焦慮的證據。不過，我們倒是有一個旁證，它可以說明如果連比起加爾文教派信徒生活的嚴謹、刻苦程度有過之而無不及的清教徒的內心都產生不了焦慮感了，只有加爾文宗的信仰者才能產生內在的緊張，這就啓人疑竇了。吾人以為，唯一的可能性，便是韋伯具有卓越、超群的想像力。為了知道加爾文宗信徒內心是不是「通常」或「總是」處於焦慮的狀態，我們得瞭解一下清教徒這群人，因為有一旁證與清教徒有關。但在這之前，請容謝某再次提醒讀者，前述的焦慮狀態還不能是別的原因，一定得是因為無法確定自己是不是上帝的選民所產生的緊張性。

　　清教徒（Puritan）原自於拉丁文 *Purus* 這個字，它是「清潔」的意思。嚴格說起來，清教並不是一個新的宗派，其成員大部分屬於英國國教，該教之宗旨是想要清除掉英國國教裡的羅馬公教會儀式的改革派新教徒，他們受到加爾文主義之影響，相信預選說。清教徒在瑪麗一世（Mary I）統治時期（1516-1558）的後半時間流亡歐洲，之後部分移居美洲。從上述簡單的介紹之中，我們可以大略地瞭解，清教徒是新教的一支，大部分的成員原本多於英國國教，受到加爾文主義不小的影響，更重要的是，清教徒相信預選說，雖然他們不屬於加爾文宗，但是深受加爾文主義的影響，特別是清教徒相信自己是被上帝所選擇的，或是遺棄的人，這是早就決定的了。因此，檢視清教徒內心的焦慮感是不是如韋伯所言持續地存在，這個問題至關重要，而且這個「旁證」應該是有說服力的。學者馬歇爾・那蓬（Marshall Knappen）在其《都鐸時代的清教主義》一書中，研究了都鐸（Tudors）時代清教徒的神學相關著作之後，並未發現教徒內心有著韋伯認定的焦慮感[36]。雖然，這裡僅僅用了那蓬的一個研究而已，但是既然韋伯宣稱了加爾文宗的信徒長期處於內在緊張之心理狀態，那麼我們只需要找到一個、或少數幾個篤信加爾文預選說的清教徒，他（們）並沒有為無法確定自己是上帝所選（或所棄）而產生之焦慮感所苦，在方法學上，就足以推翻韋伯的論點

36　Marshall Knappen, *Tudor Puritanism. A Chapter in the History of Idealism* (Chicago: University of Chicago Press, 1939)，引自林錚，〈從新教倫理到資本主義精神〉，第 11 頁。

了。韋伯告訴我們，沒有焦慮感，就不可能努力追求金錢，也就不可能產生資本主義精神，更不用說資本主義本身了。看到這裡，讀者應該可以感受到韋伯是一位名符其實的心理學化約論者，他想要回答東、西方歷史在比較上應該是最重要的問題——西方的崛起（東方的衰落），韋伯的答案竟然是某一群新教徒內心的焦躁不安。

再者，雖然目前尚無法證實，但韋伯看到的加爾文宗信徒的內心焦慮，可能只在少部分人的身上而已，包括加爾文本人，「加爾文多半被視爲宗教極權主義者，將偏狹、做作、愚民政策與苦修主義強加在信眾身上，而且還有一種形而上焦慮的工作狂熱[37]」。這短短的幾句話告訴我們，加爾文教派裡頭，可以確定有焦慮感（因爲工作太多、太雜、太難）的人正是加爾文本人，這是目前筆者謝某在各種有限資料下，能夠找到的證據，但吾人相信，加爾文的焦慮感與預定論的關係不大，所以加氏應該沒有賺到大錢來榮耀上帝。綜合以上的分析，韋伯所認定加爾文宗信徒的焦慮感——足以產生資本主義（精神）的要素——並無證據支持，韋伯將某一宗派信徒內心的不安連結到資本主義的產生，吾人以爲，這可能只是他自己的突發奇想，或者它是韋伯運用其豐富想像力建構出來的、不眞實的心像（心中想像）而已。

焦慮感與金錢的不當連結

韋伯認爲新教徒因爲預選說的關係，長期處於不可能確定自己是否爲上帝預選的子民，成爲被神恩所庇護者，抑或是被上帝所詛咒者，於是乎，內心遂一直處於焦慮的狀態。此種心理狀況，以現今的角度來觀察的話，相信大多數的人會將它視爲一種疾病，應該要尋求身心科專業醫師的協助。在韋伯生存的年代，身心科的診斷應該不像今天這麼發達，新教徒內心之焦慮不可能交由專業人士來排除，而長時間在一種焦慮的狀態，韋伯告訴我們——在他自己也感到訝異的情形之下——這樣「獨特的」焦慮逼迫新教徒只能經由賺錢來榮耀上帝，而不小心存下第一桶金。

37　羅賓遜，〈前言〉，第 6 頁。

　　之後，這群有生意頭腦的新教徒再利用這第一桶金，投資各式各樣的、能賺更多錢的行業，然而焦慮感不可能因爲賺了錢而消失，於是教徒只能想盡辦法賺更多錢，讓自己相信死後會站在上帝指定的、獲得救贖的那一邊，可想而知，賺了錢又不享樂，只想著再賺更多的人，應該算是勤勞的人[38]。能否得到救贖，死前當然永遠無法確定，死後才可以，但到了那個時刻，想賺再多一點錢也不可能了。這樣的焦慮感對信徒個人似乎是不好的，因爲它讓人時不時地處於憂鬱的狀態，然而這樣的焦慮感，對於世界——特別是西方世界——差不多是天上掉下來的禮物，韋伯告訴我們，歐洲在不知不覺之中——就連他自己一開始都沒看清楚——成了資本主義成長的溫床，當然，韋伯不可能不知道歐洲並非鐵板一塊，就連最偏僻的地方都足以長出資本主義，他所指的當然是新教徒這群人，這群信仰新教者與堅守著舊教（天主教）的信徒對於金錢的看法南轅北轍，前者追逐利益的心完全被解放了，不再受到拘束；後者則因爲教義的牽絆，阻止信徒追求更大、更遠、賺更多錢的目標[39]。

38　摩門教或摩門主義的信徒非常勤奮，其程度至少應該不下於加爾文宗信徒，然而他們過著勤勉生活，絕對不是因爲内心產生了焦慮感，請參照，Edward T. Oakes, S. J., "Predestination in America," *Nova et Vetera* English Edition, Vol. 8, No. 3 (2010), pp. 683-702.
　　這裡尚且衍生出其他與韋伯論點有關的問題，其一，勤勞的人應該很多，爲何韋伯看到的加爾文信徒比較有錢，而其沒看到的有錢人呢？其二，勤勞的人未必能賺比較多錢，也可能僅能糊口而已，更何況，還有很勤勞的人每月仍然是入不敷出的狀態。其三，應該有一些内心很焦慮的人，根本沒有能力外出工作，在找不到或無力負擔身心科醫生的情形下，充其量也只能成爲啃老族而已，家裡如果有「第一桶金」的話，也應該早就用完了。以上，這些問題有哪一位韋伯的支持者願意幫忙回答呢？應該不容易找到這樣的人。

39　韋伯似乎不曾關心過荷蘭這個大部分由加爾文教派信徒組成的國家，或者他知道這件事，但是不願意說出來，因爲說出來之後，對於他的論點可能造成某種程度的危害。具體而言，韋伯希望他看到的歐洲資本主義，是因爲理性化引起的制度改革，包括他最熟悉的法律，對於資本主義運作最有幫助的形式理性的法律，而不是歐洲國家藉由侵略非洲、新大陸原住民的土地，來圖利自己。荷蘭這個國家在17世紀時成了全球奴隸貿易的龍頭，其國民的主要信仰正是加爾文教派的新教，可想而知，在荷蘭的加爾文教派的信徒似乎頗相信容許以鄰爲壑的重商主義，雖然宗教改革之時，應該尚未出現這樣的概念，然而吾人相信，這應該是加爾文教派信徒們同時信仰了新教以及重商主義所造成的結果吧！？
　　不久前，荷蘭國王終於爲過去自己在奴隸貿易扮演如此重要的角色，向非洲爲數眾多的受害者遺族道歉，這是新教徒爲了賺錢榮耀上帝，爲自己在救贖的那一邊找到一個位置站立，而讓非洲「奴隸」遭受家破人亡、妻離子散的人間悲劇，因此在數百年之後，荷蘭國王終於道了歉，不知道韋伯若獲得了這樣的資訊，會如何修正其論點呢！關於荷蘭國王向奴隸貿易受害者遺族道歉一事，請參照，陳煜濬，〈荷蘭國王爲奴隸制黑歷史道歉！盼反人類罪獲寬恕 受害者遺族這麼看〉，周刊王 CTWANT，2023 年 7 月 3 日，https://tw.stock.yahoo.com/news/%E8%8D%B……，檢索日期：2023 年 7 月 27 日。

　　當然，韋伯是位有名的大師級人物，其研究不可能只停留在新教倫理促進了教徒們產生所謂的「資本主義精神」之後，資本主義就毫無困難地在歐洲興起，隨之而來的便是這個地區長期地領先非歐洲地區。對於資本主義的相關研究當中，韋伯的重點雖然不能說不是在某種倫理或精神的產生，但是至少和前述重點一樣重要的是：歐洲經歷過其他地區所沒有的「理性化」（Rationalization）過程。

　　韋伯堅定地認為只有西方才經歷過理性化過程，這是其他地方所無，其源頭是新教倫理，或者更進一步地說，是預選說促成的，因為教徒在所謂的「入世禁欲主義」底下，在永不間斷的焦慮感的催逼之下，只能靠賺錢來榮耀上帝，而且就算是已經賺得比其他教徒多出不少了，但這還是不夠的，因為焦慮感還起著作用。韋伯說：資本主義精神在這群教徒的身上被找到了，資本主義在偶然間產生了。大部分的學者在面對這種難以進行分析的「偶然性」時，乾脆就相信韋伯，畢竟相信大師的話，出錯的機會相對較小，但話雖如此，未必每次都是那樣地幸運[40]。

　　以上是韋伯告訴我們的，也希望我們深信不疑的論點。我們應該要記得的是，韋伯相信預選說是加爾文教派獨有的，在其他的教派、神學家是很難發現的。正確地說，對韋伯而言，預選說是加爾文教派與眾不同之處，其他的地方根本不可能找到。韋伯努力地想讓我們相信，預選說讓信徒產生焦慮感，而正是這種焦慮感無意間產生了資本主義精神，這就是韋伯所謂的新教倫理。再說得更簡單一些，因為韋伯似乎是

40　不過，雖然過去的數十年裡，全球各地相信韋伯的學者大都或多或少地享受著名利之快樂的學術生活，主因在於來自世界上不同地區的學者在前往西方——特別是韋伯的祖國德國——留學返國後，將「最新」的知識介紹給本國學生時，通常學生會投以極羨慕之眼光，畢竟能接觸到西方頂尖知識的人不是太多。留學海外、學習韋伯論點的學者，幾乎都能夠在自己國家的學術界享有聲譽。但是，這樣的情形在 2010 年代中期之後，應該會有些改變了，因為筆者自那時候起到 2020 年代初期，已經寫完 4 本批判韋伯的大作，簡言之，韋伯雖貴為「東、西方歷史比較研究大師」，但是他對於東方（中國）所知甚寡，其多數論點簡直讓人噴飯。此處，不是詳細深入探究韋伯學說的適當時機，有興趣者，請參照，謝宏仁，《社會學囧很大 1.0：看大師韋伯如何誤導人類思維》（台北：五南圖書，2015）；謝宏仁，《社會學囧很大 2.0：看大師韋伯為何誤導人類思維》（台北：五南圖書，2018）；謝宏仁，《社會學囧很大 3.0：看大師韋伯因何誤導人類思維》（台北：五南圖書，2019）；謝宏仁，《社會學囧很大 4.0：看大師韋伯奈何誤導人類思維》（台北：五南圖書，2022）。

喜歡化約論的，因此預選說——也就是預定論——是西方長期領先的根源[41]。

宗教改革之前與之後

　　爲何要分前、後呢？就結果而言，應該會讓人看到與以往不同的情形才對，因爲有差異，前與後的比較才會有意義，否則的話，就不需要去區分先前是如何、而後來又變成了什麼模樣了。

　　不過，並非每件事都是如此的，比方說社會科學裡，宗教雖然不是主要的研究領域，但是倒也吸引不少學者願意花費時間與精力貢獻在這個領域裡。是故，對宗教議題有興趣的研究者，必然會留意到宗教改革這件歷史上的大事才對。我們的先師韋伯正是這樣的人，他之所以贏得普遍的尊敬，部分原因就是在於研究這個議題有成，因爲宗教改革之前、之後，韋伯看到了全人類的資本主義（精神）首次在新教徒的身上出現了，西方因爲資本主義而領先了非西方世界，當然，歸根究底地說，因爲有了宗教改革，新教徒開始放開心胸賺大錢，無意中累積了歐洲的第一桶金，然後這些人因爲某種神學信念而不願意花錢享樂，「違背人性」地拋棄揮霍的機會，將錢再投資於可能賺更多錢的事業上，再加上社會方方面面的理性化，所以非西方再也沒有機會追上西方世界了。很清楚地，韋伯與他的論點之支持者都相信在新教徒的身上才可能發現資本主義（精神），其他地方沒有同樣的東西，宗教改革讓人心變了，變得比以前更敢賺錢了，因爲教徒必須用錢來證明自己是上帝的選民，因爲信徒被——神職人員（吾人這樣猜想）——告知，在預定論的教義之下，信徒根本不可能用任何方式得知自己是否爲上帝所選擇的幸運者，因此韋伯告訴我們，信徒們內心長期處於焦慮的狀態，也就是內在緊張性，催逼著信徒不斷地藉由賺（更多）錢來讓自己增加信心，同時也榮耀上帝，爲什麼呢？因爲這可能是神職人員與平信徒想得到的相

41　這樣的說法，會讓西方領先的時間稍微縮短一些，因爲宗教改革發生在 16 世紀初。不過，西方都已經領先那麼久了，西方學者應該不會那麼計較才對。不少學者認爲西方自 15 世紀末，也就是哥倫布發現新大陸之後就開始領先了，請參閱，Immanuel Wallerstein, *Historical Capitalism* (London: Verso, 1983)；丹尼爾・弗格森（Niall Furguson）著，黃煜文譯，《文明：西方與非西方》（台北：廣場文化，2019），以及教育部 108 高中歷史課綱（世界史部分）。

對簡易之「評分」方式而已。只是，就算是獲得了「高分」，也不能確定那就是自己心中想要的答案。

如果信徒的財富累積得愈多愈能吸引上帝的目光，那麼，宗教改革應該可以說是個大失敗呢！為什麼這樣說？眾所周知，教廷宣稱自己在人間代表上帝的旨意，人都有罪，而且應該要透過教廷（及其代表）來贖罪，再加上長期以來教皇、主教們的揮霍無度、揮金如土，販賣贖罪券遂變成了資本累積（或者也可以稱之為「資本的原始積累」），教皇的富裕程度，未必是韋伯眼中富有的新教徒們可以比得上的。

話說回來，宗教改革以前，贖罪券買得愈多的信徒，想必會更受到教皇、主教與神父的關愛眼神，而且舊教的信徒深信這眼神也是上帝的眼神。當時，雖然有不少人持反對看法，但既然教廷是上帝在人間的代辦中心、教皇是上帝的代理人，那麼對舊教而言，財富累積得愈多，信徒的罪將被赦免得愈徹底；對新教——也對大師韋伯——而言，經過「努力」（無論是合法也好，非法也罷；或者符合道德要求也好，將受道德譴責也罷）之後，累積愈多財富，但又很會克制自己不「過度」花費在吃喝玩樂之上，將身上數目龐大的金錢透過某種方式——例如捐土地給教會、蓋出又大又高的哥德式大教堂、花錢請神父們去北方旅遊等——讓上帝充分瞭解自己有多少錢可以榮耀祂，這幾乎已經保證了這位有錢的新教徒死後在天堂上、在上帝旁將會有一個頗舒適的座位。這的確讓人羨慕，無論是對活著的人，或是對那些已經往生但還在排隊等座位的人而言。這麼說，宗教改革之前、之後，對於信徒而言，金錢的重要性還真是不言而喻啊！

談論完了這個相對冗長的「小節」，吾人以為，韋伯數十年來，因為其豐富的想像力而導致我們對於加爾文以及其預選說所產生的誤會，至少得以澄清一大部分才是。

宋巴特與韋伯的對話

如果經濟倫理不可能是推動著一群人去努力賺錢的主要因素的話，那麼，其他的原因是不是也可以考慮看看呢？例如，身處於德國反猶太

主義盛行期間的學者維爾納・宋巴特（Werner Sombart）或許值得我們注意，因爲他的主張與筆者謝某的看法類似，也認爲某一群新教徒未必如韋伯所言，就是資本主義（精神）最先出現的地方[42]。換句話說，其他的因素也可能推動資本主義之出現。此一小節中，我們討論四個子題，其一，「知識」的流傳與社經大環境的關係；其二，奢侈品與資本主義的緊密連結；其三，戰爭與資本主義之間的關係亦值得我們留意之；其四，是否如宋氏所言，新教倫理源於猶太主義？當然，這個問題讓人想到了，是不是宋巴特也如同韋伯那般地喜歡化約論呢？吾人以爲，應該不是，如果是的話，宋氏也無須花時間、精力去釐清奢侈品在資本主義中扮演的角色，對戰爭與資本主義的關係也是如此，這一小節之中，吾人亦補充一些猶太人與資本主義之間的親合關係之證據。

知識的傳播與環境

　　所謂「知識」不見得是眞理，而是學者在知識傳播的某個環節中勝出了，使其支持者可以將「主流」的論點向外散播。因此，在我們談論宋巴特的論點之前，或許我們也應該大略地瞭解一下，韋伯的論點比起宋巴特更吸引人，並且流傳得更爲久遠的原因，其主因可能無關於韋伯的論點是否較合理，或者其方法論較紮實，而是與學術界當時的氛圍與權力鬥爭有關。事實上，誠如華裔美籍學者孔誥峰（Ho-Fung Hung）所言，「想法〔ideas〕之盛行與退化是由不同的〔學術〕敵對網絡之間的競爭結果所決定。想法的變化〔則〕與政經情況相連結，其間之兩步驟的因果關係是，第一，『政治與經濟的變化導致了〔那些〕支持知識分子的機構〔material institutions〕——像是修道院和大學——之興起與衰敗[43]』。其次，〔某些〕網絡結盟〔是〕爲了爭取新進重組後的學術領域空間〔以便在其間活動〕。換句話說，政經情勢的變化對於想法

42　維爾納・桑巴特（宋巴特）（Werner Sombart）著，艾仁貴譯，《猶太人與現代資本主義》（上海：上海三聯書店，2015）。

43　Randall Collins, *The Sociology of Philosophies: A Global Theory of Intellectual Change* (Cambridge, MA.: Harvard University Press, 1998), p. 380，引自 Ho-Fung Hung（孔誥峰），"Orientalist Knowledge and Social Theories: China and the European Conceptions of East-West Differences from 1600 to 1900," *Sociological Theory*, Vol. 21, No. 3 (September 2003), pp. 254-280, p. 256.

〔與知識〕的生產所引發的衝擊是*間接的*[44]〔斜體爲原文所有〕」。上述的段落中，至少有以下兩點值得我們進一步思考之。

其一，韋伯在過去的一個世紀裡，其所獲致之聲譽「完勝」了宋巴特的理由，極可能是因爲宋巴特的論點根本不可能在反猶太主義氛圍下得到廣泛的支持，即使宋氏之論述再怎麼合理都會是如此的結果，因爲韋伯在如此的學術環境，與宋巴特論戰後得到勝利只是預料中的事而已。稍後，我們會證明宋巴特的說法，也就是資本主義的興起與奢侈品的消費有關，這說法有其歷史的根據，似乎亦不無道理。吾人以爲，韋伯的聲名遠播，非宋氏所能比擬者，此與韋伯的論述之合理性很可能無甚關聯。其二，當時德國的政經情勢已經使得猶太人成爲代罪羔羊，宋巴特的論點之中，強調了猶太主義對資本主義的促進作用，並且有利於資本主義興起的奢侈品消費，其中有一大部分是由猶太人所掌控，這好像在讚美猶太人對全球經濟的促進作用，至少就某一方面來講的確是如此。試想，在當時，宋氏這樣的論點，如何能在反猶太主義盛行的德國擴大其學術網絡呢？應該不可能，因爲當學者自己的論點與當時流行的風潮相左時，其論點應該難以被接受才對[45]。筆者謝某以爲比起宋巴特而言，韋伯當時能夠撐起的學術網絡一定比宋氏大得多，願意與韋伯結盟的學術團體應該會多出不少，願意在財務上支持韋伯及其學術聯盟的修道院與大學，必然也會遠遠多過願意給予宋氏幫助者。我想，這是當年韋伯之所以「成功」的原因之一。現在，我們先談談宋巴特與韋伯不同的主張，首先是關於奢侈品與資本主義的關係，接下來再談戰爭與資本主義之間的緊密連結。

---

[44] Hung, "Orientalist Knowledge and Social Theories," p. 256.

[45] 事實上，宋巴特並不支持猶太人，「因爲如韋伯等人當年對猶太人也無好評」，宋巴特「晚年仍在譴責猶太人在資本主義發展過程中的作用，破壞前現代的生活」。請參照：晏小寶，〈前言〉，維爾納・桑巴特（宋巴特）（Werner Sombart）著，晏小寶譯，《戰爭與資本主義》（上海：上海人民出版社，2023），頁1-31，第20、22頁。

就學術研究而論，吾人以爲，宋巴特至少比較不受到自己對猶太人的偏見之影響，就資本主義的起源這個議題上，因爲從歷史的角度來看，我們不太可能拒絕承認資本主義的起源與長距離的奢侈品貿易有關，同時，我們也不容易拒絕戰爭的確是累積資本最快速的方式，因爲自19世紀之後，西方列強在中國的侵略行爲，難道不是很明顯的例子嗎？其中的第一個戰爭，也就是鴉片戰爭，就足以說明戰爭對於西方世界資本累積的貢獻有多大了，我們稍後會仔細地討論這個議題。

奢侈品與資本主義

　　宋巴特注意到了歐洲在中世紀時期的重要變化，他認爲中世紀早期的財富差不多全部是由地產所積累，然而到了後期，也就是 13、14 世紀發生了較大的變化，從這個時候開始，巨額財富不再是從封建關係[46]聚集起來，他認爲此時期應該用「資本財產」來描繪之，這樣的進程是從義大利開始的。之後，於 15、16 世紀時，在德意志也發生了同樣的事，17 世紀荷蘭則在遠東開闢了新的財源，於是歐洲不少國家、地區產生了暴發戶、中產階級，這些人就像騎士那樣地開始模仿起宮廷的華麗生活。是故，宋巴特這位韋伯舊時的同僚，對尼德蘭（荷蘭）經濟有不同看法，宋氏認爲是猶太人支撐著該國的經濟，而非新教徒[47]。吾人以爲，看起來，相較於韋伯，宋巴特應該不至於受到化約論的影響（太多），雖然我們在稍後的章節也會看到，宋巴特認爲新教倫理源自猶太教，這似乎落入了與困住韋伯的同一個陷阱裡，但也許宋氏有其爲難之處也說不定。

　　簡單來說，對宋巴特而言，資本主義應該不是由某種經濟倫理所驅動，而是「奢侈的產物」，宋氏有兩本重要的書，其一是《奢侈與資本主義[48]》，其二則是《戰爭與資本主義[49]》。這裡，我們檢視一個未曾發生在中國的例子，一群封建時期特殊身分的人，也就是騎士，他們在中世紀後期的生活發生了什麼變化，騎士們之奢侈浮華的人生，使其生活變了樣。宋巴特認爲每當資產階級的財富陡然巨增，歐洲各國就可以看到貴族們在仿效新的暴發戶的奢侈行徑，在 15 世紀的德國，「野蠻和女人氣的華麗服飾就成爲騎士的特徵」，當時騎士過度揮霍於華麗的衣服，最後導致了騎士長期負債的主要原因。當時一位衛道人士大聲疾

46　可以說，封建關係並不存在於中國。至今，中國學術界裡使用「封建」一詞通常指的是「傳統」中國，「封建」一詞是形容詞，用來描繪中國的「落後」、「傳統」之景象，而與現實的關係不大，或者說，幾乎沒有關係。

47　Werner Sombart, *Le bourgeois* (Paris: Payot, 1966)，引自林錚，〈從新教倫理到資本主義精神〉，第 11 頁。

48　維爾納・桑巴特（宋巴特）（Werner Sombart）著，王燕平、侯小河譯，《奢侈與資本主義》（上海：上海人民出版社，2021）。

49　桑巴特，《戰爭與資本主義》。

呼：「正是服飾的昂貴毀了我們德意志土地上的騎士……他們企圖模仿市鎮裡的商人那樣裝模作樣……然而他們卻沒有商人所擁有的錢財。」因此，騎士們不斷舉債，而受制於發放高利貸的猶太人或是猶太基督徒[50]。

　　上述諸如此類的現象，也就是宋巴特在歐洲發現之寶貴的、甚至「獨特的」經驗，事實上也可以在更早的東方世界發現，只是人物不同、物品不同，但是炫耀的心態應該差異不是太大[51]。加拿大學者卜正民（Timothy Brook）在《縱樂的困惑》一書中提到：

> 即使生活在明代中葉的商業環境裡，大部分士紳知識分子未必就會採取推崇商業的態度。但是在這樣〔富裕〕的環境下，商業把越來越多的貨品種類帶進士紳的圈子裡，而士紳們對此就並不抗拒。他們愉快地將這些貨品吸納到他們鑑賞精緻物品的文化消遣活動之內，這也同時刺激了貨品的生產[52]。
> 明代中葉的作者中，很少人能寬容地看待他周圍的轉變〔指商人與士紳階級紛紛學習時尚的奢華作風〕，但是，就有那麼幾位人士的確如此。其中一是上海的士紳陸楫（1515-1552），他贊同奢侈，不反對它。因爲無法用道德來爲奢侈消費的合理性辯護……陸氏選擇以經濟的角度去論證消費是一件好事的觀點，他認爲大商家和富户（像他自己）「彼以

50　桑巴特，《奢侈與資本主義》，第 167、168 頁。
51　韋伯與宋巴特當然都沒有注意到 16 世紀宗教改革之後，東方最強盛的王朝是明朝（1368-1644），吾人以爲，明朝的士紳階級，其生活已經「過度」奢華了。大明帝國的第二次經濟繁榮時期是在 16 世紀末與 17 世紀初，此時，明朝這個王朝的「國家機器」應該不弱，而且在國際貿易上的表現都是順差，因爲賣給西班牙相當多的高階產品，像是絲綢、瓷器等，特別是前者。不過，生活在 19 世紀中葉之後與 20 世紀前半段的這兩位著名的德國學者，在當時，應該對於 16、17 世紀的中國興趣缺缺。也就是說，韋氏與宋氏都是在歐洲中心主義的思維下發展其論述，對於東方（中國）的不瞭解，應該是在預期之中。不過，我們先假定兩人的爭論仍是有意義的。
　　後來，在經濟倫理的出現必須是在資本主義之前這個看法，宋巴特可能比韋伯走得更遠了，從某個角度上來看，宋氏在猶太教裡找到了「更早的」資本主義精神，並且用此來質疑韋伯的新教倫理。
52　卜正民（Timothy Brook）著，方駿、王秀麗、羅天佑譯，《縱樂的困惑：明代的商業與文化》（桂林：廣西師範大學出版社，2016），第 152 頁。

梁肉奢，則耕者庖者分其利，彼以紈綺奢，則鬻者織者分
其利」。陸氏對他自己的觀點充滿了信心，他引述孟子關於
平衡剩餘與需求的說法以總結其所論。如果陸氏並不注意消
費的道德層面，那也許是由於他作為 16 世紀上海的主要地
主——士紳家族的繼承人，他安然處於這樣的位置，並安心
地相信，財富不必是一種道德負擔[53]。

首先，上述的段落讓吾人想起了老一輩人常說的兩句話：「理想是一
回事，現實是另一回事。」這兩句話，好像是要年輕人務實一點，但
此時，似乎也可以用來分析奢侈品消費這件事，怎麼說呢？雖然韋伯告
訴我們，新教倫理不同於世界上其他的經濟倫理，包括儒教倫理，然而
對於奢侈品的消費，新教倫理與儒教應該是大同小異的，在理想上，新
教倫理與儒教倫理都要其信徒不要過奢靡的生活，但在現實生活中，怎
樣才能讓有錢人可以區隔一般平凡的、沒有多餘財錢享受生活的老百姓
呢？富裕的新教徒，若是和韋伯所說的一樣，不愛享受、將金錢拿來榮
耀上帝、重建禮拜上帝的場所，讓它變成一個富麗堂皇之地，只因為教
堂與上帝有關，所以再怎麼奢侈、浪費，都不算數嗎？從小在儒家倫理
薰陶下長大的商人之子，長大後準備繼承家業，就像陸楫那般，早已經
習慣附庸風雅、追逐時尚，要此人不奢侈，談何容易啊！況且，生意人
送禮相當普遍，通常回禮時，物品的價格應該會比收到的禮物再貴重
些，往返數次之後，不奢華都難。所以，新教倫理與儒教倫理並不如韋
伯想像中那樣地不同，二者有共同點：說的比做的容易。具體而言，理
想上二者都勸人過簡約的生活；實際上有錢人可不想過得像個窮人那樣
地清苦，謝某認為，無論過去或現在，有錢人應該會想盡辦法用各種方
式來表現與窮人的不同才對，而不是學習窮人如何過生活。

　　其二，陸楫說得沒錯，奢侈品的消費可以促進就業，讓更多人分
享到經濟活動的利益。有錢人享受了精美的膳食，那麼耕種者與廚師

53　Lien-Sheng Yang, *Studies in Chinese Institutional History* (Cambridge: Harvard University Press, 1961), p. 73，引自卜正民，《縱樂的困惑》，第 171 頁。

都會因為各自的專業與付出而得以分享利益；有錢人購買高級絲織品，像是細絹與細綾，其結果是賣家與織工都會獲得應該有的利潤。可以這麼說，整個生產、物流與消費的流程裡，其間每個環節都創造了就業機會，添增之附加價值也在交易中體現，富裕人家對奢侈品的消費行為對資本主義的產生的確有一定的幫助。另外，交通設備、基礎建設的逐步改善，使得長途貿易成為可能，因為路途遙遠、成本提高，隨之而來的風險也是，那麼商人應該會盡可能地尋找高毛利的產品轉賣至他處，像是香料、寶石、絲綢、瓷器、茶葉、奴隸，以及英國人處心積慮要賣到中國的鴉片，如果非法的毒品也可以計入「商品」的話。當然同時是商品也是通貨的黃金與白銀都是高毛利者。而在毛利（遠）低於上述商品的狀況，在某種情形之下（例如因天災或戰爭缺糧），糧食也可能經由長途的運送。但無論如何，數百年前的明朝中國，富裕人家的奢華生活呼應了宋巴特對於奢侈品與資本主義的看法。

　　另外，上述引用的最後一句話「財富不必是一種道德負擔」，聽起來頗像是歐洲在宗教改革之後，教徒可以盡情逐利，無須再受到道德在自己內心的指責。只是，陸楫雖非清教徒，但可能在其一生當中都遵循著儒家倫理的教誨，做生意的時候也是，三不五時地享受其美麗人生的那一刻也是，內心還是掛念著從小雙親耳提面命的儒家倫理。

戰爭與資本主義

　　宋巴特在《戰爭與資本主義》一書中，從不同的角度提及了戰爭對資本主義所引起的作用，像是因新式武器的發明而推動的技術創新、對大宗物資的需求而拉動的經濟成長、軍事化管理對現代化企業的啟發等，宋氏指出現代的軍隊如何從「財產的集聚、觀念的塑造以及市場的形成」三方面推動資本主義經濟體系的發展。宋巴特進一步地斷言：「沒有戰爭就根本不可能出現資本主義。戰爭不僅破壞了資本主義進程，戰爭不僅遏制了資本主義的發展；戰爭還同樣促進了資本主義，是的，有了戰爭〔，〕資本主義才有可能得以向前發展[54]。」這麼說，歐

54　桑巴特，《戰爭與資本主義》，第29頁。

洲列強爲了向海外擴張，亟須新式武器，在列強之間的零和遊戲之規則底下，宋氏所說的三方面——累積財富、新觀念的建立與大宗市場等——的確發生在各個列強國內，例如，發展農漁業、爭取殖民地、建立現代化海軍、穀物、軍服與武器的交易等。

　　舉例而言，歐洲向海外擴張之際，可想而知，海軍對武器的需求甚篤，以16世紀後期的西班牙無敵艦隊來說，當時它出征時的陣勢：「2,431門大炮，其中1,497門爲青銅所造，934門係鐵製；7,000支火繩槍，1,000支滑膛槍（除此之外還有10,000支長矛、6,000支短矛、刀劍與戰斧等）。爲大炮配備了123,790發炮彈（平均每門炮爲50發）。」上述武器的需求對於經濟活動的影響可謂巨大，同時也左右了資本主義發展之進程，其中之「最大影響……在於……幾個支柱型產業以及多種產品貿易的發展，亦即銅、錫以及特別是製鐵業，這些都是爲武器製造提供原料的產業部門」。此外，宋巴特還爲了更清楚地說明軍隊是個重要的消費單位，他計算出爲「置辦了一支10萬人的軍隊的服裝，需要……2萬匹布料。假設每兩年更換一次服裝的話，每年耗費的布料即爲1萬匹……〔此外，〕18世紀勃蘭登堡全體居民的服裝需要5萬匹布料……在同一個時間裡，英格蘭約克郡西區的布料年產量大約爲2.5萬匹[55]」。從布料的需求來看，士兵服裝的需求必然會極大地推動國家的紡織業，這樣的結論應該可能很容易地得出。

　　即使宋巴特上述之論點是頗具說服力的，然而宋氏似乎略微誇張地說：「沒有戰爭就根本不可能出現資本主義。」這當然不能否認，因爲人類歷史上的任何一段期間內，從來不缺乏戰爭，所以資本主義的出現應該是會伴隨著戰爭的，只是規模大小、參加國家與人數的多寡，以及時間延續的長短罷了。另外，宋巴特上述這段話，雖然不無道理，但是他說的是歐洲列強國家內部現象，並不是列強與被侵略者二者之間極不平等的權力關係，是故這裡需要再多解釋一番。這麼說，戰爭不一定「產生」資本主義，但的確對資本主義的運作有極大的助益，特別是

55　前揭書，第126、148、236頁。

對那些擁有相對先進之武器的西方國家而言，歐洲列強在「傳教」的同時，也做點買賣，當然，最快速的資本累積方式還是利用戰爭、占領土地加以掠奪，戰敗者成為奴隸，在美洲原住民十個人有九個人死亡之後，非洲黑人於是成為暴利的奴隸貿易的主角。歐洲先後到了南亞、東南亞，最後終究來到中國。後來，英國發現了這個「國家」稍微沒那樣容易能將之擊敗，於是先強迫其人民吸毒（鴉片），再利用所謂的「自由貿易」之國際「規範」，要中國開放鴉片進口。中國當然不從，於是大英帝國於 1840 年決定炮打廣州城，中國戰敗之後，英國遂藉機取得賠款，這是第一次鴉片戰爭，也是英國快速致富的辦法。接下來，英國當然食髓知味，於是在 1856 年時，連同其宿敵法國一起發起了第二次鴉片戰爭（英法聯軍）。當時，馬克思流亡英國，亦曾撰寫社論批評英國船艦強行航入中國內河是違法的、刻意挑釁的行為，目的只是為了從清中國手中獲得更多賠款而已。事實上，歐洲列強完全清楚如何從別人的土地上拿走財富[56]。簡單說，戰爭與資本主義的關係十分密切，宋巴特應該是對的，然而宋氏也忽略了一點，那就是：戰爭是歐洲列強快速致富的方法。

　　宋巴特對於奢侈品和戰爭二者與資本主義之間的關係，似乎與歷史事實較為吻合。而韋伯建議我們，欲瞭解社會行動，必須先瞭解某一群人的動機，韋伯告訴我們，是因為新教倫理——具體而言是加爾文宗的預選說——促成了資本主義的興起，因為加爾文教派的信徒內心有一種「獨特的」焦慮感，他們擔心自己並非上帝的子民，所以不斷地累積財富來榮耀上帝。對此，宋巴特的看法是，新教倫理來自猶太教義，也就是說，韋伯認為是新教才有的預選說教義，其實猶太教也有。

新教倫理源自於猶太教義

　　筆者謝某並不相信單單奢侈品貿易——宋巴特所欲強調者——就

56 例如，鴉片戰爭就足以說明戰爭對於西方世界的資本累積的貢獻有多大了，請參照：Hongren Xie (as Vincent H. Shie), "The Opium War and Capital Accumulation: Comments on Karl Marx's Perspectives on the Qing and England Recorded in The New York Herald Tribune," *World Review of Political Economy*, Vol. 14, No. 4 (December 2023), pp. 535-554.

足以讓資本主義出現。同樣地，吾人亦懷疑宋巴特的論點，也就是他的「發現」——即猶太教與資本主義的關係密切——就足以推翻韋伯的新教倫理與資本主義之間的親合關係。如果資本主義的起源不能從單一因素，即經濟倫理，來檢視的話，那麼，適用於韋伯的批評——例如拙著《社會學囧很大 1.0》、《社會學囧很大 2.0》、《社會學囧很大 3.0》與《社會學囧很大 4.0》——同樣也會適用在宋巴特身上，因此在此談論宋巴特，吾人的目的不在於以宋巴特的論點來取代韋伯，而在於吾人想「證明」要找到某種有助於資本主義發展的經濟倫理，在歷史的分析上，其難度並不高，無論研究者找到的證據之說服力是高或是低。以下，我們將會看到宋巴特找到的證據來解釋猶太教與資本主義的關係，其說服力差強人意，甚至還比不上韋伯呢！但無論如何，宋巴特的想法，或許不無值得思考的看法，我們接著看看在反駁或增補某種經濟倫理與資本主義之間的親密關係上，宋巴特到底想說什麼。

宋巴特自己承認他受到了韋伯的啟發，讓宋氏進一步去思考猶太人的重要性。特別是，他看似贊同韋伯的說法，也認為清教曾經在資本主義出現的階段扮演一股主導的力量，然而實際上，宋巴特卻認為「資本主義在猶太教中發展得更充分」，並且在「時間上也比清教徒要早得多[57]」。藉此，宋氏欲推翻韋伯的論點，然而先前曾經提到過，宋巴特在當時德國反猶太主義盛行的狀況之下，其說法恐怕不易引起共鳴。不過，宋氏好像不願就此放棄，他繼續說著他那不受多數人喜愛的故事。宋巴特要我們相信，猶太教與清教二者之間，存在著「近乎奇特的觀念的一致性……在兩者之中，都將發現以宗教利益為重、神施予賞罰的觀念、此世之中的苦修主義、宗教與商業的密切關係、算計罪惡的概念，以及最重要的生活的理性化[58]」。看起來，宋氏給我們的例子實在有些籠統。接下來，宋巴特舉的例子，其說服力亦不高，例如他說猶太教與清教的性問題所持之態度，大意是，兩個宗教都勸誡男人對於女人要保持距離，《塔木德》裡有句古老的格言（*Kiddushin, 82a*）說：「同女

---
57 桑巴特（宋巴特），《猶太人與現代資本主義》，第 173 頁。
58 前揭書。

人做生意？要確保不要和她們獨處[59]。」另一個例子是，在宗教改革期間，「猶太人與某些基督教派往來密切，學習希伯來語和希伯來語經文曾風行一時，17世紀的英國猶太人受到清教徒高度尊敬[60]」。當然，從這些例子之中，讓人摸不著頭緒，為何猶太教與清教的關係是密切的，但宋氏仍不放棄，他認為以下的例子更有說服力。

　　一本出現於1608年帶戲謔氣味的小冊子《加爾文的猶太之鏡》（*Der Calvinische Judenspiegel*），其內容應該不在於、但卻不經意地證明了猶太教與加爾文教（「它是最正宗的清教」）之間的親密關係。在該冊子的第33頁之中，以一種不太像學術語言所承現出來的方式，比較了這兩樣宗教。宋巴特這麼說：

　　（舊式德語是令人愉悅的。）如果我身負榮幸，可以說說我為什麼成為一名加爾文教徒，我就必須坦白，唯一說服我的理由是，在所有宗教中只有它在生活觀與信仰觀上和猶太教有如此多的共同點。（接著是許多類似的表達，半嚴肅、半譏諷。）……8.猶太人討厭瑪莉亞的名字，只有她以金銀鑄就或者她的形象被刻上硬幣後才能容忍她。我們也是如此。我們也喜歡在便士和克朗上的瑪莉亞，我們將全部尊重給予這個，因為它們在商業上有用。9.猶太人處處費盡心機欺騙大眾。我們也是如此。出於這個原因，我們離開了自己的祖國，流浪在他不知道我們本來面目的國家，這樣，我們可以通過詐騙和詭計……將無知的鄉巴佬引入歧途，騙他們，逼他們就範……[61]。

上述宋巴特對於猶太教與加爾文教派之間的關係看似緊密，但充其量只是親合關係而已，無法證明二者出於同源。關於猶太主義與資本主義的

59　前揭書。
60　前揭書。
61　前揭書，第174頁。

關係這個部分，吾人曾經懷疑，宋巴特會在同一個窠臼裡遇見韋伯，不過謝某更相信自己只是多慮而已，宋巴特只是用另一種方式在挖苦韋伯。

　　以下，吾人想在這裡為宋巴特的猶太人與資本主義（起源）補充不同於社會行動者的動機之解釋，當然，這也是以間接的方式在反對韋伯的論點，一如謝某在過去十年所做的那樣。這裡，我們先留意一下商業資本主義與金融資本主義之間的差別，前者會涉及商品的買賣，其中，也可能商人自己製造某種有利可圖的商品，再轉賣他處以獲得利益，製造這個過程不必然是商人自己從事之，有可能從製造者那兒直接購買而來。金融資本，貨幣本身就是商品，無須經由製造，省去了這個「麻煩」的事，交易更方便，利潤也會更高，當然，風險不會無故而減少。學者的確也注意到猶太人「從商人到放債人」——前述的商業資本（主義）轉向金融資本（主義）——這種身分轉變的過程，以及在整個複雜過程中所產生的相對優勢。德國學者馬莉絲黛拉・波提切尼（Maristella Botticini）與以色列學者茲維・艾克斯汀（Zvi Eckstein）如是說：

> 公元 8-10 世紀期間，拜占庭帝國與伊斯蘭統治下的中東和北非的很多猶太人作為從事技術工藝、地方商業和長途貿易的城市居民積累了不少財富。公元 9 世紀後，當猶太人工匠和貿易商開始從拜占庭帝國和北非向地中海北岸移民的時候，他們擁有的資本使其成為放債人，後來又成為出色的銀行家和金融家。由城市化的興起和歐洲商業的復興所創造的日益增長的商業機會促進了猶太人的遷移。隨著貿易的擴展和更大規模的賒銷，工匠、商人和貿易商需要越來越多的原始資本，通過使用放債的手法才能使其得到平衡。比如積累了財富的猶太人這樣的個體比其他人在借貸領域具有明顯的優勢[62]。

62　馬莉絲黛拉・波提切尼（Maristella Botticini）、茲維・艾克斯汀（Zvi Eckstein）著，楊陽等譯，《被選中的少數：公元 70-1492 年，教育如何塑造猶太歷史》（上海：上海辭書出版社，

當然，上述這段話是粗略地說法，然而這也點出了以下的事實，猶太人在 9 世紀以後，因爲先前從事的工藝、商業活動與長程貿易累積了資本，他們向地中海北海移民之後，掌握住機會開始利用「放債」這個行業，而逐漸成爲銀行家、金融家獲得了更高的利潤。當然，來自「外地」的人，如果剛好又很有錢的話，他們通常會成爲「本地」人的代罪羔羊，特別是在經濟不景氣，本地人連三餐都成問題的時候，像是東南亞的華僑、美洲的華僑等，猶太人在歐洲許多城市被驅逐的景象則更是歷歷在目。

　　有錢不一定是罪惡，只要活在對的時間與地點。就像是現在的美國，微軟的比爾·蓋茲（Bill Gates, or William Henry Gates III）、股神華倫·巴菲特（Warren Buffett）、Facebook 創始人，也是 Meta 董事長兼執行長馬克·祖克柏（Mark Elliot Zuckerberg），與 GOOGLE 創辦人謝爾蓋·布林（Sergey Brin），這幾位全球商業界的頂尖人士，同時也是富豪，也都是猶太人。2023 年的富豪排行，祖克柏排名第十一，布林第十，比爾蓋茲第六，巴菲特則是第五[63]。的確，千年以來，猶太人從事各種能夠賺錢的生意並且試圖壟斷它們，大多在 9 世紀的時候，他們從商業資本主義轉向利潤更豐的金融資本主義，當然，這樣的轉型之後，並不是說猶太人只從事金融業而已，就像是現在的比爾蓋茲、祖克柏、布林等都從事資訊業，而這也不是說從事資訊業的商人，就不會涉足金融業。

　　綜上所述，韋伯之所以在他的時代裡即爲人所崇敬，未必與他的論點較具說服力有關，宋巴特對於資本主義的探討極具啓發性，因爲資本主義（的起源），特別是長程貿易總是以奢侈品爲開端，戰爭與資本主義二者之間，的確也如宋氏所言，關係十分緊密。至於所謂的資本主義精神是不是起源於猶太教，而非韋伯所「心儀」的新教，吾人以爲，宋巴特與韋伯應該還在爲此問題爭辯中呢！雖然謝某認爲這個問題實在不

2021），第 304-305 頁。

63 〈2023 年世界富豪排行 Top 30 榜單（附上富豪的致富歷程）〉，*Spark Spark Finance*，2023 年 8 月 21 日，https://sparksparkfinance.com/investment/other-investment/top-30-billionaires，檢索日期：2023 年 10 月 15 日。

怎麼重要。

本章結語

　　預定論排除了其他宗派產生資本主義（精神）的機會，因爲只有加爾文宗信徒內心產生出來的焦慮感與資本主義有關聯，其他的、任何形式的焦慮都不可能產生資本主義。

　　另外，除了西方基督教世界，韋伯的論點基本上排除了基督教以外的不同宗教產生資本主義的機會，雖然韋伯比較過儒教、道教、印度教與伊斯蘭教，但他看不到類似於加爾文宗信徒內心那種焦慮，所以它們都被排除了。那麼，沒有被韋伯提到的宗教，不就沒有機會被檢視了嗎？萬一，信仰其他宗教的信徒內心是焦慮的，那麼我們是不是應該再花點時間探究其心理狀態是否適合資本主義精神的產生呢？事實上，引起某個人或一群人的焦慮感之因素應該不限於一個人到底能否得到救贖，其他像是家庭、友情、愛情、經濟壓力、人際關係，以及太多馬車前往香檳市集所引起的塞車等，都有可能引起人們的焦慮感，然而這些因素引起的焦慮感用處不像加爾文的預定論那樣大，因爲無法鼓勵人們努力去賺錢來榮耀上帝，所以產生不了資本主義。大師韋伯說，只有加爾文教派信徒的焦慮感才能鼓舞人心，努力賺大錢，雖然其目的是爲了榮耀上帝，但卻無意間促進了資本主義的興起，這一項宗教社會學，甚至是社會科學的偉大發現，也是韋伯名留古典社會學史的重要貢獻。

　　可是，讓人不解的是，爲何相信預定論的加爾文主義之追隨者，一方面相信救贖與否早已是既定之事，因此人的行爲對於上帝決定了的事不可能產生絲毫的影響；一方面卻也願意相信賺錢可以榮耀上帝，使人納悶的是，既然人們的任何作爲都不能左右上帝的心意，那麼爲何賺錢卻可以呢？因爲神職人員喜歡錢？自從韋伯宣稱加爾文派信徒這群人是透過賺錢來榮耀上帝，卻好像沒有太多人懷疑韋伯所說的這個矛盾的現象！

　　然而，21世紀初的社會科學，其實不應該再圍繞著古典大師韋伯的心理化約論打轉，這對我們的思維沒有幫助，但謝某卻發現自己也打

轉了好一陣子。上述之總結，或許可以說，吾人做了個錯誤的示範。

　　倘若韋伯不是古典社會學大師，那麼其無邊無際的想像力或許可以正向地豐富全人類的思維吧！

　　一場發生在歐洲的資產階級與人民大眾的反封建、反教會之啓蒙運動（Enlightenment）約莫在 17 世紀晚期展開，於 18 世紀達到高峰，這是繼文藝復興之後，另一場「偉大的」思想解放運動。當然，這並不是說先前的地理大發現、宗教改革對於啓蒙運動沒有影響。事實上，本書的 4 個神話──文藝復興、地理大發現、宗教改革與啓蒙運動──之間的關係千絲萬縷，我們在探討其要點時將它們區分開來，但事實上切斷這些重大事件的關係有其不適當之處，因為會讓讀者認為事件之間的關係不重要，或者甚至是沒有關係的，這是應該先向讀者澄清的一點。

　　啓蒙運動所涵蓋的知識領域極廣，包括自然科學、哲學、倫理學、政治經濟學、文學、教育與歷史學，當然，對於我們人類的大家庭在該「運動」之後的發展相當重要，簡單說，啓蒙運動將人們從非理性帶到理性，從愚昧帶到啓蒙的狀態。還可以這麼說，啓蒙運動解放了人們的思想，因為它也為美國獨立戰爭、法國大革命提供了理論框架，之後更有人提出了啓蒙運動為那些被殖民者配備了精神武器，使其能夠對抗壓迫者。聽起來，對人性的發展而言，啓蒙運動其實相當正向，或許這是因為啓蒙有「光明」的意思，為人們照亮著前方的道路，使之到達其目的地。然而，這是一般人對於啓蒙運動的看法，並且我們應該很少聽到不同的意見，而這正是筆者謝某在這一章節裡想做的事，也就是，從一個不同的角度來觀察此一重大事件。

　　本章的主旨在於指出，18 世紀的「啓蒙」與「愚昧」──也就是「低度啓蒙的『啓蒙』」──是同一個歷史過程。換句話說，歐洲國家的「啓蒙」與非歐洲國家的「愚昧」同時發生，具體而言，歐洲的「啓

蒙」是建立在非歐洲的「愚昧」之上，這是同一個歷史過程。這麼說，歐洲列強除了榨取非歐洲國家——美洲、非洲、東南亞、南亞國家——的資源之外，前者更利用後者的土地與人力，大規模地生產歐洲所需要的奢侈品，例如咖啡、蔗糖、煙草、茶葉、可可、鴉片等，雖然嚴重程度不一，但是這些產品幾乎都會讓人成癮。然而，對於啓蒙運動而言，畢竟該「運動」所追求的是「理性」，人們得保持一顆清醒的頭腦，所以筆者將著重於咖啡這項可以號稱爲啓蒙飲品的討論，當然這並不是說其他產品不重要。例如，喝咖啡總得加上一兩匙砂糖，這會讓咖啡的苦更顯韻味，好比啓蒙的歐洲對比於愚昧的非洲等地，當更能突顯出歐洲之所以爲今日的歐洲的緣故。

本章結構安排主要由四大部分組成：第一部分，我們先談美國獨立戰爭，因爲這場革命被認爲受了啓蒙思想之感召，並且其獨立宣言的起草者的確經常往返於大西洋的兩岸之間，與歐洲的啓蒙思想家有著某種程度的聯繫。第二部分，我們討論啓蒙運動的思想家對於「啓蒙」這個概念的看法，並且對之提出質疑，因爲其中存在著矛盾之處。第三部分，我們討論啓蒙運動與歐洲的咖啡館之間的連結，因爲在這個時期，文人雅士、思想家、投資者、官員、水手，以及商人等各行各業都在咖啡館所築成的資訊網絡裡打探對自己有利的知識、訊息等，當然，這個部分之申述是爲了下一階段的主題——也就是歐洲的「啓蒙」與非歐洲的「愚昧」同屬一個歷史過程——做舖陳。第四部分，我們將先說明歐洲帝國主義（或殖民主義）對奴隸制之堅定支持，藉此我們將會看到啓蒙運動與奴隸制的巧妙結合，這裡我們將會把歐洲的「啓蒙」與非歐洲的「低度啓蒙的『啓蒙』」看得更清楚一些，這個部分是過去在談論啓蒙運動時經常被忽略者。如果啓蒙運動可以看成一個銅板的話，那麼，我們只看了它的正面，且從來不願意將它翻面，看看它老早就生鏽的樣子。

啓蒙運動之具體表現：美國獨立運動

啓蒙運動主要發生於 18 世紀的歐洲，這個世紀的 70 年代中期，

大西洋的彼岸發生了美國獨立戰爭[1]（也稱為美國革命戰爭，1775-1783）。這場戰爭的主因之一是美洲殖民地為了對抗英國執行了壓迫性的政策，決定以武裝抗爭的方式來尋求獨立，後來法國決定加入戰爭來對抗英國，戰事範圍因此遠大於英屬北美洲這個地區。戰事發生不久之後，北美十三州在 1776 年 7 月 4 日於大陸會議一致通過了所謂的《獨立宣言》。

　　《獨立宣言》借鑒了各種論點，以及許多傳統，不少啟蒙思想亦包含在其中。例如，宣言中蘊含著啟蒙運動所關注之主題，像是信仰「自然之神」與尊重「人類輿論[2]」。不過，若從所謂的「社會學質性研究法」的角度來看，就算受過優良訓練的學者，也不容易提出證據來主張當時的新興國家美國在大陸會議之後所發表的宣言，與啟蒙運動的直接關聯。然而，若是從班傑明‧富蘭克林（Benjemin Franklin, 1706-1790）這位美國的開國元勳，同時也是著名的科學家來追蹤的話，或許可以看出一些端倪。這麼說，70 歲以前的富蘭克林還是個英國人，他往返於大西洋兩岸，與不少英、法兩國的啟蒙運動人士頗為熟悉，畢竟英、法兩國長久以來被視為啟蒙運動的領導者，而富蘭克林則是啟蒙運動時期的通才，也就是斜槓青年，他是科學家、發明家、政治家、外交家，同時富氏也是作家、記者、出版商、慈善家以及共濟會會員。富蘭

1　除了美國獨立戰爭可以視為啟蒙運動的具體表現以外，另一個同樣重要的例子即是法國大革命，關於法國大革命的行動中心——即皇家宮殿的咖啡館——以及當時正走訪巴黎的英國農業、經濟學以及社會統計的專家亞瑟‧楊格（Arthur Young, 1741-1820），對於 1789 年 7 月所見情形之描寫，請參照：威廉‧烏克斯（William H. Ukers）著，葉子恩譯，《關於咖啡的一切‧800 年風尚與藝文：比一千個吻還令人愉悅的生活情調，從老咖啡館、文學、繪畫、工藝到歷史遺物！》（台北：柿子文化，2021），第 74、75 頁。
2　威廉‧伯恩斯（William E. Burns）著，汪溢譯，《啟蒙運動：歷史、文獻和關鍵問題》（北京：商務印書館，2021），第 153 頁。
　　但東方難道沒有類似的想法嗎？當然有，只是我們這些社會科學研究者早已習慣了一種研究的路徑，那就是：只要有好的事物與想法，大多數的人會直覺地想到，那是西方社會才可能有的，非西方不可能追得上西方。但事實上，孟子（B.C.E. 372-289）回答齊宣王時曾說：「君有大過，則諫：反覆之而不聽，則易位。」當然，「大過」應該涵蓋了「專制」統治，如果國君犯了大錯，應該毫無保留地提出為臣的勸諫之言，而若是一而再、再而三地犯錯，則應該讓君主下台，並驅逐之。想必，當時的齊宣王在聽了孟子的解釋之後，應該是一肚子火才對。雖然，我們不清楚起草獨立宣言的五人小組到底有沒有讀過《孟子》，但是宣言之中，的確有類似的說法，意思是：一旦當政府開始進行專制統治的時候，人民無須一昧地屈服於政府，而且有權改變政府。此一說法，不只與啟蒙思想相近，也和孟子在兩千多年前所說的相似。

克林很可能吸收到了啓蒙運動者的想法，的確，美國獨立宣言的內容當中，是有些想法與概念——像是自由、平等、生命財產權，與追求幸福的權利等——爲啓蒙時代下的產物。1774年7月4日在大陸會議之後，《獨立宣言》的一開始這麼說：

> 美利堅合眾國十三州一致通過的宣言。
> 在人類歷史中，當一個民族必須要解除其與另一個民族之間一直存在著的政治桎梏，並按照「自然法則」及「自然之神」的聖意，在世界各界面前取得獨立與平等的地位時，爲表明其尊重人類公意的決心，該民族必須將不得已而獨立的原因公布於世。
> 我們認爲這些眞理是不言而喻的：人生而平等，「造物主」賦予了人類一些不可剝奪的權利，其中包括生命權、自由權和追求幸福的權利。爲保障這些權利，人們建立經被統治者同意的政府。任何形式的政府，一旦破壞了這些終極目標，民眾就有權改變或廢除這種政府，並建立一個新政府。……當一個政府惡貫滿盈、倒行逆施、一貫奉行企圖把民眾抑壓在絕對專制統治的淫威之下時，人民就有權利和義務推翻這樣的政府，從而爲未來的安全建立新的保障[3]。

接下來，宣言強調殖民地的人民如何在英國的暴政底下受盡委曲，沒有權利只有義務的不公平待遇。宣言繼續說道：

> 我們這些過去默默忍辱吞聲的殖民地民眾現在不得不站起來改變原有的政治體制。現今大不列顛國王的歷史就是一部殘民害理、倒行逆施的歷史，他的一切行徑都是爲了對各州施行絕對的專制統治。爲了證明這一點，今特將事實陳諸世界

3　伯恩斯，《啓蒙運動》，第153-154頁。

公正人士之前：

他拒絕批准對促進公共福祉最有益、最必要的法律。……他在解散各州議會之後，長時期不讓民眾另行選舉，唯恐關鍵的「立法權」又重歸廣大人民手中……他不經立法機關同意，就任意在和平時期把常備軍駐紮到各州。……他力圖使軍隊獨立於民政機關，並凌駕於民政機關之上。……他此刻正在調遣大量外籍傭軍，意在將我們斬盡殺絕，實行暴虐專制。他背信棄義，所作所為的殘暴程度實屬罕見，甚至超過了人類歷史上最野蠻的時代。……在他施行這些高壓政策的時候，我們都曾以最謙卑的言辭請求予以糾正；而每次的呼請所得到的答覆都只是屢遭侮辱。……作為自由獨立的合眾國，它有權進行宣戰、締和、結盟、通商或採取其他一切獨立國家有權採取的行動和事宜。為了擁說此項「宣言」，我們懷著神明庇佑的信心，謹以我們的生命、財產和神聖的榮譽共同保證，互相宣誓[4]。

先前提到了《獨立宣言》裡有不少啟蒙思想。事實上，當時「五人小組」（Committee of Five）在起草了宣言之後，上呈給大陸會議（Continental Congress）。可想而知，該小組是由當時「最開明的人士」所組成，包括主要的起草人湯瑪斯‧傑佛遜（Thomas Jefferson, 1743-1826），富蘭克林與約翰‧亞當斯[5]（John Adams, 1735-1826）。其中富蘭克林在 70 歲之前，還是全力支持英國之帝國主義者，我們稍後會看到富蘭克林在歐洲城市裡的咖啡館吸收啟蒙的寶貴知識。

思想家對「啟蒙」的看法

談到啟蒙運動的學者、思想者，或者業餘研究者的話，將立刻面臨到如何從至少千人以上的眾多候選人當中選取幾位具有代表性的人物來

4　前揭書，第 154-155 頁。
5　前揭書，第 153 頁。

討論，因為「顧此失彼」，必然有讀者不滿意於本書作者的選擇標準，名聲再大的啟蒙運動之積極投入者，也會有不滿者，這是無庸置疑的。所以，以下的決定，可能會讓一些讀者感到訝異，因為即使在本文中會談到其他人，但卻可以說，筆者謝某只談論一個德國哲學家，他是伊曼努爾・康德（Immanuel Kant, 1724-1804），原因有四，其一，康德為德國思想家的代表人物之一，亦是啟蒙運動時期最後一位主要哲學家。其二，選取哲學家，是因為在當時，哲學家的範疇遠比今天的哲學家更寬廣許多，涵蓋的學術範圍也大些，參加的學者人數也多些，那麼，代表性也會增加不少。其三，在學術領域上，名聲響亮的程度足以與康德相較者，雖不敢說一個也沒有，但是能超越康德到一定程度者應該是寥寥可數，其思想之廣泛影響幾近無出其右的狀態。其四，晚年的康德是個咖啡的愛好者，已到了成癮的地步，因此康德與大西洋彼岸的大種植園的咖啡生產有著一定程度的連結，相信對達成本章之主旨會產生不少的助益。

在本文中，因為篇幅、研究重心、啟蒙的代表者過多，與筆者謝某的能力欠缺等問題，吾人主要討論康德關於「啟蒙」的論點，如此之決定，實非得已，在進入我們的討論之前，請讀者見諒[6]。以下再分幾個

6　在這裡，吾人大略地解釋為何不討論約翰・洛克（John Locke, 1632-1704）與尚・雅克・盧梭（Jean-Jacques Rousseau, 1712-1778）。首先，洛克是著名的英國哲學家，可以說是最具影響力的啟蒙哲學家之一，並且根據耶瑟夫・伯恩斯（Joseph F. Byrnes）的說法，洛克是早期的啟蒙運動代表人物，雖然18世紀是啟蒙運動之主要時期，而其生命中只有短短的四年是在18世紀裡，但洛克可以被歸類於早期的啟蒙運動者，如同伯恩斯所言，「對於現今部分評論者而言，所謂的『早期』啟蒙運動，即是表示17世紀，從笛卡兒開始、帕斯卡爾〔布萊斯・帕斯卡爾，Blaise Pascal, 1623-1662〕、牛頓〔艾薩克・牛頓爵士，Sir Isaac Newton, 1642-1727〕、洛克與史賓諾莎〔巴魯赫・史賓諾莎，Baruch de Spinoza, 1632-1677〕」。是故，洛克為早期啟蒙代表性人物應無疑義。請參照：Joseph F. Byrnes, "Book Review, David Bodanis' *Passionate Minds: The Great Love Affairs of the Enlightenment, Featuring the Scientist Emilie du Châtelet, the Poet Voltaire, Sword Fights, Book Burnings, Assorted Kings, Seditions Verse, and the Birth of the Modern World* (New York: Crown Publishers, 2006)," Phi Kappa Phi Forum, Vol. 87, No. 4 (Fall, 2007), p. 28. 關於洛克的補充說明與修正的部分，請參見本書之附錄三〈洛克《中國筆記》修正版〉。
盧梭被認為是18世紀法國哲學家、教育家、文學家、音樂家，也是法國大革命的思想前鋒，同時還被認為是啟蒙運動最超群卓越的代表人物之一。吾人以為，盧梭之所以擁有這樣的地位，應該與其著名的作品有關，像是《社會契約論》（北京：中國法律圖書公司，2017）；《愛彌兒》（北京：商務印書館，2023）；《懺悔錄》等。伯恩斯，《啟蒙運動》，第110頁。關於盧梭的著作《論科學與藝術》一書，請參見，讓〔尚〕・雅克・盧梭，《論科學與藝術》（上海：上海人民出版社，2023）。盧梭的代表作尚有《論人類不平等的起源和基礎》，版本眾多，僅舉一例，像是（台北：五南圖書，2019）；《社會契約論》（北京：中國法律圖書公司，

部分討論，其一，理性的解放就是啓蒙，這是康德的定義，我們將簡略地介紹之。其二，康德認爲自由是通往啓蒙之路，這會是一種集體的自由。在這一小節之中，我們先看看康德如何定義啓蒙這個概念，並將大部分的注意力放置於「自由」與「啓蒙」之間的關係上，因爲康德的看法存在著不少矛盾之處。其三，看起來負有啓蒙任務的康德被質疑是帝國主義的支持者。

理性的解放就是啓蒙

刊登於《柏林月刊》（*The Berlin Monthly*）——由「柏林星期三學會」主辦的刊物——之〈何謂啓蒙〉一文中的某些段落值得我們再次咀嚼，康德這麼說：

> 啓蒙是人類從自我造成的不成熟狀態中解脫出來的過程。不成熟狀態指的是缺乏他人引導而對運用自己的理性無能爲力時的不思狀態。這種不成熟狀態之所以是自我造成的，其原因不在於缺少理性，而在於沒有他人的教導就缺乏運用自己理性的決心和勇氣。「要有勇氣運用自己的理性」（Have Courage to use your own reason!），這就是啓蒙運動的箴言[7]。

上述這段話，吾人有以下三個淺見，以下分述之。其一，人類從「自我造成的不成熟狀態」解脫，是康德爲啓蒙二字所下的定義。這種思想上的不成熟是「自我造成」的，無關乎他人，這是康德的想法。當然，在

2017）；《愛彌兒》（北京：商務印書館，2023）；《懺悔錄》（台北：五南圖書，2018）。
　吾人不討論盧梭的主因是，啓蒙運動時期的哲學家、科學家、文豪、編劇家，或是某個領域的大家，其想法、論點等可能還在發展之中，所以對於某個人在特定領域的「成就」並不容易判定，當然，後世的學者也會因爲寫作目的之差別、價值觀的左右，以及特定立場的執著等原因，對某大家持不同之評價，這在歐洲數以千計的啓蒙運動支持者來說，並不是難得一見的景象。舉例而言，伯恩斯才說過「盧梭批判啓蒙運動並提倡浪漫主義」，不過在同一本書的稍後幾頁，在論及亞當·斯密與多位「啓蒙運動領袖」時，在伯恩斯名單裡，盧梭亦在其中，也就是說，盧梭也是一位啓蒙運動的領頭羊，很清楚地，這是個矛盾的說法。不過，吾人以爲，或許我們也可以說，這是伯恩斯的難處，因爲啓蒙運動「大家」們的論點可能還不是很成熟，若出現矛盾的說法，應該也不是讓人感到意外的事。
7　伯恩斯，《啓蒙運動》，第156頁。

康德當時的社會環境中，知識分子可能對自己的要求特別嚴格，對他人的不是則抱持著「嚴以律己、更嚴以待人」之態度，所以康德會認爲人類的「不成熟」狀態全部應該由自己負責，與他人毫無關係。

其二，理性或理性主義可以說是啓蒙運動最重要的目標，該「運動」極力想要用理性來破除愚昧，最終讓人達到「自我實現與全體的幸福[8]」。「理性」也是康德關心的概念，上述的段落中，康德也說了不少次「理性」，值得我們留意。康德於 1740 年代長大成人，他活到了 19 世紀初，在這段略多於半個世紀的時期之中，應該有許多人並不像康德那樣幸運，他們落入了一種狀態，那就是康德所說的：「缺乏他人引導而對自己的理性無能爲力時的不思狀態。」可是，這些缺乏別人來引領的人們，是不是都是因爲「缺乏運用自己理性的決心和勇氣」才導致了所謂的「不思狀態」呢？吾人對此感到懷疑。因爲讓一個人長期地處於一種對周遭事物不假思索的立場，也可能不是因爲沒有勇氣與決心對自己的理性加以運用，而是因爲其他的原因所造成，像是家裡太窮沒有書可以讀、也可能根本買不起書，或者是居住的地方處於偏鄉而沒有教育資源等。

其三，接續上一段話，我們繼續探究康德指出之「缺乏他人引導而對自己的理性無能爲力時的不思狀態」，這可能是在爲歐洲帝國主義的侵略行爲進行辯護，雖然這不容易證明，但同樣地，要完全排除這樣的可能性的機會也很渺小。這裡，我們以非洲的黑人爲例，在他們不幸變成了奴隸之後，也導致了那種康德所謂的「不思狀態」，然而是不是這樣才能好好地爲他們的奴隸主生產毛利豐厚的作物，像是咖啡館不可或缺的咖啡、蔗糖與煙草呢？應該是這樣沒錯。就如康德所言，人都有理性，黑人當然也有，黑人的理性之所以無法發揮是因爲缺乏他人的引導而產生的不成熟狀態，我們以爲，白人去黑色大陸應該是去將黑人從不成熟──也就是愚昧──的狀態，引導出來而走入理性的眞善美，然

8　Joseph F. Byrnes, "Book Review, David Bodanis' *Passionate Minds: The Great Love Affairs of the Enlightenment, Featuring the Scientist Emilie du Châtelet, the Poet Voltaire, Sword Fights, Book Burnings, Assorted Kings, Seditions Verse, and the Birth of the Modern World* (New York: Crown Publishers, 2006)," Phi Kappa Phi Forum, Vol. 87, No. 4 (Fall, 2007), p. 28.

而，結果似乎不是像康德所想的那樣，黑人不只走不出「愚昧」，也走不出「大種植園」，康德似乎沒有想到所謂的世界公民。

自由：通往啓蒙之路

不難想見，偉大哲學家康德關心的事，應該不會是一般大眾在意的。除了上述的論點，只要解放心中的理性，同時也就達到了啓蒙運動的目標了。具體而言，康德認爲「啓蒙乃是能夠進行自由思考的勇氣」，是故自由二字對於康德的重要性不言可喻。康德認爲：

> 人類中之所以還有如此眾多的人，即使大自然早已將他們從需要外在引導的狀態中解脫出來（因自然方式而成熟），卻依然心甘情願地終身處於不成熟的狀態之中，其原因就在於懶惰和怯懦，這也是爲什麼另一些人能夠輕而易舉地就儼然以其保護人自居的原因所在。……因此，對於任何個體而言，要把自身從那種幾乎已經變成自己天性的不成熟狀態中解脫出來都是非常困難的……僅有少數人才以通過提升心智擺脫那種不成熟的狀態，從而踏上一條堅定的道路。然而，公眾要自我啓蒙也是極有可能的，只要賦予其自由就能使之達到啓蒙的狀態[9]。

關於上述這段話，至少有三個重點值得申述之，第一，爲何有些人可以對於那些被認爲是「非理性」或者仍處於「啓蒙」的對立面，也就是「愚昧」的人們，自私地用「保護人自居」的理由來干涉他們的生活呢？吾人相信，大哲學家康德應該不會同意這樣的做法，除非他認同歐洲帝國主義在海外的行爲，然而，可惜的是，吾人以爲，這裡康德所謂的一些人以「保護人自居」，說穿了，不就是那些歐洲的殖民者在掠奪其他民族的資源時，假惺惺地說是爲了傳教，或是爲了將尚未受「文明」洗禮的人群在優勢武器爲後盾的威脅下，「野蠻人」只得勉強地接受「開化

9　伯恩斯，《啓蒙運動》，第 157 頁。

的」西方人所訂下的不平等條約，失去了所有原住民沒有能力保護的資源。那麼，這是不是帝國主義呢？看起來是如此。康德是不是支持帝國主義呢？的確有不少人對康德做如此的批評，我們稍後再談這個問題。學術界——特別是非西方知識界——對於大思想家們的論點普遍採取支持的看法，這並不難看到，但這是間接地支持歐洲中心主義的觀點，同時，也鞏固了西方知識霸權的合理性與正當性[10]。

第二，康德認為不少人還是甘心處於「不成熟」的狀態，也就是自願選擇不理性，無法達到啓蒙的境界，是因為「懶惰和怯懦」。剛剛，我們提及了，康德定義了啓蒙是一種「解脫」，一種從不成熟的狀態得到解脫的過程，而這只能怪自己而已，與別人無關。康德這一段的說法似乎是在加強他自己上一段所說的，除了再次認定人類的不成熟是自己造成的，另外還說明了原因，那就是自己的偷懶與膽怯，什麼都不敢為自己決定，更不用談什麼執行力了。然而，如果是這樣的話，我們為什麼還要學習社會科學呢？因為不成功的事，都是個人的因素所造成，是因為「懶惰」、「怯懦」，所以懶惰的人與膽小鬼都與「理性」絕緣了，只能處於愚昧的狀態，什麼也啓動不了他們的大腦，就算喝再多的咖啡也不會有用了，但康德這樣的解釋應該不能通過社會學家——或社會學系的學生——的檢驗。

第三，對個體而言，要從不理性的狀態（或者吾人所說的、相對簡單的概念——「愚昧」）解脫很困難；但公眾要自我啓蒙「也是極有可能的」，只要「賦予其自由就能使之達到啓蒙的狀態」。吾人以為，這是康德的矛盾說法，在〈何謂啓蒙〉一文裡，康德繼續說：

> 啓蒙所需要的不是別的，僅僅是自由而已，並且這裡所說的也是所有形式中最不具有危害性的一種自由，即能夠在一切事務上公開地運用理性的自由。但是，當人們環顧四周聽到

10　關於歐洲中心主義與西方知識霸權為何得以持續，甚至於「成長茁壯」之原因，2002 年 9 月分逕修吾人開授之「西方中的東方」的輔仁大學管理學院金融與國際企業學系學生洪揚清所撰寫之期中報告〈社會學之真相是假——你還願意重新認識社會學嗎？〉頗具啓發性，值得討論這篇文章。請參見本書之附錄四〈洪揚清之 2022 年期中報告〉。

的聲音卻都是：「不許爭辯！」軍官說：「不許爭辯，只管操
練！」稅務官說：「不許爭辯，只管納稅！」神甫說：「不許
爭辯，只管信奉！」世上只有一位君主（腓特烈大帝）說過：
「隨你所願，儘管去爭辯吧，爭論什麼都可以，但前提是必須
要服從！」這一切都表明對自由的限制無所不在。
然而，哪些限制阻礙了啟蒙的發展，哪些限制非但沒有阻
礙、實際上還推動了啟蒙呢？我的回答是：必須永遠享有公開
運用理性的自由，並且唯有它才能在人類中間散播啟蒙的種
子。……對於公開運用自己的理性一事，我的理解是：任何人
都可以像學者一樣在所有聽眾面前運用自己的理性[11]。

以下，有兩點是吾人想要說明的。首先，在這兩段中，康德先說「對自
由的限制無所不在」，接著他卻又說「必須永遠享有公開運用理性的自
由」，吾人以為，前者正是所謂的「實然」，而後者則為「應然」，這
個矛盾之處，是康德對於自由的「實然」與「應然」二者之間的爭辯，
這是沒有結果的爭辯。其次，康德認為啟蒙的種子只有在人類可以公開
運用理性的自由時才可能存在，那麼 18 世紀「啟蒙」時期，也是英、
法兩國在海外使用奴隸最有效率的時期，黑人曾經公開運用理性的自由
嗎？應該沒有。另外，康德又說，他希望任何人都可以像學者一樣在聽
眾面前運用自己的理性？也許康德活在一個學者普遍值得受到尊敬的時
代，然而謝某以為，康德的這個看法，可能是多餘的、不切實際的，因
為要一般人像個學者那樣，在每一位聽眾面前發揮自己的理性，這真的
有必要嗎？吾人懷疑，一個普通人想要在他的「潛在」聽眾面前運用其
理性，準備高談闊論的時候，到底有幾位願意留下來聽一場有意義的演
說呢？如果有一位路人被一匹瘦馬踢到肚子，痛得哀哀叫，相信留下來
看熱鬧的人甚至會更多一點。

11　伯恩斯，《啟蒙運動》，第 157 頁。

帝國主義的支持者

這裡，我們再回到剛才提到的問題：康德是否支持歐洲帝國主義呢？這個問題，請容許吾人先表達自己的立場，謝某認爲康德是支持歐洲帝國主義的，即便證據都是間接的。

我們從周家瑜的〈「帝國主義的後設敘事？」：康德論文化、文明與世界公民法權〉一文中談起。周教授的文章將其主要目的置於爲康德平反，因爲不少學者指責康德爲歐洲帝國主義辯護，然而周氏從世界公民法權的角度進行分析，認爲康德不可能站在帝國主義那邊，況且即使康德並沒有直接地批評帝國主義的侵略行爲，也不能證明康德對帝國主義懷抱著模稜兩可的態度，甚至是默認帝國主義者的行爲。周家瑜先說明了學者認爲康德的國際政治思想存在著帝國主義色彩，有學者甚至將康德的論述視爲是一種「帝國主義的設定」，例如詹姆士‧塔利（James Tully）主張可以從三個面向（或三個階段）來批評康德的論述，他認爲康德對文化的理解是建立在「某種以歐洲社會爲中心的層級圖像」，塔利解釋道：

> 在康德的〈論永久和平〉一文中，康德似乎將不同社會放置在一個以歷史發展階段區分優劣的統一世界觀當中，在這個世界觀裡用以衡量文明發展程度的度量衡便是歐洲文明。在這個歐洲觀點下，諸如「未開化狀態」（Barbarism）與「野蠻人」（Savagism）等概念被視爲文明發展進程中較落後的階段，與之相對的則是「文明化」與「優雅精練」的社會。塔利認爲在康德的文化論述當中已經可以看出 19 世紀帝國主義的基本論調：首先是將其他非歐洲文明都視爲較劣等的，或是人類文化發展史上較爲落後的階段，其次是以這樣的歷史觀來爲歐洲帝國主義的侵略行爲辯護，最後一步則是將歐洲文化強加在其他非歐洲民族的社會中[12]。

12　James Tully, "The Kantian Idea of Europe: Critical and Cosmopolitan Perspectives," in A. Pagden ed., *The Idea of Europe from Antiquity to the European Union* (Cambridge: Cambridge University Press,

事實上，在這段話裡，塔利說出西方知識體系努力想隱藏的眞相，近代史有太多歐洲列強在帝國主義的旗幟下遠赴海外侵略「無主之地」、暴力脅迫、種族滅絕，以及資源掠奪的殘忍行徑，因爲與當代西方「已開發國家」的高貴形象難以融合在一起，所以只能不斷地利用其早已偏離歷史事實的西方知識體系與大眾傳媒，繼續放送西方國家對全球的貢獻。塔利說得對，一開始歐洲列強打算發動戰爭之前，必然先指責被侵略國家、地區上之不義，因爲到別人的土地上殺人總得有個理由，這樣的話，自己就成了「正義」之師，移動軍隊就不會與「侵略」的行爲連結在一起了，調兵遣將就成了必要之惡，因爲唯有如此，才能將「進步的」制度與「良善的」治理帶給那些「被認爲」是落後的、停滯的社會了。吾人同意塔利的說法，也沒有什麼特別的想法可以補充了，因爲塔利已說出眞相來了。不過，學者周家瑜並不同意塔利（與筆者謝某）的說法，於是乎，再找了另一位學者來支持其想法。但我們得記得周家瑜是從康德的世界公民法權的角度切入的，我們繼續看下去。

　　研究者引用有利於自己的學者之論點，這是個標準的做法，也是學術辯論經常可以看得到的。比較厲害的研究者，一般來說，會將贊成與反對某位專家或大師級思想家——例如康德——區分爲兩組人馬，在贊成者當中選取幾位有聲望的人，在反對者當中也是如此，想當然耳，如此「大規模的」分析工作是更勞心勞力的，並非吾人的能力足以負擔。相對優秀的專家在將學者區分爲兩組之後，該名專家再找出自己認同與否的論點，或者在進行了數個回合的討論之後，這位厲害的研究者，爲自己找到了出路，告訴讀者自己站在反對（或贊成）這一邊，但是應該不會從大家熟知的文化這個視角來觀察，而是從一個長久以來被忽略的觀點——例如康德的世界公民法權——來進行其分析，於是乎，能力相對較強的研究者告訴我們，其研究發現是：康德並非殖民主義的支持者，正好相反，我們應該將康德視爲歐洲對外擴張行動的批判者。在經

2002), pp. 331-357, p. 341, 342, 343，引自周家瑜，〈「帝國主義的後設敘事？」：康德論文化、文明與世界公民法權〉，曾國祥、劉佳昊主編，《帝國與文明：政治思想的全球轉向》（台北：聯經出版社，2022），頁 323-348，第 329、330 頁。

過了繁雜的分析工作之後，周家瑜教授選取了一位學者的論點來支持自己的說法，簡單說，周氏認為塔利上述的說法並不足採信，尚有其他的觀點更有說服力。周家瑜解釋道：

〔桑卡爾·〕慕圖（Sankar Muthu）在其對康德國際政治思想的重構與剖析當中，極具洞見地闡明：康德的**文化與人性概念可以看成是康德批判殖民主義之基礎**〔粗體為吾人所加〕。慕圖首先指出：康德的人性概念（humanity）並不僅限於道德哲學中的抽象的「作為目的自身的理性本質」（rational nature as an end in itself），也包含作為「文化主體」（cultural agency）的能力，因此，康德的「人性」指涉的是：「由文化主體性構成的一組可區別的能力與力量」（a set of distinguishing and constitutive capabilities and powers, consists of cultural agency）。慕圖進一步界定這個「文化主體性」為「某個能夠透過其生活方式去表現其〔……〕發展某些能力的欲望」，這些能力則是對於實踐與維持生活之諸多活動必要之能力。……藉由結合這種文化概念與康德的人性概念（humanity），慕圖主張人類本質上為某種文化性的存有，如果人類本質是文化性的，而**文化又指涉人類選擇生活方式的一系列能力**〔粗體為吾人所加〕，那麼衍生意涵便是此類文化主體（cultural agency）做出選擇與開創人類活動的自由便應當被保障，因為這是某種人類獨有的自由（freedom of humanity）。綜而言之，慕圖認為康德賦予**每一個個人**〔粗體為吾人所加〕自主決定其文化活動與生活方式的自由——慕圖將之稱為某種體現於外在社會與文化中的「集體的自由」（collective freedom）——藉由對康德人性與文化概念的重構，慕圖反駁了前述對於歐洲中心主義之批判，認為康德本身應看成是歐洲對外帝國主義擴張行動的批判者而非同路

人【13】。

　　上述這段周家瑜教授引用慕圖對康德的說法，吾人有以下幾點想要詳加說明，以下逐一分述之。

　　首先，慕圖認爲康德的文化與人性的概念（正）是批判殖民主義的基礎，對此，吾人有不同的看法，康德的文化與人性的概念的確可以用來批判殖民主義，就如慕圖所說的。但是，這種文化與人性的概念也可以用來指責康德生活的 18 世紀，這個世紀正好是英、法兩大帝國主義爲了殖民地大打出手的時期，並且其殖民者堅定地支持奴隸制度的運作，我們稍後會詳盡地討論此議題。那麼，康德到底有爲被殖民者說過什麼嗎？如果有的話，吾人相信也不會太多。其次，慕圖進一步界定康德的「文化主體性」，這是說，一個人能夠在自己的生活方式中表現出某種能力的欲望，這樣的能力是必要的，無論是維持生活的能力，抑或是實踐生活的能力。可想而知，奴隸不可能擁有如此的能力，因此所謂的「每一個個人……的自由」到底指的是誰呢？爲何康德不明說呢？因爲他知道不久前自己熱愛的國家也經營了一家公司，官員與商人們在非洲從事奴隸的買賣，所以康德不敢明言每一個個人是否包括了黑人？但我們能夠從尋常百姓身上看到所謂的「文化主體性」嗎？對此，吾人並不抱持樂觀的想法，因爲在任何時代，總有一（大）群人爲生活所需而疲於奔命，如何爲自己發展出某種能力，實踐在其心中存在已久的、某種目的的生活方式呢？筆者謝某無法像康德、慕圖與周家瑜這般樂觀。

　　再次，周氏再談了慕圖巧妙地結合了康德的文化與人性的概念，更主張人類的本質上有一種所謂的「文化性的存有」，既然如此，文化「指涉人類選擇生活方式的一系列能力」，那麼這種人類獨有的——可「選擇與開創人類活動」的——自由便應該被保障。學者偶而說些「無濟於事」的想法與做法，這應該不難見到，就像某些總是將人權掛在嘴邊的國際法律學家，在其文章中主張糧食權是普世價值，各國應該將之

13　Sankar Muthu, *Enlightenment against Empire* (Princeton: Princeton University Press, 2003), p. 130, 132, 134, 172, 177. 引自周家瑜，〈「帝國主義的後設敘事？」〉，第 336-339 頁。

視為基本人權[14]。然而，事實是 2022 年 9 月時，全球計 200 個非政府組織警告，當時的世界大約每 4 秒鐘就有 1 人死於飢餓，每天將近 1 萬 9,700 人因飢餓而死亡，他們呼籲國際社會必須採取果斷的行動來「結束不斷升高的全球飢餓危機[15]」。可想而知，死於飢餓的人大部分是非洲黑人，就算這些國家將糧食權寫入其國家的憲法之中，對現實問題的解決應該仍起不了任何作用。同樣的道理，學者對全球中下階級放送所謂的「文化性的存在」，要他們努力地維持並且實踐生活，因為人本身就是目的，這種康德式的理念傳播到底意義何在？

最後，我們回想一下，周家瑜的文章之標題是〈「帝國主義的後設敘事？」：康德論文化、文明與世界公民法權〉，其副標題是「康德論文化、文明與世界公民法權」，這裡我們留意一下世界公民「法權」這兩個字，法權應該是指法律上的權利，那麼，這裡就產生了兩個問題必須解決，其一是，康德出生於 1724 年，我們假定他懂事的年紀是 1740 年，也就是他在 16 歲的時候，從 1740 年到 1804 他逝去的那一年，大約有六十年的時間，也就是他成年的生活，大部分與清朝的盛世是重疊的。吾人的問題是，18 世紀啟蒙時期的康德對西方的理解應該多一些，對東方則是少之又少，因為歐洲才剛剛啟蒙而已。先前，我們提到了塔利認為康德的文化概念其實是建立在歐洲是「文明的」，非歐洲是「野蠻的」對比之基礎上，於是問題就出現了，因為康德生存的年代，盛世的清朝比歐洲還要進步，康德的論述基礎並不穩固[16]。其二，清末之前的中國，在引進德國民法之前，傳統中國是個義務觀的社會，上至皇帝、下至升斗小民都沒有權利的概念。康德不懂中國也就算了，但周家瑜用法律的「權利觀」來理解康德所謂的「世界公民法權」是有問題

14　事實上，所謂的「適足糧食」這項權利在國際法下的部分文件中得到了認可，例如《經濟社會文化權利國際公約》對此的處理是相對較為全面的，根據該《公約》第 11 條第 2 項之規定，締約國必須確保人民「免受飢餓和營養不良之基本權利」。當然，此項權利適用於每一個個人。

15　中央通訊社，〈每 4 秒就 1 人死於飢餓　公開信籲世界領袖果斷行動〉，*The Central News Agency*，2022 年 9 月 20 日，https://tw.news.yahoo.com/%E6%AF%8F%E7%A7%9……，檢索日期：2024 年 1 月 3 日。

16　關於清朝盛世比起整個歐洲還要進步的論述，請參照，彭慕蘭（Kenneth Pomeranz）著，邱澎生等譯，《大分流：中國、歐洲與現代世界的形成》（高雄：巨流圖書，2004）。

的，因爲從法律社會學的觀點來看，東、西方的治理方式不同。吾人認
爲這是不妥的，是勉強用西方的「權利觀」來檢視東方（中國）的「義
務觀」之法律體系[17]，簡單說，用前者的視角無法理解後者的法律體系
之運作方式。

當然，不是每個人對於奴隸制度都產生同樣的感受，康德對於奴隸
制度的看法，可能與他對歐洲帝國主義的「批判」相似，不見得讓人可
以看得那樣清楚。1680 年代的德國也在奴隸貿易扮演著一定的角色，
雖然不像先前的荷蘭與後來的英國的主要角色那般。然而，18 世紀初
期該公司——普魯士布蘭登堡非洲公司[18]（The Prussian Brandenburg
Africa Company, BAC）——還繼續經營著，那時候，康德正處於青年
時期。或許其思維的縝密性不如中、晚年，但是康德應該聽過這家公司
才對，也應該聽說過這家公司在做什麼買賣。然而，康德對此似乎不甚
在意。

啓蒙運動與歐洲的咖啡館

啓蒙運動與歐洲的咖啡館之間的關係，它似有似無，所以並不適
合在科學實證主義底下存活。然而，因爲實在有不少的啓蒙思想家、
藝文界人士等經常花上很多時間在咖啡館度過一整天或一個下午，咖啡
館可以說是激發想法的場所。況且，當代解構主義大師雅克・德希達
（Jacques Derrida, 1930-2004）就曾說過：「啓蒙運動……就其本身而
言，是對毒品〔drugs，藥物〕的宣戰[19]。」以當代的觀念而言，咖啡當
然不是什麼毒品，但它是一種類鴉片，成分中含有嗎啡作用的化學物
質，德希達這句話的意思是，啓蒙運動本身是一場對成癮性植物的戰

17 關於西方知識體系對（傳統）中國法律之長期誤解，請參照，Hongren Xie (as Hung-Ren Shie
or Vincent H. Shie), "Restore the Truth: Traditional Chinese Law and Its Distortion by the Western
Knowledge system," *International Critical Thought*, Vol. 5, No. 3 (September 2015), pp. 296-312.
18 謝宏仁，《歐洲中心主義與社會科學：挑戰西方至上的舊思維》（台北：五南圖書，2022）。
19 Jacques Derrida, "The Rhetoric of Drugs." Trans. Michael Isael. *Points: Interviews*, 1974-1994. Ed.
Elisabeth Weber. Trans. Peggy Kamuf and others (Stanford: Stanford University Press, 1995), pp. 228-
254, p. 250, cited in David L. Clark, "We 'Other Prussian': Bodies and Pleasures in De Quincey and
Late Kant," *European Romantic Review*, Vol. 14 (2003), pp. 261-287, p. 276.

爭，但相信戰勝的人不多。康德的同性好友英國散文家托瑪斯‧德‧昆西（Thomas De Quincy, 1785-1859）就說過，他自己被一群沉溺在咖啡氣味的人所圍繞，但康德是「唯一全神貫注在對咖啡難以抑制的渴求當中」的人[20]。

以下，再分為五個小節分述之，第一，咖啡館在 18 世紀（以前）已逐漸成為社會菁英經常參加的一個公共輿論領域。第二，理性時代的提神劑實非咖啡莫屬，雖主張沒有咖啡就沒有啟蒙運動是稍嫌誇大，但也不無幾分道理。第三，歐洲咖啡館資訊網，人們交換的訊息在啟蒙時代扮演重要角色，有必要加以說明。第四，吾人介紹倫敦市的咖啡館與經常造訪的名人們。第五，接著再介紹巴黎咖啡館與沙龍，以及生活在其間的名流雅士。

事實上，18 世紀歐洲的咖啡館已經成為一個新興的公共輿論領域，我們看看當時的情形。

公共輿論領域：咖啡館

以下吾人想說的，除了飲料可能不一樣、地點不同，以及表現方式有差異之外，東方（中國）在同一個時期並非必然不存在類似的事物，例如公共領域、新興（資產）階級，以及文化活動等，只是現在，我們討論的重點在歐洲。

先前，這是社會上特權階級才能做的事，但約莫在 1780 年，歐洲的新興資產階級也開始追求知識，除了公共講座、各種課程，以及文化活動之外，像是傳播地理發現、哲學成果與科學創新等各種知識之公私立機構，無不積極地展開活動，沙龍、畫廊、歌舞劇場、公共廣場，以及節日所舉辦的各項活動，各自保持著獨自的文化特質成為「集體資源」之一部，於是，人們利用這些資源來生產和傳播知識。這裡，吾人想要強調的是，新的途徑讓新的思想有了向外傳播的機會，「城市精英階層找到了新的交流場所，如公共講座、茶室、咖啡館、圖書館、畫展和各類戲劇演出。由此誕生了一個公共領域，它脫離了君主的宮廷及其

20　Clark, "We 'Other Prussian'," p. 283, Note 35.

規範[21]」。啓蒙運動的確是個新的時代，雖然並非每個人都有閒情逸致去參加各式各樣的知識與文化活動，但至少城市裡的中、上階層的確有更多時間與機會了。此外，儘管歐洲掃除文盲的確切資料很少，但是可以確定的是 18 世紀能讀書寫字的人迅速增加，啓蒙時期文學家、作家的確也需要一群讀者團體，當然，這與印刷術的進步有關，這一點，與宗教改革類似。

　　值得一提的是，無論是試圖理解自然也好，研究人性也罷，啓蒙時期「圍繞著新的觀察模式、新的實行手段、證據生產系統、被見證的科學實驗，還有理性和說服的推論技巧運用而建立的」。以上的種種，讓歐洲在啓蒙時代所強調的理性主義得到充分的發展，吾人以爲，歐洲知識界對這樣的發展應該會產生與有榮焉之感，這無庸置疑。當時，也是歐洲有史以來的第一次，個人收藏的書籍成爲遺囑中能夠被繼承的財產，歐洲的名家在當時也設立了藏書量達數千冊的圖書館，這對於知識的傳播具有實質之助益。此外，還有一個趨勢，那就是：「啓蒙思想家鍾愛小說，因爲主人公的悲慘命運往往能引起讀者的共鳴，此外，他們還大量閱讀期刊、新聞。」雖然新聞報導的眞實性不見得很高，但是人們想要獲得各個領域的信息之迫切需求得到了滿足[22]。然而，對本文更具重要性的還有新興的消費品，當然，吾人關心的不只是消費品本身，而是它們與啓蒙思想家們的連結，特別是咖啡。

　　美國國家地理學會於 2022 年出版了簡體中文版的《啓蒙運動》一書，對於書籍、期刊、新聞與咖啡這些新產品之間的交互作用做了以下的解釋，該學會說：

　　公眾對新事物的品味，以及新興消費品強大的吸引力都有利
　　於擴大這些不同的反響。當時，茶葉、咖啡、糖和煙草等稀
　　有或不知名的產品開始在歐洲主要城市大規模銷售。18 世

21　美國國家地理學會（National Geographic Society）編著，陳凌娟譯，《啓蒙運動》（北京：現代出版社，2022），第 111 頁。
22　前揭書，第 113-114 頁。

紀，歐洲和美洲殖民地、加勒比海、印度和我們今天所知的印度尼西亞的對外貿易以驚人的速度增長。因此，歐洲夢寐以求的商品迅速成爲任何聚會的藉口和幾乎無可或缺的因素。顯然，咖啡館，這個新英國資產階級的聚會場所，就像路易十五的法國茶室一樣，如果沒有茶和咖啡，就不會是現在的樣子。然而，這些產品本身是不夠的：人們去咖啡館不僅僅是喝茶，也許最重要是評論新聞，閱讀現有的期刊，甚至討論借來的書。這些新產品——咖啡、新聞、期刊和書籍——都是這個過程的一部分而已[23]。

上述這段話，說明了啓蒙運動這個時代的新產品，具體而言，書籍、期刊、新聞與咖啡，其中的最後一項，必須從國外進口，除了茶葉、蔗糖與煙草之外，還有一項相當重要的產品咖啡。雖然是事後解釋，但啓蒙運動若是缺少了上述新產品的其中一項的話，那麼，很可能啓蒙運動的成就會稍微減少一些吧！但無論如何，咖啡館已經成爲一個新興的公共領域。沙龍則不同，是屬於私人的社交場合，我們稍後會討論。

接下來，我們談談咖啡這項新產品，它連結了大西洋兩岸，以及其他同樣也是適合種植咖啡的地方——例如印度尼西亞等，不過，當然與其他殖民地一樣，不會是殖民者自己「下田」去種。

理性時代的提神劑

這麼說，也許一千年之間落後東方太多了，於是中古世界甫結束時，「向上的」歐洲人即開始回憶起古希臘的美好時光，雖然都記不太清楚那個奴隸社會到底還留下了什麼隻字片語，但努力的歐洲人還是「決定」展開其文藝復興運動，總不能等什麼都準備好了才宣布開始，時間是不等人的。但這樣子還是不夠，對於比較勤奮所以總是閒不住的歐洲人而言，（古希臘、羅馬）文藝都已經復興了，緊接著還得揚帆起航，到「新大陸」去走一圈再回來向贊助者炫耀一番。而歐洲人向海外

23　前揭書，第 115-116 頁。

探索「未知的」大陸，其目的是爲了讓「未開化」的異教徒也能享受文明所帶來的果實，我們被如此地告知。

　　歐洲人並不滿足於此，他們還得進行內部的改革，因爲他們懂得反省，特別是在宗教的墮落這方面，於是歐洲有了代表「現代性」的路德。不過，路德百分之百的反猶主義絕對要隱藏起來，尤其是不能讓那些學習社會科學的學生知道，這群人的批判性應該給予適當的壓制，以免壞了歐洲中心主義這個堪稱完美的意識形態。在宗教改革[24]之後，歐洲人並不因此而自滿，他們在方方面面展開了啓蒙運動，可能是因爲追求「理性主義」，它是一種持續進行的過程，可以這麼說，這種運動不像是「半馬」，而比較像是「全馬」，讓人總是覺得有種跑不完的感覺。這項運動與其他三項不太一樣的地方是：啓蒙運動發生的時期，剛好也是歐洲帝國主義——主要爲英法兩國——對於（配合大規模種植園的）奴隸制度與定居殖民主義最爲支持的時期。而在啓蒙運動時期，必須維持清晰的腦力，因爲各行各業都在追求理性主義，「理性時代的主流飲品是**咖啡**〔粗體爲原文所有〕，這項神奇又時尚的飲品源自中東地區，最終引入歐洲[25]」。這麼說，歐洲人在這段期間裡，腦力不斷地發展，而這需要——大思想家們應該比平常人更渴望得到——讓人清醒的飲品來刺激腦部之有效運作，因此這種飲品就非咖啡莫屬了。啜飲著咖啡同時爲全人類思索著未來的當然都是白人，因爲「歷史」告訴我們，

---

24 威爾·杜蘭特（Will Durant）對於本書討論的歐洲（或全人類）史上最重要的幾件事，像是文藝復興、宗教改革與啓蒙運動等，曾經做過以下的總結，杜蘭特說：「近代心靈的眞正問題並不存在於天主教與新教之間，也不在宗教與文藝復興之間，而是基督教與啓蒙運動之間。啓蒙運動的時間很難追記清楚，大約是隨弗朗西斯·培根〔法蘭西斯·培根，1561-1626〕而起始於歐洲，志在理性、科學與哲學。就像藝術是文藝復興的主調，宗教是宗教改革的靈魂，科學與哲學也就成爲啓蒙運動的神。從這個立足點來看，文藝復興的確傳承歐洲心靈發展的主流，後來導出了啓蒙運動；而宗教改革卻逸出常軌，排斥理性，重新肯定中世紀的信仰。」請參照：威爾·杜蘭特（Will Durant）著，臺灣幼師文化譯，《文明的故事 (6)：宗教改革》（成都：大地出版社，2018），第 1178 頁。
　　這裡，我們可以看到杜蘭特所認爲的「宗教改革……排斥理性，重新肯定中世紀的信仰」，與古典社會學大師韋伯所看到的極爲不同，韋伯看到的是，在宗教改革之後，歐洲在各方面都開始了理性化的過程，於是歐洲就成爲今日的歐洲了。吾人贊成杜蘭特的說法，宗教對理性的科學，或科學的理性都不是很歡迎，韋伯是看錯了，就如我們在本書第三章所分析的那樣。

25 湯姆·斯丹迪奇（Tom Standage）著，謝慈譯，《歷史六瓶裝：啤酒、葡萄酒、烈酒、咖啡、茶和可樂，一字排開，數千年文明史就在你眼前！》（台北：方語文化出版，2023），第 19 頁。

只有白人有這樣的能力，而且更重要的是：他們願意「無私地」承擔這樣的責任。於是，種植咖啡（與蔗糖）的大量勞力只能由黑人與印第安人來提供了，畢竟少有大思想家們同時也身為體力勞動者[26]。

　　理性時代，需要的是一顆清醒的頭腦。那麼，可想而知，啤酒不適合，淡葡萄酒也不適合，烈酒更不適合，畢竟一大早就喝得醉醺醺地走到上班的地點，不誤事也難。那麼，中國人「（被逼著）喜歡的」鴉片呢？吾人以為，買了最多中國茶葉的英國人應該比較能夠回答這個問題，因為他們在「理性的」、「科學的」與「價值中立」的學術倫理觀的調教之下，應該更能接近歷史的「真相」才是。雖然，這是事後解釋，但歷史已經證明了人類不可能找到比咖啡更合適的飲料來幫助自己整理原來雜亂的思緒。以上的種種，均說明了咖啡的確不得不成為啓蒙運動時期人們的最愛，17 世紀傳入的咖啡為接下來的啓蒙運動提供了偉大的提神劑，因為理性的時代，思想家需要清晰的腦袋瓜兒，隨時準備為人類世界開拓未知、創造新知，同時也消除無知。所以，我們可以這麼說：咖啡這種新的飲料有利於歐洲新興理性主義的傳播。

　　現代人對咖啡應該不陌生，然而值得一提的是，數百年以前，飲用水並不像現今這麼安全，這是因為過多的人口集中在都市生活，飲用水在擁擠與骯髒的生活環境中經常受到污染，所以歐洲當時的人們經常在早餐就飲用啤酒與淡葡萄酒。咖啡的引進，的確給了當時的人一個非常不同的選擇，一個相對安全的選擇，至少對於工人的職位而言。因為若是僅僅為了安全上的考量而在清晨就飲酒的話，工作時就會昏昏沉沉地難以思考；而若是飲用咖啡的話，人們就會有更清醒的腦筋來應付各種狀況。可以說，相較於含酒精的飲料，咖啡讓整個歐洲大陸都甦醒過來了，不只是稍微有錢的平民，就連大思想家們都是如此。然而，如果我們再加上啓蒙運動的大師級人物康德，他在其晚年的歲月裡也愛上了咖啡這種飲料，一整天下來總得喝上個幾杯，雖然很難證明康德在喝了咖啡之後，必然會思索出對全人類有幫助的想法，但是，沒有咖啡的康

---

26 杜蘭特，《宗教改革》，第 1178 頁。

德，對其偉大創意應該會打上一些折扣才對，說不定就連「絕對命令」都想不到呢！

　　有一位法國歷史學家朱爾·米榭勒（Jules Michelet, 1798-1874）曾經這樣描述過這種偉大的提神劑，他說：「咖啡是清醒的飲料，是大腦強大的滋養，會讓人更加清醒，和烈酒大不相同。咖啡會清除籠罩想像力的烏雲，和陰鬱的壓力。咖啡會讓眞實閃現，瞬間照亮現實[27]。」咖啡一杯，讓人即刻進入啓蒙狀態。的確，就如米榭勒所言，咖啡可以讓烏雲消失，並且使思想家們的想像力馳騁於天際，絲毫不爲邊界所限。咖啡將會讓眞實重現，還會照亮現實。寫到這裡，筆者謝某眞想再喝一杯咖啡，這樣的話，就能重現眞實，讓過去不被注意的事實——例如倫敦（或巴黎）咖啡銷量最大的時期，大約也是黑奴受到英國（與法國）最大剝削的時期，同時也是啓蒙運動時期——得以因爲（再度）被詮釋而得到更多人的認識。此外，如果與經常因爲喝醉而鬧事的小酒館相比較的話，供應咖啡的地方通常氣氛舒適、莊重又冷靜，頗適合談論嚴肅一點的話題。因此，這些場域有意無意地提倡了有禮貌的辯論，不僅有教育的意義，也讓身處在那樣的環境的人，有了自我提升的機會。

　　上述咖啡館的情景，可能與東方喜歡喝茶的、無時無刻想修身養性的儒士身處的氛圍有些類似，不過謝某以爲，如果請社會學古典大師韋伯用他極爲熟稔的二分法來進行比較的話，韋氏應該會告訴我們，歐洲的咖啡館裡的聚會是有意義的，特別是在 18 世紀的啓蒙時期，很多大思想家們成天都泡在咖啡館裡享受著「理性主義」的薰陶，此時此刻，人性的光輝照耀著歐洲大陸，想必那些居住在地中海沿岸的黑色非洲大陸之人民應該也能看到餘光才對。那麼，韋伯所認爲的——應該說他「想像的」——中國城市裡可以喝茶的地方，儒士談的內容只是些沒有意義的芝麻小事而已，不可能產生像歐洲那樣有意義的社會變遷，對韋伯而言，這應該是茶葉與咖啡最大的差別了。我們應該在這裡停止再討論韋伯了，因爲讀者應該都能猜到大師韋伯會說出什麼「有價值的」

27　斯丹迪奇，《歷史六瓶裝》，第 162 頁。

（valuable）論點。

接下來，我們談一點啟蒙運動時期倫敦與巴黎咖啡館的盛況，當然，還得提醒一下讀者，應該三不五時地想想大思想家們用手拿起的咖啡杯裡的黑色液體，是多少黑人奴隸賣命生產出來的。

歐洲咖啡館資訊網

倫敦這個城市的資訊網是由咖啡所驅動的，就像是歐洲的大城市那般。只不過，這個城市的咖啡銷售量，若按照推論的話，應該數量會大一點，因為占領美洲殖民地最大的帝國，就是大英帝國了，再加上這個帝國在黑人奴隸的（「國際」）貿易上是取代了荷蘭而成為 18 世紀全球最大的奴隸貿易之領導羊，因為掌握了咖啡的供應量，所以價格應該相對便宜一些，如果按照經濟學的供需法則來斷定的話。事實上，「咖啡館的重要性在倫敦……這城市格外顯著，1680 年至 1730 年間，倫敦消耗的咖啡遠超過任何其他的歐洲城市[28]」。的確如此，不過，吾人也相信，黑人奴隸對於「咖啡館的重要性在倫敦」亦扮演著一定的角色，只是英國人不太愛提這件事而已，其他歐洲國家——特別是曾與奴隸貿易有一丁點關係的國家——應該也對此議題避之為恐不及，因為怕「殃及池魚」。

話說啟蒙的年代，當時的人應該有寫日記的習慣，湯姆·斯丹迪奇（Tom Standage）——《經濟學人》的（前）副總編輯曾做過這樣的描述，他說：

> 當時知識分子的日記中很常提到咖啡館：「而後到咖啡館」這樣的句子頻繁出現在英國公務官員賽繆爾·皮普斯（Samuel Pepys）著名的日記裡。「他在 1664 年 1 月 11 日的記錄透露了當時咖啡館如同國際都會般，充滿各種境遇的奇妙氛圍。在那裡，無論多麼深奧或微不足道的議題都能討論；你永遠不知道能遇見誰、聽到什麼消息。『而後到咖啡館』〔粗體

28　斯丹迪奇，《歷史六瓶裝》，第 190 頁。

爲吾人所加〕，遇見了威廉‧配第爵士（Sir W. Petty〔1623-
1687，一位提出很多新觀點的重商主義者〕）和葛蘭特船長
（Captain Grant）……城鎮大眾談論的話題仍是科隆奈爾‧透
納（Collonell Turner）搶案，認爲他應該會被吊死」。
咖啡館是自學、文學、哲學推論和商業創新的中心，在許多
情況下，也會觸動政治紛擾。不過更重要的是，隨著客人、
出版品和資訊的流動，咖啡館是新聞和八卦的交易所〔粗體爲
原文所有〕。若將所有的咖啡館串聯起來，便形成了歐洲理
性時代的網絡[29]〔粗體爲吾人所加〕。

上述這段話當中，至少有四個論點值得再敘述一下。首先，當時受過教
育者經常在有空閒時，到咖啡館與人聊天，或者聽聽小道消息與最新的
知識，這已是日常生活的一部分，所以才會有「而後到咖啡館」這樣的
句子。第二，客人的流動、出版品的流動，以及資訊的流動全都在咖啡
館裡完成，咖啡館已成爲各種不同職業的人聚集的地方，同時成爲資訊
交換中心，如前所述，咖啡是理性的啓蒙時代最時尚的飲料，咖啡館當
然也就成爲了已經跟上了、或者想要跟上時代潮流者最想去的地方（之
一）。
　　第三，雖然人們在意的應該是對自己——是思想家、作家、學者
也好，是演員、船員、工人或是商人也罷——有價值的消息，就是因爲
不能錯過任何足以產生「（物質上或精神上的）利潤」的資訊，於是，
保持清醒的頭腦就變得很重要了，此時，咖啡館裡提供的飲品難道對
於大思想家的論點之形成沒有幫助嗎？當然不可能沒有，雖然的確不
太容易證明。最後，也就是第四點，或許也是最重要者，吾人以爲。斯
丹迪奇提到了如果我們把當時所有的咖啡館串聯起來，便形成了「歐洲
理性時代的網絡」，吾人以爲，應該不容易找到比斯丹迪奇所說的這幾
句話更適合拿來描繪啓蒙運動的了。然而，我們不應該忘記的是，先

29　前揭書，第 184、190-191 頁。

前，我們提到了法蘭克的「低度發展的發展」，這裡，我們可以再一次將它拿來運用，如前所述，這個概念是指已開發國家的「發展」與發展中國家的「低度發展」是同一個歷史過程，也就是說，前者——通常是殖民母國——利用各種機會掠奪殖民地的資源；後者——通常是被殖民國家——則因為資源被法蘭克的「都會－衛星」連結送去殖民母國，此過程經過了數百年，最終造成了被殖民國家的低度發展，與殖民母國的（高度）發展。在法蘭克提出這樣的概念之前，國家的不發展，經常被視為是自己國家內部的事，與外界無關。那麼，回到我們所關切的議題，難道非洲奴隸、美洲原住民在理性主義上的「低度發展」與歐洲理性時代的網絡無關嗎？對此，吾人深表懷疑。

　　斯丹迪奇要我們串聯起歐洲咖啡資訊網，此網絡可以稱之為「歐洲理性時代的網絡」，那麼，在法蘭克的指引下，我們看到了什麼呢？如果我們串聯起將轉送非洲黑奴座落在西非沿岸的港口，與在美洲轉運印第安人的商業中心的話，那麼，我們是不是也能說，這就是一個「非洲與美洲愚昧時代的網絡」呢？吾人以為，這並無不可，畢竟，「歐洲理性時代的網絡」，與「非洲與美洲愚昧時代的網絡」，兩者發生在同一個歷史過程裡。簡言之，奴隸將經歷過數個世代的強度的體力勞動，腦筋的思考能力，大約就只剩下「一個口令一個動作」這樣的反應而已，可以說與啟蒙時代的「理性主義」完完全全絕緣了。換句話說，正當歐洲人生活在啟蒙運動的氛圍之中，非洲黑奴也好，美洲印第安人也罷，正在大西洋另一邊為啟蒙的大思想家們生產他們在「開發大腦」時所不可或缺的清醒飲料，也就是咖啡，還有可以和苦味相得益彰的甜味，來自於甘蔗裡的甜。18世紀（及其後的歲月裡）歐洲在智識上產出了偉大的想法，無論是自然科學或是社會科學，然而，非洲奴隸與美洲原住民在智識的發展上卻（非自願地）停留在「低度發展」的狀態，為的是成就歐洲人啟蒙的「（高度）發展」。啟蒙時期的「（理性之）發展與低度發展」其實是在同一個歷史過程中發生的。我們可以這樣問問自己：19世紀以前，有多少出身自非洲、美洲的大思想家呢？

倫敦咖啡館與名人

　　咖啡在 17 世紀中葉傳入歐洲，傳播的速度算是快的了，倫敦在 18 世紀一開始時，也就是 1700 那一年，整個城市已經有了數百間風格獨具的咖啡館。當時，不同職業別的人們聚集到特定的咖啡館，如此的話，獲取專業知識的機會應該大上不少，例如「在聖詹姆斯區（St. James'）和西敏市附近的咖啡館常有政治家光顧」，經常光顧「聖保羅大教堂（St. Paul's Cathedral）附近的常客則是神職人員和神學家」，文學的重要人物，以及其愛好者「在柯芬園（Covent Garden）的威爾咖啡（Will's coffeehouse）聚會，詩人約翰·德萊頓（John Dryden）和同好們在此討論最新詩作和劇本長達三十年」。另外，擠滿了生意人的地方則是「皇家交易所（Royal Exchange）附近的咖啡館……他們會在固定的時間光顧，方便客戶和其他生意夥伴聯絡，或是**把咖啡館當成辦公室、會議室或交易所**[30]〔粗體爲原文所有〕」。因應顧客不同的需要，咖啡館會提供各種情報，像是物價、股價與船運清單，也有一些咖啡廳會向外國訂閱報章讓顧客早一步知道國外的最新消息。咖啡館與特定的產業——尤其是樂師、演員與水手等——之從事人員有往來，需要的話，咖啡館可以化身爲找工作的媒合地點。

　　此外，我們再看看另一位啓蒙時期常在咖啡館寫作的大師級人物，他應該是全球學術界引用次數最多的經濟學家——亞當·斯密（Adam Smith, 1723-1790）。生活在啓蒙時代的斯密，被認爲是經濟學的鼻祖，其巨著《國富論》[31]則可以說是現代經濟學的開山之作，此書爲自由經濟奠下理論基礎；另外，斯密首次提出了市場會由「看不見的手」（invisible hand）[32]來自行調節，它是個經濟學上的隱喻，最早是在斯密另一本大家較爲不熟悉的《道德情操論》[33]中出現的，但此概念的完

30　前揭書，第 185-186 頁。

31　亞當·史斯密〔亞當·斯密〕著，謝宗林、李華夏譯，《國富論》（台北：先覺出版社，2000）。

32　「看不見的手」這個概念首次出現在《道德情操論》，請參見：亞當·史斯密〔亞當·斯密〕著，康綠島譯，《道德情操論》（台南：狼角色文化，2011）。不過，此概念之相對完整的說明則見於斯密較爲有名的《國富論》一書當中。

33　亞當·斯密，《道德情操論》（北京：北京理工大學出版社，2009）。

整敘述則是在《國富論》。斯丹迪奇寫道：

> 在這段〔1760 與 1770 年代〕期間，公共和私人財經領域急速創新〔等〕……讓倫敦取代了阿姆斯特丹，成爲世界財經中心，稱爲「金融革命」。背後動力除了維繫龐大殖民戰爭高昂成本造成的必要性，也多虧咖啡館**生氣蓬勃的知識環境和實驗精神**〔粗體爲原文所有〕。財經界的《原理》是蘇格蘭經濟學家亞當〔亞丹〕‧斯密（Adam Smith）寫成的《國富論》（*The Wealth of Nations*），其中解釋並推崇興起的自由資本主義，宣稱若想刺激商業繁榮，最好的做好就是**放任不管**〔粗體爲原文所有〕。這本書大半是在英國咖啡館（British Coffee House）完成，這是亞當‧斯密在倫敦的基地和郵寄地址，很受蘇格蘭知識分子歡迎[34]。

提到了斯密，人們會直接聯想到其大作，腦海裡也自動浮現「自由貿易」四個大字，應該無須再多加解釋才對。不過，或許值得留意的是，斯密花了不少時間泡在咖啡館裡，若不是這樣的話，其巨著不一定能夠順利問世。

巴黎的咖啡館、沙龍與女性

這裡，我們分爲兩個部分來談，第一，巴黎的咖啡館，以及經常在那兒出入的名人。第二，與咖啡館相似，沙龍（Salon）也是啓蒙運動時期知識傳遞之所在，不過二者不同的是，沙龍的主人會邀請合適的人參加，而且這些都是上流社會人士，沙龍是私人的社交場合，它不像咖啡館，各行各業的人來消費都會受到歡迎。我們將會討論沙特萊侯爵夫人（Marquise Du Châtelet, 1706-1749），她是法國數學家、物理學家和哲學家。第三，我們檢視啓蒙運動時期的女性之地位，無論是在巴黎，或者在整個歐洲。

---

34 斯丹迪奇，《歷史六瓶裝》，第 201 頁。

巴黎的咖啡館

　　與倫敦的狀況相似，巴黎的咖啡館也是到處可見，看起來，這或許是巧合，不過謝某相信應該不是，這是因爲英法兩國正是堅定支持奴隸制與殖民主義的兩大帝國，我們稍後再談這個議題。

　　17 世紀咖啡從阿拉伯傳到歐洲，到了 18 世紀初，歐洲又將咖啡樹帶到美洲去種植，逐漸開始了美洲咖啡豆的生產。當然，可想而知，歐洲人不可能願意一直向阿拉伯人購買咖啡豆，這樣的話，利潤全被阿拉伯所壟斷，歐洲人必須打破這種咖啡豆貿易被阿拉伯人所壟斷的態勢[35]。前述才提及的蘇格蘭經濟學家斯密先生，對於自由貿易情有獨鍾，主張政治對於經濟活動最好是放任不管，這樣才能達成最有效率的配置。不過，如果按照斯密的說法去做，阿拉伯人就會繼續壟斷咖啡貿易，難道荷蘭、英國與法國會願意持續用高價向阿拉伯商人購買嗎？不可能，所以斯密的說法在這兒完全站不住腳。事實上，英國、法國在美洲的殖民地，利用大量的非洲黑人與美洲印第安人生產咖啡等熱帶植物，目的之一就是打破這種壟斷的局面。

　　巴黎這個城市就和倫敦一樣，街頭巷尾都找得到咖啡館，在 1750 年時，就達到 600 家的總數。同樣地，就像倫敦的咖啡館那般，巴黎的咖啡館也有各自的主題，也建立了與相關產業之間的連結。斯丹迪奇對巴黎的咖啡館、主題與產業的連結做出了以下的說明，他寫道：

詩人和哲學家聚集在突尼斯咖啡館（Café Parnasse）和普羅可布咖啡館（Café Procope），常客包括盧梭〔Jean-Jacques Rousseau, 1712-1778〕、狄德羅〔Denis Diderot, 1713-1784〕、達朗貝爾〔Jean le Rond d'Alembert, 1717-1783〕，以及美國科學家和政治家班傑明・富蘭克林〔Benjamin Franklin, 1706-1790〕。伏爾泰〔Voltaire, 1694-1778，原名弗朗索瓦－馬里・阿魯埃（法語：François-Marie Arouet）〕在普羅可布

35　前揭書。

咖啡館有自己偏愛的桌椅，據說一天會喝好幾杯咖啡。演員
們聚集在盎格魯咖啡館（Café Anglais）；音樂家則喜歡亞歷
山大咖啡館（Café Alexandre）；軍官在軍隊咖啡館（Café des
Armes），而盲人咖啡館（Café des Aveugles）則同時兼具妓
院功能。和上流社會造訪的沙龍不同，法國的咖啡館對所有
人開放〔粗體爲原文所有〕，即使女性也不例外[36]。

這段話有幾個重點，分述如下。首先，普羅可布咖啡館的常客裡，有許
多至今仍具備巨大影響力的思想家，像是盧梭、狄德羅、達朗貝爾與伏
爾泰等人都曾在普羅可布咖啡館享受其知識盛宴。當然，在頭昏腦脹的
時候，對於思想家們的知識傳遞會是個明顯的阻礙，此時，咖啡這種醒
腦的飲料成了不可或缺之物，因爲人們只有在頭腦清醒的時刻，才有可
能釐清紛亂的思緒，清晰的邏輯才有機會呈現出來。當然，沒有一個思
想家會關心自己手中的咖啡是怎麼來的，這是因爲啓蒙運動有更多需要
操心的議題。

　　第二，法國的咖啡館對所有人開放，這一點與英國不同，在同一
個時期裡，英國的女性不像法國那樣地自由，因爲英國女性被禁止進
入咖啡廳。雖然，比起英國，法國的女性的確享有更大的自由，至少在
喝咖啡這件事之上，但是如果將 18 世紀啓蒙運動時代之女性運動的成
就——例如男女平權已經在巴黎實現——過度誇大的話，那也不符合歷
史事實，我們在下一小節討論巴黎沙龍時，再分析當時女性的地位。

　　第三，先前我們談到了美國《獨立宣言》，而本文也主張從某個
角度來看，若是我們將此宣言視爲歐洲啓蒙運動的具體成果（之一）應
無不可。另外，獨立宣言的起草人之一富蘭克林，當時經常出現在歐洲
啓蒙運動的「討論區」裡，例如富蘭克林就曾造訪位於巴黎的普羅可布
咖啡館，這裡是詩人和哲學家聚集的地方，那裡的常客還有盧梭、伏爾
泰、狄德羅和達朗貝爾等人，富蘭克林寫在獨立宣言之中的許多概念與

36　前揭書，第 204、205 頁。

歐洲啓蒙運動的思潮存在著關聯,當然,可以想見地,富氏到了巴黎或歐洲任何一個大城,在咖啡廳裡喝到的黑色液體,大多數應該是來自於中、南美洲,由歐洲(商)人——大部分是英國人——從黑色非洲「買來」、「搶來」,或「俘虜」而來的奴隸,再運送到美洲的大種植園裡爲歐洲的消費者所生產的產品[37]。

沙龍與沙特萊侯爵夫人

前面已述及了沙龍是一個由主人邀請其賓客參加,是上流社會重要的社交場合,參加者除了享受生活、愉悅自己之外,也能藉由這樣的機會吸取最新的知識,同時又能提升自己的修養、氣質等,都算是沙龍的附加價值。沙龍於 16 世紀時最早在義大利出現,17、18 世紀的法國也相當流行,直至現今依然存在著。這裡,我們的主角原名爲加布麗埃勒・埃米莉・勒托內利耶・德・布勒特伊(Gabrielle Émilie Le Tonnelier de Breteuil, 1706-1749),她就是一般所熟知的沙特萊侯爵夫人(Marquise Du Châtelet)。19 歲時,她接受家裡的安排嫁給大她 10 歲的軍官沙特萊-羅蒙侯爵(Marquis du Châtelet-Lomont),兩人似乎沒有任何共同點,如果說侯爵夫人眞的享受到了婚姻生活,應該也不是太多才對。後來,她與擁有盛名的法國哲學家伏爾泰之間發生了親密的情愫,然而,多數的歷史學家卻將她視爲伏爾泰(Voltaire, 1694-1778)思想的侍女(近身女僕、貼身丫鬟),如此,沙特萊侯爵夫人在學術上的工作與貢獻往往被忽略了,但這似乎是 18 世紀(與之後很長的歲月裡)女性專業人士在父權體制下的普遍遭遇。事實是,人們大多知道伏爾泰,但是人們對「具有重大意義的」(monumental)沙特萊在物理學與數學的成就卻幾乎一無所知[38]。不過,我們還是得承認,巴黎的女性之待遇並不是最差的,因爲同時代的倫敦女性還不被允許進入咖啡館談天說地呢!

---

37 前揭書。

38 Steve Barnes, "Mistress of Math," *Humanities: The Magazine of the National Endowment for the Humanities*, Vol. 35, No. 1 (January/February, 2014), p. 7.

　　沙特萊侯爵夫人是法國的數學家、物理學家和哲學家[39]，於 1739 年時，就因為〈關於火災的性質和傳播的論文〉（Dissertation sur la nature et la propagation du feu）而引起了法蘭西學院（French Academy）的注意，並且於 1744 年與多位得獎者的論文一起被重印。此論文和 1740 年侯爵夫人為其 13 歲兒子所撰之《物理學教程》（英文：Institutions；法文 Institutions de Physique）——本書講述當時哲學與科學方面的最新思想——於 1740 年與 1742 年付梓，因為上述之二著作，沙特萊侯爵夫人在學術圈裡得到了極大的注意力。該書在 1743 年被譯為德文與義大利文，沙特萊侯爵夫人的名聲已經傳遍整個歐洲[40]。事實上，沙特萊侯爵夫人的著作頗豐，除了上述知名的兩傑作之外，她也是首位將牛頓的《自然哲學的數學原理》（簡稱《原理》）翻譯為法文的人，其影響不容小覷，也難怪邁阿密大學歷史學者荼蒂絲·津瑟（Judith P. Zinsser）就曾指出，「沙特萊〔侯爵夫人〕做出了在 18 世紀天主教法國不可能完成的事[41]……」，因為與神學的解釋存在著不小的落差，所以在當時，神學家們總是或通常不太願意相信科學家所主張者。

　　另外，或許值得一提的是，沙特萊侯爵夫人除了在哲學與科學領域之智識上的能力值得肯定之外，任教於帕德博恩大學（University of Paderborn）的德國哲學家露絲·哈根魯柏（Ruth Hagengruber），是研究女性哲學家的專家，她解釋了沙特萊侯爵夫人的成就，她說：「在 18 世紀前半葉的巴黎所培養出來的高度文化氛圍，以及這個城市對於女性之學術成就所抱持的開放態度也應該納入考量，因為這可以讓我們理解沙特萊夫人身處的情境[42]。」這段話裡，難免透露出了哈根魯伯教授的樂觀看法，相對而言，謝某倒是悲觀一些。具體地說，吾人有兩個看法想申述之，第一，事實上，18 世紀是啟蒙運動發生的主要期間，

39　在學科的分類之上，「形上學、道德或倫理與物理學」（metaphysics, morality or ethics, and physics）在 18 世紀時仍未嚴格區分彼此，三者都置於哲學（philosophy）範疇底下，請參照：Allen, "Book Review: The Multi-Tasking Marquise," p. 315.

40　Ruth Hagengruber, "Emilie du Châtelet, 1706-1749: Transformer of Metaphysics and Scientist," *Springer Science+Business Media*, Vol. 38, No. 4 (2016), pp. 1-6.

41　Allen, "Book Review: The Multi-Tasking Marquise," p. 317.

42　Hagengruber, "Emilie du Châtelet, 1706-1749," p. 1.

在這段期期間裡，至少在前半段裡，英國與法國對於奴隸制度的堅定支持是我們應該留意的，因爲此時，黑人被英國送到美洲大種植園生產那些（後來逐漸成了生活必需品的）奢侈品，爲相對富裕的歐洲人所生產，其中有一群人，在倫敦或巴黎的咖啡館裡、沙特萊侯爵夫人的沙龍的沙發裡，喝著來自美洲的咖啡，杯子裡加了兩、三匙蔗糖，在愉悅的氛圍裡，眼睛看著剛製作完成的標本，討論著不同的主題，像是「自由」到底適不適合未開化的種族、黑暗大陸非洲到底能不能找到「理性」的蹤跡、信了基督的有色人種能不能與白種人平起平坐、或是對於「未開化」種族的征服算不算是侵略，是必要之惡還是必要之善，在表達了自己的立場之後，正是啜飲咖啡的時候了。在咖啡館也好、沙龍也罷，思想家們的交流，也就是歐洲人「啓蒙」的那一刻了，但人們似乎都忘記了，這與非歐洲人的「愚昧」同屬於一個歷史過程，而且可以用咖啡（與蔗糖等）將二者的關係連結起來。關於歐洲帝國主義在 18 世紀對奴隸制與大種植園的全力支持，我們在稍後的分析當中將會詳細討論，在此先接著討論上述那段話的第二個看法，它與女性在啓蒙運動中所扮演的角色有關。

女性與啓蒙運動

　　吾人的第二個看法則是，哈根魯柏似乎對於法國學術界對女性學者的開放態度予以過度正面的肯定了，雖然號稱「啓蒙時代」，但我們也不能「順理成章」，甚至是「順水推舟」地推論，歐洲女性在 18 世紀就已經從父權體制下解放了，這不切實際。以下，我們細分三個部分來說明哈根魯柏的樂觀並不能得到經驗事實的支持。首先，我們先以蒐集自然界的標本爲例，在 18 世紀的巴黎，有一群女性科學家花費極大的心力在蒐集自然界的標本，除了科學的目的之外，「收集〔（自然）世界〕標本是一種社會性的反映，反映了女性渴望展示〔其收藏〕與奇特之景觀，換句話說，本質上它是一種女性化端莊的表現，也是一種得到男性讚賞的方式」。當然，女性主義者會很不服氣地問：「爲何要得到男性的讚賞？」吾人也認同這樣的問題，只是，我們在討論的是 18 世

紀的巴黎，歷史事實告訴我們女性在當時的地位，特別是在知識界，仍無法與男性相比。這麼說，當時的女性收藏家所收藏的物品，「即使還沒有超過巴黎大部分的其他人」，然而，她們也已經不輸給男性收藏家了，但可惜的是，社會並不接納女性蒐集標本這件事[43]。

　　第二，美國著名歷史學家津瑟，在其著作中這樣地描寫過沙特萊侯爵夫人，她說：「沙特萊的歷史〔可以說〕例證了女性對歐洲歷史敘事的貢獻之棄絕的所有標準的發明，沙特萊克服了對女性教育的困難，但我們將被告知，她承認自己身為家庭之一員的義務，以及對智識上追求呈現慢慢來（take time）〔無關緊要〕的情感依戀（emotional attachments）……她的作品，如果曾被描述過的話，被評斷為衍生的，被摒棄為『不是原創的[44]』。」先前，我們談到了津瑟讚美過沙特萊在18世紀時完成了天主教法國不可能達成的任務，這裡，津瑟強調的是沙特萊的生命歷程不乏她在父權體制下所受到的壓迫，看起來津瑟的說法似乎前後不一，然而吾人以為，我們也可以這樣解讀，津瑟想要強調的是：沙特萊在天主教神學對科學不甚友善的情況下，仍然可以在父權體制掌控下的學術圈裡得到尊重，這的確是18世紀幾乎不可能完成的事，但沙特萊侯爵夫人做到了。不過，津瑟應該更想強調在沙特萊生存的年代，若是過度強調女性與男性之間權利平等，這就更遠離了事實真相了，沙特萊只是個特例，並非普遍的現象。剛剛我們才談過了當時的法國社會並不接受女性收藏家。普遍上，有很大一部分人內心仍然懷疑女性能夠在科學上發揮她們的「理性」。我們再看下一個例子。

　　第三個例子，則是發生在沙特萊侯爵夫人的親密愛人伏爾泰身上，按理來推論的話，伏氏應該是個相當理性的人，思想進步，可能在男女平權上也是走在時代尖端，想想伏爾泰與沙特萊在當時算是轟轟烈烈的

43　Margaret Carlyle, "Collecting the World in Her Boudoir: Women and Scientific Amateurism in Eighteenth-Century Paris," *Early Modern Women: An Interdisciplinary Journal*, Vol. 11, No. 1 (Fall 2016), pp. 149-161, p. 151, 157.

44　Judith Zinsser, *La Dame d'Esprit: A Biography of the Marquise Du Châtelet* (New York: Viking Press, 2006), cited in Brooke Allen, "Book Review: The Multi-Tasking Marquise," *The Hudson Review*, Vol. 60, No. 2 (Summer 2007), pp. 311-318, p. 311, 312.

愛情故事，應該可以看出端倪，兩人因爲追求「自由（戀愛）」，不想受社會──特別是宗教──的約束，這樣的想法在啓蒙時期，如此地強調「理性」的歷史階段，性別之間的不平等，應該可以得到部分解決才對，不過，這只是理想而已，事實似乎不往好的地方繼續發展。我們接著看下去。伏爾泰（原名弗朗索瓦－馬里・阿魯埃，François-Marie Arouet），法國啓蒙時代的哲學家、文學家與思想家，儘管其所處之年代仍有相當嚴格的審查制度，但他仍捍衛著公民自由，特別是司法與信仰這兩種自由，這當然是啓蒙運動留給後世的珍貴遺產。不過，筆者謝某仍然想替沙特萊侯爵夫人抱不平，純粹只是不吐不快而已。事實上，沙特萊侯爵夫人在生前時，伏爾泰這位法國啓蒙時代的巨星說：「她生來是爲了愉悅的藝術……〔她〕熱愛眞理」。不過，在她去世後，伏爾泰「重新改寫兩人關係的歷史，在爲她而寫的輓歌中，稱她爲**弟子**〔粗體爲吾人所加〕而不是地位相等者[45]」。看起來，伏爾泰似乎不是一個很誠實的人，當然，我們也很難看出伏爾泰已經有了關於男女平權的任何想法。不過，這個發現並不影響本研究的重點所在。

　　從以上三個例子來看，哈根魯柏對於 18 世紀法國學術界開放的態度，吾人對這樣的說法感到懷疑，哈氏的想法在筆者謝某的觀點下，應該是值得重新思考的。不過，關於 18 世紀的咖啡連結了歐洲的「啓蒙」與非歐洲的「愚昧」，雖然不是哈根魯柏所在意者，但是吾人藉由此書之撰寫，用以提醒當今的社會科學過度吹捧西方（歐洲與美國）自文藝復興之後的林林總總，無一不是在強化西方知識體系暗中隱藏著的歐洲中心主義（或西方優越主義）。當然，非歐洲（非西方）知識分子的反省與批判能力，在西方知識霸權底下，經常是處於消失無蹤的狀態。不過，吾人以爲，過度苛責非西方的知識分子也不對，因爲在長時間的殖民統治之下，要培養自信心也不容易，況且，應該是更不容易的事了，在好不容易追求高級學位之後，進入主流會是多數學者想做的事。

　　當然，喝咖啡只是沙龍的「節目」之一，但它也可以很吸引人，

45　Allen, "Book Review: The Multi-Tasking Marquise," p. 311.

因為長久下來，咖啡也會因為不同的品種、氣候、產量與製作流程等，而分為不同的等級。可以想見的是，產量少、難取得的昂貴咖啡豆，在上流社會裡應該是炙手可熱的稀有產品，這樣的咖啡喝起來必定有更佳的風味。當然，上流社會的場合之總數應該遠遠少於咖啡廳之數量，不過，就奢侈品的消費而言，上流社會應該是有過之而無不及。但無論如何，與咖啡館相同，咖啡的主要產地在美洲殖民地，再怎樣努力也不可能得到「啟蒙」之機會的奴隸們，為了避免自己受到肉體上的折磨，應該會用盡辦法達到「理性」的狀態，生產出足夠數量的咖啡豆，並且將品質維持在一定的水準之上，畢竟歐洲的大思想家們必須靠咖啡來讓自己的頭腦不至於在午後處於昏睡的狀態，「持續」領先的歐洲人，特別是思想前衛的思想家們，一定得為全世界的大步向前行，保持冷靜的頭腦才行。

接下來，我們得瞭解一下，咖啡怎麼來的，特別是生產大量的咖啡，需要大量的勞動力，如此辛苦的工作，想必願意從事的人不會太多，但相信啟蒙運動時期的大思想家、咖啡館裡的商人、船員、軍人與政府官員們，應該會為了提升自己而想出辦法來，因為咖啡是啟蒙的（腦部）運動飲料，而種咖啡的人則因為沒有喝過這種運動飲料，導致了腦筋的愚昧狀態。

歐洲帝國主義對奴隸制之堅定支持

藉由檢視啟蒙運動與奴隸制的巧妙結合，這裡，我們將會把歐洲的「啟蒙」與非歐洲的「低度啟蒙的『啟蒙』」看得更清楚一些。

啟蒙運動的時代恰好也是奴隸制運作得最有效率的時代，這樣的「啟蒙」不得不說是一種以鄰為壑的「運動」。人們在想像啟蒙運動帶給全人類什麼樣的好處的同時，吾人相信歐洲人——特別是學者們——應該在想方設法地要將過去不光彩的事情掩蓋起來，糗事愈少人知道愈好。

以下的分析，我們再分四個子題討論，其一，我們檢視列強在海外擴張的時期，是如何彼此猜忌。其二，為了充分理解重要事件發生的緣

由，我們略微描述七年戰爭（1756-1763）之前的情勢。其三，我們討論歐洲帝國主義的特色，這對我們理解西方歷史學者的敘事方式將有所幫助。其四，我們討論低度啓蒙的「啓蒙」這個概念，此概念的產生源自於啓蒙運動與奴隷制的巧妙結合。

列強之間的猜忌

　　特雷佛・伯納德（Trevor Burnard）爲歷史學教授，他是大西洋世界奴隷制歷史的專家。伯納德在其刊登於《殖民主義與殖民歷史期刊》之特刊的〈18世紀前半葉在大西洋與印度洋的歐洲帝國：引論〉[46]一文中，文章的開頭他便提到了在1743年時，荷西・載爾・坎皮洛（José del Campillo, 1693-1743）——當時被指派爲西班牙海軍與（西印度）群島的部長級官員——比較了強大的西班牙帝國與在大西洋世界快速崛起的法、英兩大帝國，坎皮洛「很糟糕地」得到了預期的結果，在比較了他的歐洲兩個主要的競爭者之後[47]。這麼說，坎皮洛先生對於18世紀前半葉的英、法兩國的帝國主義之高效率表現抱持著相當正面的態度，總體而言的確如此。「我們的政府系統」，坎皮洛哀嘆著，「是完完全全被破壞了」，西班牙過度地在乎「政治的治理」而一直以來「忽略了經濟」，反觀英、法兩國非常積極地在經濟上做出努力，且獲得了成功。英、法兩國看到了這樣的需要，也就是給予其殖民地「自由與空間，爲其除去壓抑工業發展的阻礙與限制，並且，在使其殖民母國富裕之前，先讓殖民地富起來[48]」。看起來，西班牙在18世紀中葉，在面對後起者英、法兩國時，不免自慚形穢，事實上西班牙早在其「無敵艦隊」於16世紀末遇到強敵英國而被擊潰時，國力便已經開始走下坡了。坎皮洛的比較下，英、法兩國似乎是選對了殖民地政策，不過，坎皮洛

46　Trevor Burnard, "European Empires in the Atlantic and Indian Ocean World in the First Half of the Eighteen Century: An Introduction," *Journal of Colonialism and Colonial History*, Vol. 21, No. 2 (June 2020), pp. 1-18.

47　*ibid*. p. 1.

48　Joseph del Campillo y Cosio, *Nuevo Sistema del gobierno economic prar L America* (Merida, Venezuela, 1971), cited in J. H. Elliot, *Empires of the Atlantic World: Britain and Spain in America, 1492- 1830*, (second) cited in Burnard, "European Empires in the Atlantic and Indian Ocean World," p. 1.

的比較，或是他的觀察未必正確，有可能只是他自己一廂情願的想法而已。

　　伯納德引用了索普斯・瑞那特（Sophus A. Reinert）的研究，來解釋坎皮洛所看到的事情，伯氏告訴我們，當時的歐洲正處於一種「高度競爭與模仿的社會思潮[49]」之氛圍裡，每個參與競爭的國家都十分害怕落後給對手，爲了讓統治階級能夠更嚴肅地看待對手在國際政治環境裡的每個動作，官員們傾向將自己國家的評分給得很低，同時，給對手很高的分數，目的不是別的，只是希望能夠讓掌權者在各種可能的情形之下，都能戮力提升自己國家的競爭力而已[50]。因此，我們不難想像坎皮洛這位西班牙1730年代的部長，看到了英、法兩國在北美的「優越」表現時，他內心緊張的程度了。不過，坎氏所描述的狀況，它並不是實際發生的情形，我們稍後會解釋。簡單說，坎皮洛對於英、法兩國的反應只是剛好而已，因爲在那樣的社會思潮底下，應該找不到官員內心不懼怕被對手無情地超越。

　　坎皮洛的論述，正是在上述那種「高度競爭與模仿的社會思潮」底下所產生的錯誤看法，它只是坎氏內心的期望而已，未必符合歷史經驗，但是，人們總是羨慕著賺了錢的人，而且傾向於相信此人應該賺得比自己還多很多。簡單說，人們總感覺別人的成功好像都是平步青雲，同時覺得自己望塵莫及，然而這種羨慕別人的心態，不只是羨慕者會有，通常連被羨慕者也嫉妒羨慕自己的人，這在坎皮洛的說法上，應該看得出來才是。事實上，若就何者才是殖民地治理之最佳政策而言，根據約翰・艾略特（John H. Elliott, 1930-2022）的研究，「1760年代最大的諷刺之一是，西班牙的官員認爲他們應該將大不列顛在美洲的商業帝國視爲是自己學習的模範，而當時大英帝國的官員們卻是愈來愈醉心於越發中央控制的西班牙模式之想法[51]」，這正是前述所描繪的心態。簡

<hr>

[49] Burnard, "European Empires in the Atlantic and Indian Ocean World," p. 1.

[50] Sophus A. Reinert, *Translating Empire: Emulation the Origins of Political Economy* (Cambridge, NY: Cambridge University Press, 2011), cited in Burnard, "European Empires in the Atlantic and Indian Ocean World," p. 1.

[51] John H. Elliott, *Empires of the Atlantic World: Britain and Spain in America, 1492-1830* (New Haven:

單說，西班牙和英國的官員都只看到對方好的那一面，殊不知，對方將自己當成了學習的榜樣，同時希望能和對方一樣，在殖民地的統治（或剝削）獲得更高的效率，也就是榨取更多，帶回母國。歐洲國家一樣都是從別人那兒拿「免費」的東西，自己就絕不能拿得比別人少，這不只是利益的問題而已，也是面子的問題，如果操縱得宜的話，甚至同時也可以是民族主義的問題。

當時的歐洲列強不只是在爭奪殖民地這件事上競爭而已，就連意識形態的競爭也是甚囂塵上，尤其是在英、法兩強之間，具體而言，18世紀的後半葉，特別是在民族主義的建構與論述上，英國與法國都認爲自己具有道德上的優越性、有更強的能力發動戰爭，建立與發展殖民地，然而兩國同時也都相信並且羨慕著對方的帝國主義者，採用了更優越的帝國政策來治理海外的領土[52]。總而言之，18世紀的歐洲列強，在所謂的「高度競爭與模仿的社會思潮」底下，深怕海外的財富被敵手捷足先登，於是造成了西班牙海軍大臣坎皮洛說出了他的弔詭言論，在他擔憂自己的國家趕不上英國的同時，英國的大臣們在對殖民地的控制上，正好以西班牙當成了學習的對象。說穿了，歐洲列強只是想在海外大撈一筆而已，同時又懼怕別人先拿走了自己想要的那塊肥肉。

在17世紀末與18世紀初這段期間，英國在牙買加大種植園的確經營得相當成功，但這是因爲英國皇家非洲公司（Royal African Company）經營不善，使得該公司對奴隸貿易的壟斷權遭到終止所致。皇家非洲公司於1660年，由斯圖亞特王朝（The House of Stuart, 1371-1714）與倫敦商人爲了和非洲西海岸地區展開貿易而成立。不過，因爲該公司負債累累，很容易成爲倫敦那些自私自利的商人及其國會支持者

Yale University Press, 2066), p. 303, cited in Burnard, "European Empires in the Atlantic and Indian Ocean World," p. 2.

52 請參照，僅舉數例，像是 David A. Bell, *The Cult of the Nation in France* (Cambridge, Mass.: Harvard University Press, 2001); Trevor Burnard, *Jamaica in the Age of Revolution* (Philadelphia: University of Pennsylvania Press, 2020), Chapter 2. For Previous literature regarding to the politics of imperial competition, see for example, Ricard Pares, *War and Trade in the West Indies, 1739-1763* (Oxford: Oxford University Press, 1936); James Pritchard, *In search of Empires: The French in the Americas 1670-1739* (Cambridge: Cambridge University Press, 2004), cited in Burnard, "European Empires in the Atlantic and Indian Ocean World," p. 2, 12.

的箭靶，特別是在 1698 年至 1708 年之間——該公司對奴隸貿易的壟斷權就是終止於 1708 年。不過，皇家非洲公司失去壟斷權之後，奴隸貿易仍然繼續運作，販賣人口應該是毛利最高的「產業」，毒品（例如早期的鴉片、現今的海洛因）應該難以與之匹敵，萬一終止了，皇家非洲公司就不會是（後來計算出來的）大西洋奴隸貿易中載運最多奴隸的公司了。剝奪皇家非洲公司對奴隸貿易的壟斷權，其實是該公司倫敦股東的政治秀，只是為了「圖利自己、牙買加的支持者，主要為大種植園農場主人，以及那些自 1690 年代以來跨大西洋之重要貿易商，這些人控制了牙買加的政治。〔此外，也〕間接地加惠了那些販賣俘虜給歐洲人的非洲商人[53]」。

重點在於，在皇家非洲公司喪失了對於奴隸貿易的壟斷權之後，這給予了一般人也能用合理的價值買到非洲奴隸的機會，這對於牙買加的大種植園之蔗糖經濟助益匪淺。簡單說，1700 年之前，牙買加是有可能變成小農生產體系，但與牙買加大種植園主人關係良好的倫敦政客們攻訐皇家非洲公司之後，奴隸貿易的暴利就由倫敦政客、大種植園主人，以及非洲的奴隸商人共同分享了。這麼說，大西洋的奴隸貿易商在取代皇家非洲公司的數十年之中，除了產生廣泛的社會衝擊之外，同時也形塑了 18 世紀大英帝國在美洲的樣貌。

這裡，我們應該記得的是牙買加的大種植園在英國的治理之下，達到了最高的效率，這令坎皮洛先生羨慕不已，忘記了或者根本不曾知道過，當時英國也羨慕西班牙中央集權的治理方式會使英國的效率再升一級。接著，我們要瞭解英、法兩國實際的情形，因此有必要花點時間大略地描述一下「七年戰爭」。

七年戰爭（1756-1763）之前

在討論七年戰爭之前，有必要大略地描述一下所謂的「第二次百年

53　Trevor Burnard, "'A Pack of Knaves': The Royal African Company, the Development of the Jamaican Plantation Economy and the Benefits of Monopoly, 1672-1708'," *Journal of Colonialism and Colonial History*, Vol. 21, No. 2 (Summer 2020), pp. 1-30, p. 2.

戰爭[54]」（Second Hundred Years' War, 1689-1815），因為七年戰爭只是英、法第二次百年戰爭一系列斷斷續續戰爭中的一部分而已，第二次百年戰爭還包括了被認為與啟蒙思想有關的美國獨立戰爭（1775-1783）和拿破崙戰爭[55]（1803-1815）等，其他戰爭尚有大同盟戰爭（1688-1697）、西班牙王位繼承戰爭（1701-1714）、奧地利王位繼承戰爭（1742-1748）與法國大革命戰爭，也就是第一次反法同盟（1792-1797）和第二次反法同盟（1798-1802）。

　　七年戰爭發生於 18 世紀中葉，這是英、法兩國在這個世紀的重要戰役，然而值得一提的是，就在這個世紀的前半葉，是一個「對奴隸制毫無保留的支持」同時也是「對剝削印度安原住民與南亞人抱持著強烈決心」的時期。並且，「英國與法國的殖民者都在帝國的強烈企圖心當中看到了新的可能性」，「他們慶祝自己為偉大的與成長的帝國的子民[56]」。列強總會遇到利益擺不平的時候，七年戰爭則為一重要例子，發生於 1756 年至 1763 年之間，但這是主要衝突，次要的衝突則是在 1754 年就已經開始。受到戰爭影響的地區相當廣泛，涵蓋了歐洲、西非海岸、中美洲與北美洲、東亞的菲律賓，以及南亞的印度等，這場戰爭在不同地區使用不同的名稱，例如在加拿大法語區稱之為「征服之戰」；在美國則稱「法國－印第安戰爭[57]」。七年戰爭之後，法國在北美、印度失利，英國取得了勝利。於是取得了加拿大，以及法國在印度

54　這個概念是約翰・西利（John R. Seeley）首先提出的概念，請參照：吳征宇、陳小屋，〈約翰・西利與《英格蘭的擴張》〉，《歷史與教學》，工作論文系列，No. JYYWP2023034（中國人民大學，2023 年 5 月 4 日）。

55　與英、法「第二次百年戰爭」相似，拿破崙戰爭也不指單一的戰爭，而是指在 1803 年至 1815 年這段期間一系列兩大集團間的巨大衝突，一方為拿破崙一世所領導的法蘭西帝國以及其從屬國，另一方則由不同國家所組成的反法同盟，其主要負責合縱連橫的國家為英國。兩個集團之間爆發了數次對抗，造成了歐洲大部分地區在法國統治之下。一般而言，拿破崙戰爭主要由幾場衝突組成，包括第三次反法同盟（1803-1806）、第四次反法同盟（1806-1807）、第五次反法同盟（1809）、第六次反法同盟（1813-1814）、第七次反法同盟（1815）、半島戰爭（1807-1814），以及俄法戰爭（1812）。
　　七年戰爭，有時候會被稱為「世界大戰」，因為兩個集團將戰火燒到了北美、印度與各大洋的主要航線上。1815 年英國獲得了最終勝利，自該年起，英國之日不落國的霸主地位就此確立。

56　Burnard, "European Empires in the Atlantic and Indian Ocean World in the First Half of the Eighteen Century: An Introduction," p. 11.

57　弗雷德・安德森（Fred Anderson）著，冬初陽譯，《七年戰爭：大英帝國在北美的命運，1754-1766》（北京：九州出版社，2022）。

的殖民地，整個印度淪爲英國東印度公司的魚肉，戰勝法國之後，也確立了英國在海上霸主的地位。戰後，英國在北美的十三個殖民地無須再受法國之威脅。而法國戰敗之後，被剝奪了大量的殖民地，並且背負了沉重的債務負擔，不免引發了國內反彈的聲浪，法國大革命與此脫離不了關係，換句話說，即使不能宣稱七年戰爭最後引發了法國大革命，但是七年戰爭之中，法國被英國擊敗，導致戰前數十年，法國在其殖民地上「經營」有成的景象不可復見，政府的龐大債務，海外既無法取得資源，只能向國內的人民索取，那麼，這便是爲法國大革命準備好了一張溫床。不過，人們如果決定要起身革命了，總不能只是高喊「要吃飽！要喝足！」這種令人啼笑皆非的口號，起義必須要有正當性，特別是當「整個」歐洲正處於一種啓蒙運動的氛圍之中。

於是，法國大革命最後發表了《人權宣言》（全稱是《人權和公民權宣言》）的聲明，孟德斯鳩的司法、行政、立法三權分立的概念融入了《人權宣言》之中。看起來，一切都那麼地美好，在 18 世紀歐洲啓蒙運動的後期，法國大革命對於君權的挑戰，是歐洲第一次的民主革命，它廢除了法國以及歐洲的封建制度，被認爲是一場最偉大、最激烈的革命。然而，這是發生在歐洲的故事，在北美洲的話，法國根本無須再擔心自己會因爲堅決奴隸制而受到道德上的譴責，因爲法蘭西敗給英國，殖民地也拱手讓人了，在北美奴隸制之支持者少了法國這一票。現在，我們何妨做一個思維實驗，假使七年戰爭是法國打贏了，那麼，是不是法國大革命就不會發生了呢？這個可能性是存在的，雖然我們無法斬釘截鐵地宣稱之。那麼，1789 年發生的法國大革命好像就不是件特別了不起的事了，法國只是因爲打輸了，政府背了龐大債務而無力償還，人民找不到工作，而貴族還享受著特權，此時，革命的時機已經成熟。這麼說，如果法國在北美、印度，或者再加上歐洲等地區都獲勝了，那麼應該就不會有所謂的法國大革命了，更不會有人想要將革命與啓蒙運動試圖做任何的連結了。

歐洲帝國主義的特色

法國在七年戰爭之後，失去了北美、印度的土地，雖然這些土地很難證明一開始就是屬於法國人的，但無論如何，法國還是不能待在這些土地上，因爲已經換主人了。不過，即使如此，在七年戰爭之後，我們仍然可以清楚地看到歐洲帝國主義的本質。

這麼說，歐洲帝國主義的最基本特色是「堅定支持奴隸制（slavery）與定居殖民主義（settler colonialism）」，至少，歐洲帝國主義的另一個階段，從 1763 年到 1804 年之間都是如此。具體而言，歐洲列強在七年戰爭結束之後，一直到 1804 年之間，對於奴隸制與殖民主義傾了全力支持[58]。當然，如果連結到我們在這一章的主題，也就是「啓蒙」運動的話，我們可以確定的是：歐洲人說一套做一套，表面上，歐洲的大思想家們可以在沙龍裡，坐在舒適的沙發，啜飲著在美洲種植的咖啡，當然，還得加上滿滿兩匙同時可以出現甜味、身分地位的蔗糖，吸上幾口可以聞到美洲大地在大太陽照射下的獨特味道的昂貴煙草，凡此種種，搭配著合宜的行頭、奢華的時尚服飾，經常地讓人忘記了啓蒙時代到底要人們擁有當時新潮的想法，只是依稀記得，這個時代必須要告別過去的昏暗，走向光明，那麼，歐洲人一定可以找到一盞燈，照亮自己。只是，光源的背後還是陰暗的，啓蒙的思想家說：只管繼續往前走，繼續往光亮的地方走去，世界將會是光明的。到底是誰曾經說過類似的話呢？不易查證，但應該有不少思想家的確談過類似的議題，然而吾人以爲，他們對奴隸制、殖民主義倒是談得不多。

法國作家，也是植物學家的雅克・昂利・貝爾納丹・德・聖皮埃爾（Jacques-Henri Bernardin de Saint-Pierre, 1737-1814）在其 1773 年完成之作品《好望角……國王使者的自然及人類新發現》（*The Cape of Good Hope… With New Observations on Nature and Mankind by an Officer of the King*），裡頭有一段非常值得摘錄下來的話，是爲了咖啡和糖所寫的，聖皮埃爾寫道：「我不知道對歐洲人而言，咖啡和糖是否爲幸福

58　Burnard, "European Empires in the Atlantic and Indian Ocean World," p. 8.

的根基，然我明確地知道此兩產品已然成爲全球兩大區域人口的不幸根源：因擁有土地並種植咖啡和糖而導致人口銳減的美國，還有被迫種植咖啡和糖而導致人口流失的非洲[59]。」在這段讓人爲印第安人與非洲黑人感到傷心難過的句子底下，有一幅繪於1796年的版畫，其名稱是〈非洲和美洲支持的歐洲〉（Europe Supported by Africa and America），出自約翰·加布里埃爾·斯特德曼（John Gabriel Stedman, 1744-1797）之《征伐反叛蘇利南黑人的五年敘事》（*Narrative of a Five Years' Expedition, against the Revolted Negroes of Surinam*）這部作品的最後一頁[60]。

　　這幅叫作〈非洲和美洲支持的歐洲〉的版畫之作者是出身英格蘭倫敦的詩人，同時也是版畫家的威廉·布萊克（William Blake, 1757-1827），其是啓蒙時代的藝術家。畫中描繪了三位相互擁抱的美麗女性，歐洲白人站在中間，非洲黑人站在白人的右側，印第安女性則站在左側，三人看似平等地牽著手、搭著肩。中間的白人女子從左肩斜戴著一大串珍珠到她的右側腰間。歐洲白人的非洲姐妹的右手握著白人女子的右手，據說，這暗示著斯特德曼——出生於荷蘭的蘇格蘭作家——內心的期望，即人類都是平等的，只是膚色不同罷了，也有人說，布萊克適切地表達出關於膚色與奴隸制的輿論氛圍，至於非洲女性與印第安女性的手鐲則是奴隸才會戴的。簡單說，這幅版畫描繪出的是現實生活與作家斯特德曼理想之間的差距。回到聖皮埃爾爲咖啡和糖所寫下的那一段話，爲了滿足歐洲人對於咖啡、糖等成癮性植物——從奢侈品到日常所需——逐漸增加之需求，大西洋兩岸的原住民族，若是運氣好的，可以先保住一命，但最終還是得爲歐洲人做到死，其一生之悲苦才有可能結束。

　　對於歐洲人而言，特別是對18世紀啓蒙運動時期的歐洲人而言，世界是光明的，因爲歐洲人已經走過了中古的黑暗時期，歐洲「發現」

59　引自西敏司（Sidney W. Mintz）著，李祐寧譯，《甜與權力》（*Sweetness and Power: The Place of Sugar in Modern History*），第二版（新北：大牌出版，2022），第 5 頁。

60　John Gabriel Stedman, *Narrative of a Five Years' Expedition, against the Revolted Negroes of Surinam* (London: J. Johnson & J. Edwards, 1796)，引自西敏司，《甜與權力》，第 5 頁。

了新大陸，而且經過了宗教改革之後，歐洲人走向了理性，而理性讓人看到了光明。再加上啓蒙運動，歐洲人不只看到了光明，還想像著自己會帶著光源分享給其他居住在歐洲以外的人，當然，離歐洲很近的——應該可以說是最近的——黑色大陸，正是最需要歐洲人帶來光亮的地方了，所以慷慨的歐洲人非常願意分享只有在歐洲才看得到的光源給非洲的黑人，只是天下沒有白吃的午餐，歐洲人很懂得此一道理，於是在給黑人光源之前，也就是在照亮黑人所居住的黑暗大陸之前，歐洲人希望黑人到美洲去「幫忙」生產一些歐洲大思想家們喜歡的產品，像是咖啡、糖、煙草，也許再加上蘭姆酒等，而且非洲人好像也沒有怨言，只因為他們不被容許說話而已。吾人相信，沒有黑人在遠赴美洲替歐洲的大思想家生產「思考時」所需要的產品，這些大家們應該是連瑣碎的小東西也想不起來的，更別說什麼大理論了。讀者能想像偉大思想家們走到沙龍裡，卻只有白開水可以喝嗎？談論著理性與人權——應該說「專屬白人的理性與人權」——的時候，若是只能配白開水的話，相信啓蒙運動的大思想家們應該生產不出任何膾炙人口的想法才是。

可是，英、法兩國在北美打了七年的戰爭，難道只是為了讓自己的國家擁有更多土地來累積國家的財富嗎？這怎麼可能呢！在近代史上，幾乎在所有教科書上都宣稱英國與法國可能是人類世界曾經出現過最偉大的帝國啊！即使有人懷疑這樣的說法，然而只要加上當今國際主要傳播媒體長期以來對這兩個國家的超高好感度，總是不忘記放送英、法兩國各自的好消息，對大英帝國與法蘭西帝國在 18 世紀——應該再加上「以前」與「之後」——對於殖民地之所作所為，曾經稍有質疑者，其內心的猶豫很快就煙消雲散了。

如果 18 世紀歐洲帝國主義對於奴隸制與定居殖民主義採取了百分之百的支持態度，那麼，英、法兩國的官員應該就很懂得如何從其殖民地榨取資源，當然我們也可以使用比較中性的詞彙，像是「資本累積」，而這些利益，啓蒙大師們難道沒有享受到嗎？當然有，只是那些壓榨美洲的非洲奴隸之悲慘畫面，很快地便會在思想家們的激烈辯論中「被消失」，特別是涉及「理性」、「宗教寬容」與「世界公民」等議

題之時。雖然法國在七年戰爭中被英國擊敗，但是難以否認的是，在戰爭之前的數十年裡——1715年至1757年之間——法國在經營北美殖民地可謂相當成功[61]。甚至在1740年代時，法國仍然有挑戰英國的能力，例如在所謂的「上游國家」（Pays d'en Haut，是新法蘭西領土，涵蓋蒙特婁西部的北美地區），此外法國在聖多明尼克與紐奧良更是強化了經濟的成長[62]。先前，我們提到了坎皮洛對於大英帝國在殖民地經濟的傑出表現感到佩服，如果坎氏是真心的話，那麼，倘若他看到法國在1715年到1757年這數十年間的表現，法蘭西帝國一定也會偷走坎皮洛的愛國心。

這麼說，在殖民地「經營」成功，意謂著海外「新增」的土地的確可以為殖民母國帶來豐厚的利潤，歐洲列強們在海外的活動之相關消息，經過咖啡館所形成的歐洲資訊網絡，通常可以很快地傳到鄰國（可能同時也是敵國）官員的耳裡，這也就難怪西班牙的官員——例如前述的坎皮洛先生——對於英國的「成就」投以覬覦的眼神。當然，坎皮洛死於1743年，在他過世時，法國在其殖民地表現也相當亮眼（黑人奴隸應該過得稍微辛苦些），仍足以抗衡英國，吾人以為，假使坎氏可以活得長一些的話，應該也會對法國的經濟表現給予高度的肯定才是。

低度啟蒙的「啟蒙」

這一節的標題修改自一篇著名的文章——低度發展的「發展」——之概念，因為一個國家都已經是低度發展了，何來發展可言，所以最後一個「發展」加上了引號，表示根本不可能有發展。低度啟蒙的「啟蒙」並非像是低度發展的「發展」主要是物質的剝削，低度啟蒙主要是精神上、思想上的剝削，一旦成為低度啟蒙者，就與「啟蒙」二字絕緣了。殖民主義已結束好一段時間，而奴隸制度則是更久以前的故事，直至今日，我們仍然很難在拉丁美洲或非洲找到一位或幾位全球知名的偉大思

61 Burnard, "European Empires in the Atlantic and Indian Ocean World," p. 8.
62 Michael A. McDonnell, *Masters of Empire: Great Lakes Indians and the Making of America* (New York: Hill and Wang, 2015); Cecile Vidal, *Caribbean New Orleans: Empire, Race, and the Making of a Slave Society* (Chapel Hill: University of North Carolina Press, 2019), cited in Burnard, "European Empires in the Atlantic and Indian Ocean World," p. 8.

想家，吾人以爲，這與被殖民者、奴隸長期以來的低度「啟蒙」應該存在一定的關聯，只是不易證明而已。

安德烈‧岡德‧法蘭克（Andre Gunder Frank, 1929-2005）是著名的依賴理論（Dependency Theory）學者，他在 1966 年於《每月評論》（*Monthly Review*）發表了一篇名爲〈低度發展的發展〉（The Development of Underdevelopment[63]）之文章。該文的重點至少有二，而且對於本章的分析都具有一定之重要性，以下分述之。

第一，已開發國家的發展與低度發展國家的不發展，是資本主義世界經濟（The Capitalist World-Economy[64]）中的同一個歷史過程，在這個過程當中，資源與財富從被殖民國家轉到殖民母國，通常，暴力被毫無限制地使用。其二，殖民地或者國家的首都，變成了位於殖民母國大都會的衛星，而殖民地的首都同時又是其周邊地區的都會城市，其周邊地區的二級城市又變成殖民地首都的衛星。這是一種將殖民地的資源輸送回殖民母國的路徑，也是剝削的路徑。這是低度發展國家之所以很難像已開發國家那樣富裕的主要原因，因爲當今的歐洲已開發國家並未經歷過被殖民的過程。

63　Andre Gunder Frank, "The Development of Underdevelopment," *Monthly Review*, Vol. 18, No. 4 (September 1966), pp. 17-31. 事實上，法蘭克還有一個概念，它叫作未發展（undevelopment, undeveloped），這個字反倒是相對少用，可能是因爲要找到一個完全沒有發展的地方，恐怕也不是很容易的事。相似的概念，也可以用在未啟蒙（未開化，"unenlightenment," unenlightened）這個概念上，因爲長時間與「有水平」的主人相處的情況之下，奴隸的心智狀態不可能完全未啟蒙，而只是被壓抑著，不可以隨便表達其想法與立場而已，因此對奴隸而言，精神上的低度啟蒙會相對適合些。

64　法蘭克與華勒斯坦（Immanuel Wallerstein）爲了 World 與 Economy 兩個字是不是應該有連字號而爭論了很長的一段時間。這裡當然不是一個進行細部討論的好地方，是故只能簡單地陳述兩人到底爲何而辯。事實上，華勒斯坦認爲約莫在 15 世紀中葉時，也就是五百年前，只有在歐洲向海外擴張時，將全球都「併入」（incorporate）所謂的歐洲資本主義世界體系，此時「單一」的世界體系才得以形成；而法蘭克則認爲在五千年前就已經有了世界體系，不需要歐洲來將世界上的其他地方帶進此世界體系裡。另外，吾人以爲，以歐洲「海外擴張」爲華勒斯坦的「現代的」資本主義起源，無疑地排除了其他陸上帝國，例如蒙古帝國的擴張，華氏的標準，獨厚歐洲國家，同時也輕忽其他帝國的重要性。
　　回到連字號的討論，簡單說，華勒斯坦在 World 與 Economy 兩個字的中間用了連字號串聯起來，是想表達「單一」世界體系，而且是由歐洲人所主導的。而法蘭克不使用連字號，則在強調，在華氏的世界體系形成的很久很久以前，世界上就有好幾個經濟體系，在不同的體系之間也早有連繫，無須勞煩歐洲人。況且，歐洲人其實也不懷好心，只是想攫取資源而已。另外，法蘭克還強調，在歐洲人主導世界體系之前，東亞的世界體系才是世界的中心，歐洲人只是來東方尋求貿易的機會而已。

　　殖民地的首都（省級的都會）可以被視爲是「剝削的中心」（centers of exploitation）。我們以 1895 年至 1945 年台灣爲日本統治時期爲例，東京是殖民母國的大都會，而台北則是其衛星，但台北同時也是一個省級都會城市，其衛星城市包括了新北市、基隆市等，台北負責集中所有東京需要的物資並將之運回日本，因此台北可以被視爲剝削的中心城市。尤有甚者，「這種都會－衛星（metropolis-satellite）關係並不會被限制在帝國或國際的層次上，而是穿越和結構化拉丁美洲殖民地與國家之經濟、政治與社會生活[65]」，簡單說，被殖民的拉丁美洲其居民就算到了今日，內心仍然被一種集體的抑鬱所籠罩，覺得自己永遠也比不上當年從歐洲遠道而來的殖民者，而這是一種種族與文化上自卑的內化。這種精神上的剝削，與本節低度啓蒙的「啓蒙」運動可以說有異曲同工之妙，都是用某種方式在剝奪被殖民者、奴隸的頭腦可以用來思考的所有機會。以下，我們得將法蘭克的低度發展的「發展」裡上述兩個重點，轉換成低度啓蒙的「啓蒙」這個概念。

　　法蘭克在其〈低度發展的發展〉這篇文章中的第一個概念是已開發國家的發展與低度發展國家的不發展，是世界體系的同一個歷史過程，這個概念與第二個概念——即「都會－衛星」資源轉移之路徑——有關，因爲二者還是一體的。具體而言，當今歐洲的已開發國家以前都是殖民者，掠奪其殖民地的資源，再加上使用當地人、或者奴隸的勞動力，迅速地爲殖民母國累積財富。相反地，殖民地幾乎所有的建設都是爲了將資源送回到殖民母國，殖民地通常只會剩下基本需求的供應，也就是滿足勞動者之生活，以及生產新一代勞動力之必要物資而已。對法蘭克而言，殖民與被殖民、掠奪與被竊、高度與低度發展，以及已開發與未開發[66]（國家）等，這些全都是在同一過程當中所完成。從前，學

65　Frank, "The Development of Underdevelopment," p. 20. 除此之外，法蘭克的依賴理論是悲觀的，他說：「在第一次世界大戰期間，甚至大蕭條時期更多，以及第二次世界大戰，聖保羅建置了〔當時〕拉丁美洲最大的工業聚落。問題是巴西的工業發展已經，或可以將這個國家拉出衛星與低度發展的循環……我相信答案是否定的。」（前揭書）。雖然在 1980 年代有東亞四小龍的成功經驗，1990 年代也有短暫的金磚大國的亮麗經濟成長，然而數十年來，僅僅只有少數幾個例子，似乎間接地說明了法蘭克的依賴理論仍具說服力。

66　發展研究（Development Studies）這個學術領域裡，相對於已開發國家的另一群是所謂的開發

者們或許想先強調殖民主義剝奪了被殖民主者的物質資源，現在，或許可以將我們想強調的部分轉移到精神上的剝奪，因爲殖民者也剝奪了被殖民者、（黑人）奴隸「啓蒙」的機會。

本章結語：啓蒙運動之後

想要爲人類歷史的重要事件──例如文藝復興、地理大發現、宗教改革與啓蒙運動──劃定一段具體的期間是件困難的事，那麼，若要具體地說出事件發生的一開始的那一刻，則更是一件極難完成之事，所幸，事件的起源對於理解事件發生的因果關係來說，意義並不是很大，這讓研究者可以將重心置於他處，以免荒廢其歲月。舉例而言，我們自幼即已熟知的武昌起義，我們被告知它發生在 1911 年 10 月 10 日，然而，除了建構民族主義，所以必須要在當天舉行慶祝活動之外，這個日子的意義到底有多大呢？發生的當天，可能只是一名低階軍官不小心開了第一槍，其他的革命志士誤以爲這就是信號了，於是，各地的地下組織紛紛響應，在有點莫名其妙的情況下，步履蹣跚的大清帝國，走入了歷史。至少，孫中山並不知道當天是革命黨人準備發難的日子。

宗教改革應該也是如此。據說路德於 1517 年 10 月 31 日在他最著名的《95 條論綱》釘上威登堡（Wittenberg）諸聖堂大門的那一刻起，歐洲的「宗教改革」於爲開始，然而也有人說，路德並非在那天釘上其《95 條論綱》，地點也不是在那教堂的大門口。人們需要相對美好的故事，或許這樣至少在心理上會過得好一點。至於整個故事是眞是假，有時候，就不是那麼重要了。看完了上述的兩個例子之後，讀者應該很清楚，其實也無須過度執著於爲某個重要的事件找出它的起源，因爲其意義可能是虛假的。那麼，啓蒙運動到底是哪一天，從哪裡開始的呢？我們應該也會遇到相似的情形，相對而言，如果一個故事被敘述得幾近完美、無懈可擊的話，那應該是後來的史學家加上了些自己的想法，讓

中（developing）國家。不過，吾人以爲，這只是聯合國或者國際傳媒所用的委婉語而已，事實上，開發中國家僅僅只有少數是例外的，絕大多數是根本沒發展過，爲什麼呢？因爲即使某個開發中國家的總體經濟之數據是微量上升的，然而相對於已開發國家而言，剝奪感只是愈來愈嚴重而已，因爲這個國家離已開發國家將會愈來愈遠。是故，這裡吾人使用未開發國家。

故事看起來能更吸引人，這並非不常見。從上述的分析看來，我們發現了啓蒙運動的確帶給人類一幅新的景象，與本書前三章所討論的世界史上的三件大事（或三個迷思）相似，啓蒙運動很重要，但同樣地，它也是個迷思，因爲在歐洲啓蒙運動最爲興盛的 18 世紀，也是歐洲人——主要英國人——運送最多非洲黑人到美洲的時期。先前的文獻，討論啓蒙運動的學者們，只專心於啓蒙時期的大思想家，以及他們爲後世留下來的珍貴精神遺產；而研究奴隸貿易的專家們，則只注意到奴隸的總數、大種植園的生產流程、產品的總數與流通、大西洋的三角貿易，以及相關的財務問題等，當然，還會有一部分的學者關心奴隸的悲慘人生，這些議題均有各自的重要性。

　　被忽略的是，啓蒙運動的大思想家，與美洲大種植園的產品有關。然而，或許是因爲二者之間的連結並不清楚，以及其間的關係亦不明顯，所以長期以來，啓蒙思想與成癮性植物之間的關聯就被忘得一乾二淨。那麼，占據人類歷史相當重要的「啓蒙」運動之後，也就是 19 世紀發生了什麼事呢？簡單說，一整個 18 世紀歐洲人率先受到了「啓蒙」，準備要開始（再）出發到世界各地，想要帶領非歐洲人也能接受到「啓蒙」二字的庇蔭，結果到了 19 世紀末期，非洲就被瓜分了，整個非洲大陸差不多 95% 的土地被列強占領，簡直可以用「吃得一乾二淨」來形容。歐洲列強從 1876 年以來，在布魯塞爾（Brussel）召開所謂的「國際地理學會議」，來自英、法、德、義、比等國的紳士們，看起來一副道貌岸然的模樣，就像參加 2023 年在阿拉伯聯合大公國的首都杜拜（Dubai, United Arba Emirates）舉辦的 COP28，聯合國氣候變遷大會的各國代表，每個人看起來都是正氣凜然的模樣，但是要他們負擔起義務與責任的時候，代表會將口袋裡準備已久的藉口拿出來大聲朗誦給與會代表知道其「苦衷」，也就是找不出「額外」的金錢來支持聯合國的決定，或者是根本不願意遵守任何決議、規定。事實上，1876時的非洲，殖民地僅以沿海地區和島嶼爲主，並且也只有英國、法國和葡萄牙這幾個國家而已，然而在「國際地理學會議」召開後，直到第一次世界大戰於 1914 開打爲止，這一年英國占領了埃及全境。這麼說，

在不到三十年的時間裡，非洲有九成以上的土地被歐洲列強據爲己有，只剩下衣索比亞和賴比瑞亞兩個獨立的國家[67]。看起來，19 世紀的非洲並沒有比 18 世紀好多少。

　　當然，如果說瓜分非洲這件事是啓蒙運動的「最後結果」的話，那麼，一定沒有人相信，這是因爲啓蒙運動是將（全）人類帶往一個更好的方向前進，這應該無庸置疑，或者，至少是一般受過高中教育以上的人長久以來所願意相信者。如前所述，18 世紀歐洲大思想家在沙龍也好、咖啡廳也罷，高談闊論的話題，除了有當時最美麗的交際花與一身名牌行頭的紳士之外，不都是全人類間像是「理性」、「自由」、「科學」，與所謂「進化」的概念嗎？我們很難想像，在我們的腦海中沒有這些概念——看起來都是所謂的「普世價值」，如此我們將會不曉得人類到底在追求什麼。但啓蒙運動當然不會「導致」非洲被瓜分，充其量，我們只能肯定一件事，那就是：啓蒙運動之後，歐洲人變得更聰明了！他們更清楚地知道瓜分完非洲會讓歐洲更強大，可以讓歐洲人享受更多的財富，以及隨後而來的喜悅。除此之外，在啓蒙之後，歐洲人也能夠更加肯定先前占領、掠奪「無主之地」是件「政治正確」、「經濟正確」、「文化（也）正確」的龐大事業。尤有甚者，吾人以爲，歐洲思想家們也傾向於喜歡將之視爲全人類的大事，而不只是歐洲人的事。

　　但如果說瓜分非洲與啓蒙運動眞的一點關係都沒有嗎？筆者謝某認爲，這應該也說不過去，因爲啓蒙運動——與前面三章所談的文藝復興、地理大發現及宗教改革——總是被視爲歐洲之所以成爲今日已開發的、先進的地區之主要原因，以及歐洲人之所以成爲「白人優越主義」的主要代表。至少，可以這麼解釋——應該也有幾位（或更多）歐洲思想家也樂於如此解釋——啓蒙運動讓歐洲人變得更理性了，但其他地方卻沒有，啓蒙運動也讓歐洲人開化了（civilized），但歐洲以外的地區，其人民還處於愚昧的、未開化的（uncivilized）狀態，但既然是未開化的一群人，也只能由開化了的歐洲人來帶領，誰能想像未開化的人

67　張宏偉編著，《爭奪非洲：列強瓜分非洲大陸簡史》（北京：民主與建設出版社，2022）。

若只靠自己的話，到底要走多少冤枉路？於是，歐洲人——應該說歐洲的白人——自動站了出來，願意爲這個不完美的世界承擔起「教化」的責任，努力將「剩餘」（the rest）的人，具體而言是西歐、北歐之外的人種——其中也不乏被白種人歧視的白種人——逐漸帶入一個歐洲人準備形塑的「理想」世界裡。在美洲之後，接下來就是瓜分非洲的時候了，畢竟，只讓單單一個或是幾個列強負責「教化」整個非洲，是件過度勞累的工作，於是大家一起分擔吧！

當然，這仍有矛盾之處。是這樣的，既然歐洲人在經過了 18 世紀整整一個世紀的「啓蒙」之後，大多數的歐洲人——至少那些相信啓蒙運動對全人類產生了重要影響者——應該要站出來阻止這件事，讓啓蒙運動的光輝繼續映照在大地之上，特別是與歐洲十分接近的非洲才對啊！可是沒有，或者反對的聲浪太小，整個非洲在 19 世紀被歐洲列強劃成自己的勢力範圍，列強之間彼此尊重，以免「分瓜」之後，瓜果在收成前卻泡了水而無法食用。接下來，千篇一律地，當然是歐洲人以先進武器爲後盾，所進行的一連串壓榨、掠奪，與各種泯滅人性的治理。並且，在大多數的時刻裡，傳教士們還會在最恰當的時間、地點爲非洲的黑人祈福，只不過對黑人的禱告詞應該與對白人的祝詞略有差異，這裡我們暫不討論傳教士的禱告內容，但讓我們浮光掠影地回顧一下非洲黑人的遭遇。

絕不只是在 18 世紀時而已，千萬奴隸被送至美洲生產啓蒙思想家們不可或缺的成癮性植物，像是咖啡、蔗糖與煙草，雖然這些產品並不侷限在喜歡動腦筋的人才可以消費，但是沒有這些奢侈品，思想家們一定會苦無靈感，不知所措。不過還好，有了咖啡之後，啓蒙運動終究得以完成了。

那麼，人們總想知道啓蒙運動之後，到底帶給了歐洲人什麼呢？

答案是：非洲這塊大餅。它夠大，還得分著吃。

在這本書的最後一部分當中，謝某打算分為三個小節來談，其一，不可免俗地，我們回顧 4 個神話，但為了讓讀者能看到一丁點創意，我們將重心放在副標題之上。其二，我們討論結論的主題，也就是「社會科學本土化的陷阱」，吾人以為，本土化這個過程並沒有錯，但是在本土化之前，應該還有一些準備工作得事先完成，才不會落入陷阱之中。其三，利用最後剩餘的少許篇幅，謝某想做一個簡單的思維實驗，希望能從中看到什麼新的事物。

接下來，我們先略微回顧一下先前討論的 4 個神話。

4 個神話的回顧

在這裡，或許每一章的副標題可以再解釋一下，因為從這本書的一開始，我們似乎沒有花足夠時間在副標題的討論之上，利用這最後機會，我們談一談副標題。

第一章，我們討論的事件是義大利的文藝復興，副標題是「蒙娜麗莎的竊笑」。當然，讀者很清楚地知道原本這是一幅達文西的名畫，在畫裡蒙娜麗莎微笑著。現實生活中，到底達文西畫的是誰？目前似乎仍無定論，事實上，蒙娜麗莎的笑容也是，雖然微笑的理由難以達成共識，不過絕大多數的人認為蒙娜麗莎是在微笑，這應該無庸置疑。這麼說，基本上，蒙娜麗莎是在微笑，這已是共識。不過，本書挑戰這樣的觀點，蒙娜麗莎的笑，不是微笑，而是在竊笑。

相信多數人是瞭解作者與其作品之間的關係的。作者在完成作品之後，作品已經有了生命，此時作者已死，因此我們可以將蒙娜麗莎與達文西視為彼此是陌生人。達文西是個通才，他會的東西可多著，他解剖

過不少屍體；他畫過很多當時的人根本看不懂的圖案；他又是個機械天才，所以今日最精密的手術還得靠達文西手臂的協助才得以完成。那爲什麼蒙娜麗莎要偷偷地笑呢？因爲她知道達文西根本沒有實作過任何一件成品，充其量只是畫在紙上而已。這麼說，經過了數百年，直至今日本書終於解答了世界上最詭異、最難以理解的笑容，那是蒙娜麗莎的竊笑。

　　在第二章裡，我們談的是「地理大發現」，副標題是「穿越麥哲倫海峽之前」。事實上，在麥哲倫出發之前，他知道要環航世界一周只能經過「龍尾」的合恩角，那兒有一個險峻的海峽，只有通過了那兒才有可能進入另一個大洋，繼續向西航行。那麼，爲什麼南美洲像個倒三角形且取了一個像是中國的名稱？爲什麼所謂的「龍尾」半島指的是南美洲大陸呢？唯一的解釋就是早已經有人去過那裡，經過了很長時間勘查過地形、水文，並且將地圖畫好了，而且麥哲倫——與哥倫布相同——手邊都已經有了地圖，出發不是爲了探索未知的世界，而比較像是當代的人爲了要自由行而預先做足了功課，讓旅程充滿歡笑聲而已。在穿越「麥哲倫海峽」之前，發生了什麼事值得我們留意呢？剛好有一件事，那是：麥哲倫在出發之前，他已經知道自己會穿越一道海峽，不過他不知道這海峽日後會以他的姓氏來稱呼。

　　在第三章之中，我們談的是「宗教改革」，而其副標題是「掌聲鼓勵韋伯的豐富想像力」。大師擁有豐富想像力不是正常的嗎？如果是的話，那又有什麼好寫的呢？假設有一名用功的學者或研究人員，他運用其過人的想像力而發展出一套理論，而且能解釋人類社會的複雜現象，那麼此人日後留下一些作品在世界上所有的重要圖書館裡，這的確沒什麼好驚訝的，也無須起立鼓掌，只需要用眼神來表達敬意即可。不過，爲何我們最好起立爲大師韋伯的功蹟鼓掌呢？這是因爲韋伯不只是不懂東方而已，竟然連西方的歷史也不清楚，就連他認爲最重要的預選說是早在天主教聖人奧古斯丁的年代——西元 4、5 世紀——就已經存在的信條，他都不清不楚，然後韋伯再胡亂地說，宗教改革之後，預選說讓加爾文教派的信徒開始努力地追求金錢來榮耀上帝。但是，在宗教改革

發生的千年以前，預選說不早就在天主教的教義裡了嗎？韋伯竟然不知道這件事，這倒是令人訝異的事。我們應該起立，向韋伯的遺像致敬。

到了第四章，我們討論的是「啟蒙運動」，而其副標題是「以鄰爲壑才須遮遮掩掩」。這個副標題可能要犧牲一些人命，如果地中海只是一條海溝而已，不會太深也不會太淺，當歐洲人想要通過這海溝時，歷史告訴我們，他們應該會請非洲人先走入海溝，將它填滿之後，歐洲人就可以在不需要花錢建橋梁的情況下快速通過海溝了，這便是以鄰爲壑的典故，而且是歐洲版的。先前，我們提到了一個論點，那是：歐洲人的「啟蒙」，與非歐洲人的「愚昧」是同一個歷史過程。雖然，這裡的重心先前說要放在副標題上，但同一個歷史過程的確是吸引人的，但我們卻忽略它太久了。另外一句話，所謂的「低度啟蒙的『啟蒙』」，倒可以再結合「存在決定意識」這個概念，因爲奴隸的身分決定了非洲黑人的「愚昧」。簡單說，歐洲人的「啟蒙」與非洲人（加上印第安人）的「愚昧」必須要放在一起才可能得以理解，而且兩者都是以鄰爲壑的結果。看到這裡，「啟蒙」應該有了新的意義呢。

在本土化之前

談到社會科學的本土化這個標題，吾人得感謝輔仁大學社會學系退休老師吳素倩教授。雖然記不清楚當時的情形，但是先前與吳教授聊天時，雙方談到了本土化的議題，於是當下謝某就決定無論文章最後如何發展，結論就用這個題目來寫。現在，問題來了，該如何將社會科學本土化這個問題與這本書的 4 個神話做適當的連結呢？所幸，謝某後來想到了，應該是這樣的，本土化雖然重要，但是在本土化之前，必須將因那幾個神話而導致的眼翳（白內障）先予以解決，社會科學的本土化才會有意義。爲什麼呢？因爲如果水晶體已經混濁了，傳達到大腦的圖像不可能是清晰的。

那麼，社會科學本土化之中的「本土化」這三個字到底代表著什麼意義？吾人以爲，這是非西方知識分子爲了增加「自信心」而想出來的策略，爲什麼這樣說？原因有以下幾個，第一，因爲非西方知識分子

其祖父或父執輩通常都經歷過一段被殖民的歷史，面對已開發國家（過去通常是殖民者）傳進來的知識，欲建立自信心並不容易。其二，爲了國家經濟進步，非西方國家通常會派遣其菁英分子遠赴海外留學，而且選擇殖民母國的機會頗大，因爲殖民母國與被殖民者曾經有一段難分難解的情愫，況且殖民母國通常需要更多的人才，也有足夠的能力吸引先前的被殖民者。其三，後殖民的知識觀反對的是視西方知識體系爲唯一合法的知識，意思是，大多數的知識分子——無論來自西方或東方（非西方）——早已習慣奉西方知識霸權爲合法，多是吹捧，少有批判。在這樣的學術氛圍裡，「本土化」一詞就像是萬靈丹那般，對於有「反省力」的學者而言，的確發揮了強心劑的作用，但心臟強了，並不能將眼疾治好。

其實，讀者應該可以感受到，謝某對社會科學「本土化」這個過程不只是不樂觀，甚至是悲觀的，因爲社會科學家根本不讀歷史，他們認爲那是歷史系的事，而且有一大半的社會學家喜歡理論更甚於瑣碎的歷史事件，所以上述的 4 個神話，絕大多數的社會科學家以爲它們都是正確無誤的重要事件，因爲怎麼可能這麼大的事件會是錯的呢，於是沒有人敢懷疑，一錯再錯，上一代原封不動地交給下一代。

本土化爲何不可行？可以從兩方面來談，第一是從實務面，第二則是從理論面，聽起來，這兩個部分在社會科學應該具有同樣程度的重要性，但是吾人以爲，二者仍然受到歐洲中心主義思維的影響與左右，不可不察。當然，在研究過程當中，實務與理論之間的互動時時在發生，區分二者只是爲了分析的便利而已。我們先看實務面。

就實務面而言，在進入本土化之前，我們會遇到的問題是：學習社會科學的人還是經由歐洲人的視角來觀察這個世界，也就是說，仍然會在歐洲中心主義的影響之下，研究人員的價值觀難保不受影響，當然不可能不被偏頗的視角左右了自己的想法。社會科學眼翳如果不先除去的話，研究者眼裡之近代世界史總是模模糊糊的。當研究本土社會時，所有的比較資料，一定有一部分與當地有關，那麼，就算是努力進行田野調查，分析的方式仍然以外來的理論、方法爲解釋之框架，分析資料時

就難免偏頗。簡單說，就實務面而言，只要歐洲中心主義思維仍然停留在研究者的腦中，那麼要能夠準確地分析資料的機會恐怕很小。

　　就理論面而言，我們僅以知識流通與國際上學術語言的使用這兩個角度來觀察。首先，我們看知識流通的速度，顯然地，已開發國家占據優勢，否則也就不會有所謂的西方知識霸權的說法了。過去的殖民母國，現在的已開發國家，數十年來，幾乎不曾停止過向全世界徵才，因此在物力、財力，以及腦力所產生的良性循環下，其知識創新的速度相對快速許多，社會科學本土化若是從理論的建構這方面來著手，效果應該會不如預期。在找不到充分的理由來全面否定西方學術界所建構的理論的同時，這條路走得通的機會是不高的，當然在倫理上，因為成功的機率低，就要求學者放棄其努力，這也說不過去。但就事論事，吾人對於社會科學本土化的理論建構這個部分，的確是不抱太大的期望。再加上，英文為全球學術界的主要用語，這對維持西方知識霸權頗有助益，華文使用的人非常多，但是它幾乎是全世界最難以學會的語言，在可見的未來，華文要能夠與英文匹敵的機會應該不大。之所以會做這樣的比較，是因為「本土化」也不宜閉門造車，不得不與所謂的「全球化」力量相抗衡，在本土化的過程當中，也得小心避免被全球化的力量所吞噬。

　　總而言之，吾人以為追求本土化的意義不大，因為在「進入」本土化之前，學者會先掉落陷阱裡，它還滿深的，一旦不小心滑進之後，很難爬得出來，而這個陷阱可以稱之為歐洲中心主義「天坑」。它是一種意識形態，一旦進入了人的思維之後，解釋框架也就自動形成了，如此的解釋框架讓研究者——無論來自西方或東方——自動地將西方描繪成一個理想社會，一個值得非西方人學習的社會，因為歐洲中心主義是一種意識形態，西方就是比較優越，所以也就無須提供歷史事實來佐證。

　　而想要去除歐洲中心主義之影響的方法是閱讀歷史，因為若要清楚地知道歐洲中心主義如何挑出合適的證據，唯一的方式就是研究者必須更勝過擁護歐洲中心主義觀點的人，在對於歷史的理解上。但說到這兒，謝某就樂觀不起來了，因為要社會科學研究者閱讀歷史，這只比

緣木求魚的可能性高出一點點而已。過去數十年裡，看起來是如此。然而，如果我們還是不願放棄去除歐洲中心主義的話，那麼或許本土化的種子會因為原來已經酸化的土壤漸漸得到改良的機會，這顆種子就有機會發芽，這也說不準的。

最後，我們再利用少許時間與空間，進行一場微型的思維實驗。

一個思維實驗

回到 18 世紀時，在撒哈拉沙漠南緣有一個綠洲國家，其統治階級有良好的治理能力，人民很會做買賣，獲利最豐的是奴隸貿易，商人們從歐洲買了白人之後，再將他們送到美洲去種植咖啡、蔗糖、煙草等成癮性植物，當時這個綠洲國家的大城市裡有一群大思想家，因為非洲很熱，每當中午時分，吃完午餐之後，每個人都精神不濟，什麼想法也沒有，只想睡個午覺，最好睡到傍晚，眼睛一睜開就看到了晚餐，馬上可以享用。不過，有了美洲白人奴隸種植的咖啡進口之後，這個綠洲國家的黑人思想家們，每天都能保持著清醒的頭腦，為全人類想出非常有用的概念、理論，以及有效的治理方式。

經過了很長的時間，這個綠洲國家周圍的部落也跟著繁榮了起來，因為有錢大家賺，這些部落搖身一變，成了現代國家，繼續到歐洲去捕獲白人，將白人奴隸送到美洲的大種植園去種植非洲知識分子消費得起的奢侈品。日子久了之後，19 世紀之後的歐洲呈現出一片衰頹的景象，因為那兒早就沒有年輕人，沒有勞動力可以使用了，何來經濟成長；反觀非洲，經過了數百年對歐洲的掠奪，無論是基礎建設、教育、醫療、人民的素質，無一不走向現代化的道路，讓歐洲人欣羨不已。這是兩塊大陸非常不同的發展路徑，這是大範圍的比較，應該還有一個遺聞軼事與咖啡有關，也許值得一提，但吾人並無把握。

一直以來，我們習慣稱呼不加糖、不加奶的咖啡為「黑咖啡」。但在這個實驗裡，什麼都不加的咖啡被稱為「白咖啡」，因為與奴隸的膚色有關。看起來，這是個冷笑話，但所有參與實驗的人，卻沒有一個笑得出來。

　　在沒有笑聲的沉重氛圍裡，書就寫到這裡。雖然拖了好長一段時間，但終於可以透過本書讓讀者處理社會科學眼翳（白內障）的老毛病。

附錄一　韋伯的「導師」施萊爾馬赫

　　我們應該不太容易會想到，我們的古典社會學大師韋伯竟然還有「導師」，但的確不太可能還有人會比大師級的人物更厲害，能力超強到足以擔任大師的老師這樣的重任。然而，看起來好像是不小心讓筆者謝某碰上了這樣的好運了。這個人是被譽為神學「現代性」之開拓者的弗里德里希·施萊爾馬赫（Friedrich Daniel Ernst *Schleiermacher*, 1768-1834）。就像是很多的歷史事實那般，雖然不易證明，但同樣也不可能完全排除某種可能性，縱使或然率實在不怎麼高，以下這段話，會讓我們聯想到大師韋伯的導師（之一），很可能正是施萊爾馬赫這位神學家，該段話的前半段寫道：

　　「現代性」主要是標示西方現代「知識狀態」的概念，它包含了精神結構、話語方式、價值傾向、思維方式和意識形態等等。神學的現代性，主要是指，能夠為現代人提供精神信仰的那種神學型態和信仰體系。……施萊爾馬赫時代的德國，為人們提供信仰的，主要是虔敬主義和理性主義。而且兩者處於尖銳的對立之中。虔敬強調上帝神性的崇高與偉大，人生的有限性和原罪，因而要通過信仰基督教而得救；理性派強調人的理性的萬能，人的主體性的增強，因而強調通過社會理性化來推動人類進步和世俗生活水平的提高。虔敬派說理性派失去了對上帝的信仰，必定帶來道德的墮落，生活的腐化，失去內在的靈性；理性派則指責虔敬派拒斥科學，愚昧無知，心靈病態[1]。

1　鄧安慶，《施萊爾馬赫》（台北：東大圖書，1999），第240-241頁。

施萊爾馬赫生存的 18 世紀後半及 19 世紀前半葉，雖然王權與教權之間的爭奪並不罕見，但是歐洲仍是處於教廷統治的世界，因此可以想見的是，藉由信仰基督教而得救是一件生活中極爲重要之事，對於虔敬派而言。也就因爲這樣，虔敬派批評理性派的支持者因爲視科學主義爲指引、理性主義爲依歸，最終將「失去對上帝的信仰，必定帶來道德的墮落，生活的腐化，失去內在的靈性」，成爲一個沒有靈魂的人，這聽起來還眞是像大師韋伯所描繪的「鐵牢」（Iron Cage）呢！只是施萊爾馬赫比韋伯早了許多說出他對人類世界這樣的憂慮。但這裡的確不是挖掘鐵的牢籠此概念之出處的好地方，所以韋伯是不是「自學」於施萊爾馬赫，這恐怕不是短時間能找到答案的。

　　虔敬派的憂慮並不會干擾到理性派支持者堅持其科學主義的信念，他們認爲理性是萬能的，於是乎經由社會理性化的過程，人類的進步指日可待，生活水準的提升也在預料之中，並且人的主體性也會增強。對此，虔敬派相信理性派最終將失去信仰，造成道德生活的墮落，人的內在靈性不復可見；理性派則宣稱虔敬派排斥科學，是由一群無知者所組成，全帶著病態的心靈生活在俗世裡。看得出來，虔敬派與理性派處於衝突、對立的狀態。然而，二者不车之窘況看起來絕不容樂觀，但是施萊爾馬赫爲後世找到了解答的方法，上述的段落之後半部這樣寫道：

　　　在虔敬主義神學襁褓中長大的施萊爾馬赫，優於一般虔敬主義者的地方，就在於他深入研究……康德的理性主義哲學，從而能以科學精神爲武器……而他優於一般理性主義者的地方，就在於，他對神性的虔敬，使他能對理性的盲目樂觀主義和自大狂始終保持著警惕……可以說，施萊爾馬赫正是把康德的科學理性信念同虔敬派神學信念有機結合起來，才超越了虔敬派和理性派神學，開創了「現代性」神學的典範[2]。

2　前揭書，第 241 頁。

這後半段話之中，有以下幾點值得再敘述之，其一，施萊爾馬赫同時超越了虔敬派與理性派，並且去除了兩派各自的缺點。其二，施氏將神學的信念與科學的、理性的信念有效地結合在一起，將兩派的對立、衝突化為無形。其三，此種對立派別的融合，是施萊爾馬赫生存年代最為進步的思維方式，可以稱之為「現代性[3]」之神學典範。以上三者，讓筆者謝某想起了大師韋伯最重要的論點，似乎與施萊爾馬赫對「現代性」神學（或神學的「現代性」）有著難以言喻的關聯。

雖然想要解釋施萊爾馬赫與韋伯之間不易用文字來形容的關係，吾人姑且一試，或許可以找到預料之外的、有價值的看法也說不定。具體而言，韋伯堅信歐洲在宗教改革之後，基督新教之教義將人們追求利益的心完全解放，於是人們在追求利益極大化的同時，不斷地藉由理性化的過程，用盡科學的方式將效率提高，因此新教徒賺了不少錢，累積了可觀的資本。此外，再加上歐洲理性的法律，以及社會各個面向同時——但或許以不同速度——的理性化過程，資本主義在歐洲誕生，而這是西方之所以領先東方的主要原因，韋伯這樣地告訴我們，而這正是理性，也是施氏的理性派所堅持的。此外，就新教徒的信仰來看，教徒的生活正好與虔敬派所描述的不同，虔敬派所擔心的是：理性派在最終會失去信仰，這將導致道德的墮落與腐化的生活，以及內在靈性的消失，不過這些並沒有發生在新教徒身上，因為新教徒力行勤儉的生活，不享受物質帶來的歡愉，禁欲而入世的態度，讓新教徒心中理性的與信仰的信念結合在一起，這看起來正像是施萊爾馬赫將科學理性的，與神學的信念有機結合那般。簡單說，施氏與韋氏對於理性的、神學的二者之間如何進行結合的看法如出一轍，雖然欲證明兩人之間的關係——具

3　如果說，「現代性」三個字主要指的是「西方」現代知識狀態之概念，並且此種狀態包含了「精神結構」、「話語方式」、「價值傾向」、「思維方式」與「意識形態」的話，那麼吾人以為，這樣的定義不免讓人聯想到歐洲（或西方）中心主義下的產物。這裡姑且不去細數此種思維方式的缺陷，很可惜地，大師韋伯留給後人的概念、理念型工具、論點，以及其對非西方（主要是中國）的批評，同樣地亦相當偏頗。具體而言，韋伯經常性地使用二分法，像是現代／傳統、進步／落後、理性／非理性，西方／東方之對立，可想而知，西方正是現代性的代表，此點亦可從施萊爾馬赫身上找到，施氏與韋氏對於「現代性」的看法相似，不論是公開宣稱地，或是隱藏在其各自的論述當中。

體而言，施氏影響韋伯之方式——並非易事，然而，若說韋氏不曾接觸過施氏的作品、想法，或者僅僅是隻字片語，這似乎更令人難以置信了。不過，至少我們可以做出以下的類比，那就是：施萊爾馬赫是 19 世紀最重要的神學家、哲學家，他將實際上對立的虔敬派之神學信仰與理性派的科學主義做了有機的結合，遂產生了所謂的「現代性」神學；韋伯則是 20 世紀最偉大的經濟學家、社會學家、法律學家，同時也貴為東、西方歷史比較研究大師，他將貌似對立的基督新教的神學、相應的生活態度、預定論教義產生的焦慮感等，與理性的資本主義精神巧妙地結合在一起，在無意之間讓「現代的」資本主義成長且茁壯於西方世界。

　　綜上所述，我們似乎可以肯定地說：在韋伯的眼裡，宗教改革結合了科學理性信念與新教的神學信念，產生了獨一無二的資本主義，與施萊爾馬赫一樣，都是一種有機的結合。原來是處於相互對立的、衝突的虔敬派與理性派，其神學與科學理性的不和諧關係，在施氏與韋氏的「巧手」之下，反而成了支持的、協調的，與相互關聯的連合。因此，筆者謝某以為，施萊爾馬赫很可能是韋伯的導師，不過並非在課堂之內，倘若從這個角度來看，韋伯將基督教神學信念與理性主義結合的做法，似乎並不如想像中那樣地具備創新性，因為施萊爾馬赫早就已經做過了。就這一點而言，其實與大師韋伯將預定論看成是加爾文的「獨到」見解，並且將之無限延伸到了資本主義（精神）這件事，說明了韋伯之所以成為（古典）社會學大師不是別的原因，而是因為他超乎常人的豐富想像力，韋伯想像著自己發現了從未有人知道的事物，但事實上，前人已經替他完成了。

　　社會科學界曾有人提過，如果想要瞭解社會行動為何發生，應該從一群人的動機開始，聽起來，並非毫無道理可言，因為只有在知曉這群人採取某種「有意義的」社會行動時，他們的心裡頭到底在想什麼，也就是找到他們的動機，才可能理解其有意義的社會行動。直至現代，古典社會學大師韋伯想要告訴我們的是，新教徒想要賺錢的動機是明顯的，他們在因為害怕無法上天堂的情形下，只能努力賺錢榮耀上帝。那麼，這個時候，韋伯豐富的想像力又開始馳騁於無邊無際的天空，這些特別喜歡賺錢的新教徒其動機是很明顯的，可是這樣的話，非新教徒也有一些人超級喜歡賺錢，其動機同樣清晰可見，對於受過專業的韋伯來說，這個問題必須回答。於是，韋伯認為要區分新教徒與非新教徒喜歡賺大錢的動機，必須經過證明才能說服大眾，後來，不愧為大師的韋伯終於為數十年後的學者與學生找到了答案，他給了我們「焦慮感」三個字。當然，因為英文、德文等語言的不同，不必然也得用這三個字來表示這種的無奈、消極，與不知如何是好的情愫。

　　的確，大師韋伯還是有兩把刷子的，他清楚地知道，新教裡有著不同的派別，屬於路德宗的人其實不太談預定論或預選說，特別是在路德的後期。但是，韋伯告訴我們加爾文教派信徒似乎三不五時精神就會被預選說折磨一下，催促著他們得趕緊去賺錢，藉此贏得上帝關愛的眼神。

　　至今為止，在社會科學發展了許久之後，學者們對於化約論之偏頗視角應該都會選擇敬而遠之，當然，這只是理想的狀態，背後的支撐點應該與知識是累積的、前進的想法有關。不過，實際的情況可能與理想有一段不小的落差，特別是（來自東方）虛懷若谷的學者們在面對（西

方）大師級人物的時候，其間的鴻溝應該不易填平才對。當然，相對較好的情形是，對未來依舊保持著樂觀一點的心態。

先前，我們懷疑過韋伯深信之焦慮感普遍存在於加爾文教派的信徒心裡，恐怕這只是韋伯豐富想像力的展現而已。吾人相信已有不少學者也注意到了加爾文本人以及其信徒的內心是不是存在焦慮感這個議題，而這個議題當然與預定論／預選說有關，我們以清教徒為例，他們是新教的一支，過著更嚴格的禁慾生活，如果加爾文信徒如韋伯所說內心焦慮著，那麼，清教徒內心應該也可以發現同樣的心態。

我們分為兩個部分來說，其一，深受加爾文主義影響、移居美國的清教徒的抑鬱性格，應該只是推論出來的「答案」，無法通過經驗事實的檢驗[1]。其二，預定論被認為是焦慮、憂鬱之來源，並且韋伯將之視為加爾文主義不同於其他教派之最重要依據，因為他認為這是西方「獨特的」資本主義（精神）相異於非西方的特質，亦即對韋氏而言，加爾文的預選說是西方之所以為西方的最重要特質，這是其他教派所無，更別提其他充滿異教徒的地區了，也就是說，預選說是加爾文與其信徒所獨有，這是韋伯所深信的論點。

關於清教徒被認為是憂鬱的、不快樂的，吾人以為，這是韋伯的心理學化約論所造成。怎麼說呢？剛開始時，聲譽卓著的韋伯將東、西方之衰落與興起歸因於資本主義之有無，西方擁有了「現代的」、「理性的」資本主義；東方則在「傳統的」、「非理性」的社會裡載浮載沉，難以前進，乍聽之下不無道理。但是，為何西方有了資本主義呢？韋伯落入了心理學的化約論，他為社會科學界找到了一種精神——新教倫理——更具體地說，是加爾文信徒在相信預定論的教義下，產生了內在緊張性，且因為永遠無法肯定自己是上帝所選，所以焦慮感持續地存在，於是信徒有了動力追求財富，因為金錢可以榮耀上帝。簡言之，韋伯認為是一種焦慮感使得資本主義（精神）得以成長茁壯，令西方成為今日進步的西方，但這便是心理學的化約論。東、西方歷史比較大師韋

1　瑪麗蓮·羅賓遜，〈前言〉，約翰·加爾文（John Calvin）著，陳佐人選譯，《更寬廣的生命：加爾文著作選》（新北：校園書房，2011），頁 6-11，第 7 頁。

伯竟然用一群人的焦慮、抑鬱，就「解釋」了數百年的重要問題，筆者謝某認為，韋伯的確有過人的想像力，且學術界難以找到想像力比韋伯更豐富的學者了，韋伯培養了無數的支持者，但他們頂多只能東施效顰而已。

　　大師韋伯的豐富想像力，再加上他詮釋社會學、設身處地地為別人著想，以為這樣就可以得到正確答案，但他想錯了，因為經過研究者自己主觀的解釋之後，仍然無法百分之百地確定自己所欲研究之對象（可能是一個人或一群人）心裡所想的剛好也是研究者之所思。基本上，這是不可能的，也無從檢驗起。所以，數十年以來，學者傾力研究韋伯思想，但最重要的焦慮感到底是不是存在呢？看起來是不存在的。那麼，如果焦慮感與預定論的關係密切的話，我們就應該花點時間討論它了，更何況，韋伯認為預定論只有加爾文主義才會有，因為他的資本主義（精神）只在加爾文信徒這一群人之中出現過。但這是事實嗎？還是又一個可以證明韋伯擁有超群想像力的例子呢？

　　事實上，韋伯宣稱僅僅加爾文宗才在其教義中出現預定論，對他而言，這似乎是路德宗與加爾文宗的最大區別。這不難理解，因為韋伯必須想像加爾文的預選說是唯一的、獨特的，其他派別不會有類似的教義。雖然，韋伯的確可以說是「宗教社會學[2]」的先驅，但可能他不是神學的專業研究者，所以對於天主教早從 4 世紀時的聖奧古斯丁生存的年代，就已經有預定論了，就像先前曾經提過的那樣。韋伯明示或暗示地解釋道，路德雖然走在前面，但與資本主義直接相關的新教卻不是路德宗，而是加爾文主義，因為後者的信徒在預定論的影響下，內心的緊張性不小心促成了資本主義的誕生，當然，加爾文與其信徒們一開始都

2　史蒂芬・卡爾博格（Steven Kalberg）曾經這樣宣稱，他認為若比較馬克思（Karl Marx）與涂爾幹（Émile Durkheim）兩人，韋伯的歷史社會學之「歷史深度」、「地理廣度」與「概念範圍」都超越馬氏與涂氏，請參照：Steven Kalberg, *Max Weber's Comparative-Historical Sociology Today: Major Themes, Mode of Causal Analysis, and Applications* (London and New York, Routledge, 2012)，引自 Efe Peker, "The Future of Religion and Secularity in Sociology's History," *The American Sociologist* (2021), No. 52, pp. 591-609, p. 598。面對這樣的說法，筆者謝某以為，卡爾博格恐怕是誤會了，他認為韋伯是東、西方歷史比較研究的大師級人物，但這樣的說法讓人無法接受。對於美國社會學界的韋伯專家卡爾博格的批評，請參照，謝宏仁，〈美式英語學術圈的韋伯專家：卡爾博格〉，《社會學囧很大 4.0：看大師韋伯奈何誤導人類思維》（台北：五南圖書，2022），頁 145-189。

不知道自己在人類的歷史上將扮演重要角色，而這是大師韋伯所給予的。不過，韋伯並不知道（或假裝不知道）路德早期也談預定論，只是後期較少而已。先前，我們在討論路德這個人和他與天主教「決裂」的小節，我們看到了弗格森（Fergusson）在其〈加爾文的神學遺產〉一文中提到了路德、加爾文和天主教傳統尚保持著某種連繫，這裡我們得再看看弗格森對於路德與預定論關係的探討，而這與先前提到的伊拉斯謨這位曾經是路德的朋友有關，弗格森說：「當預定論的教義出現在路德早期與伊拉斯謨爭辯的論文時，它〔預定論〕快速地消失在與路德教義相關的教學之中，特別在梅蘭希通〔Philip Melanchthon〕的講授裡[3]。」

從上述短短的幾句話看起來，路德非常清楚預定論教義，這才得以與伊拉斯謨對此加以爭辯，當然，可以爭論的議題不會只限制在預定論。然而，我們還是可以清楚地知道，事實上加爾文與路德兩位神學家、宗教改革者，兩人都對預定論有一定程度的瞭解，只是後者只在其傳教、講學的初期階段對預定論產生較大興趣而已。那麼，我們的重點是：韋伯所認定的，加爾文主義的預定論教義是獨特的，信徒的焦慮感來自預定論，這樣的心理狀態「偶而」催促著信徒，不能再休息了，是時候得起身去賺更多錢了，至少讓自己比較可以確定是上帝的選民，而不是被遺棄者。

如果遵守更嚴格生活的清教徒都不易證明他們心中的焦慮感的話，那麼，加爾文宗的信徒內心的焦慮感應該更難證明了（所以韋伯也只是嘴巴說說而已，並未提出證據），更不用說晚期根本不談預定論的路德及其信徒了。至於千年以前的奧古斯丁的追隨者呢？他們的內心也焦慮著自己是否是被上帝所選擇的、得以享受上帝的恩典者嗎？應該不會。

3　Fergusson, "Calvins Theological Legacy," p. 279.

　　本附錄的目的在於修正吾人之拙著《歐洲中心主義與社會科學——挑戰西方至上的舊思維》（台北：五南圖書，2022）之第一章〈洛克（John Locke）——啓蒙時代早期歐洲中心主義思維下的《中國筆記[1]》〉。本人先前請武當山玄武派的台灣授籙道士何宿玄閱讀上述之文章，並於 2023 年 11 月底數次經由電話或電子郵件與何道士討論該章之問題所在，主要的問題有兩個部分，其一是「中國統治階級是無神論者」（原文，頁 31-34），其二是「物質的天也是精神的天」（原文，頁 38-39），在此予以修正與補充，也利用機會再次感謝何道士的耐心指導與建議。

　　爲了方便讀者找到原來的出處，吾人僅在適當的地方加上**註解**，並且在註解裡使用**標楷粗體**來表示是新增的部分，是原來的文章所無。另外，書頁下緣的註解號碼已不同於原先之編號，請讀者留意之。我們先從「中國統治階級是無神論者」這一小節開始。

中國的統治階級是無神論者

　　這裡，我們討論洛克對於中國宗教與禮儀的看法。先前，我們已經知道了洛克自 1696 年開始，即對遠東的中國感到無比的興趣。那麼，其〈中國筆記〉是什麼樣的作品呢？這有必要加以說明，因爲這是瞭解洛克之「中國觀」的必要讀物，而其中一個重要議題，洛克認爲，中國的統治階級都是百分之百的無神論者。《洛克與中國》的作者韓凌在整理洛克的〈中國筆記〉這份手稿以後，她寫道：

1　謝宏仁，〈洛克（John Locke）——啓蒙時代早期歐洲中心主義思維下的《中國筆記》〉，《歐洲中心主義與社會科學：挑戰西方至上的舊思維》（台北：五南圖書，2022），頁 13-40。

　　洛克「中國筆記」表面上是一本讀書摘要，對中國的宗教和禮儀「述而不作」。但事實上，洛克只是對天主教內部「禮儀之爭」的兩大焦點——「譯名之爭」和「禮儀」之爭——「存而不論」，對中國宗教的關鍵概念和根本性質卻觀點鮮明，理解深刻。洛克看似只是摘錄並羅列了《中國禮儀史》等文獻中對中國宗教和禮儀的描述，實際上卻奇蹟般地透過傳教士們晦澀冗長並且時常自相矛盾的描述抓住了中國宗教的內核，最終得出「中國統治階級——士大夫們——都是純粹的無神論者」的結論[2]。

　　本段話提到的「譯名之爭」與「禮儀之爭」二者，有必要再加以說明。事實上，「禮儀之爭」（Chinese Rites Controversy）是中西文化交流史，同時也是天主教在中國傳教史的重大事件，此事件指的是 17 世紀中葉到 18 世紀中葉，天主教對於以下二者之爭論，其一，「能否用中國典籍中的『天』和『上帝』來稱呼天主教的『天主』」。其二，「能否允許中國天主教徒參加祭祖儀式[3]」。從這一段當中，我們看到了此時期的「禮儀之爭」，在中國的耶穌會會士——例如大家所熟知的利瑪竇——爲了有利於傳教的進行，不受太多的阻礙，應該會贊成，否則的話，可能遭致當地居民的反彈，利氏的「適應政策[4]」顧名思義可略知其態度。而身處於歐洲的耶穌會會士則可能因爲不甚瞭解當地的情形，或者，堅持自己對於聖經原典的看法，又或者，該會士與利瑪竇過去有些嫌隙未能解決，而反對中國既有的禮儀。

　　利瑪竇主要透過四個方面來貫徹其「適應政策」，第一，「生活方面，儒服乘轎」。第二，「術語方面，用中國古籍中的『上帝』和『天』指代『God』」。第三，「倫理方面，以儒家的道德概念解釋基督教倫

2　韓凌，《洛克與中國：「中國筆記」考辨》（北京：北京大學出版社，2019），第 170 頁。

3　前揭書，第 19 頁。

4　前揭書，第 17 頁。另外，「禮儀之爭」最終導致了耶穌會被解散。韓凌認爲在華耶穌會成於「適應政策」，也敗於該政策，主因在於羅馬教廷和其他修會顧慮到了「適應政策」對基督教教義會產生危險。

理」。第四，「禮儀方面，將祭祖祭孔解釋爲政治性和社會性行爲而允許執行[5]」。第一點產生的爭議最少，第四點最多，吾人認爲，第二點尤爲重要，因爲這不只是在耶穌會會士內部與羅馬教廷的爭執而言，事實上，洛克也對第二點表達過看法，在其〈中國筆記〉的摘要裡，我們在稍後會再予以詳加討論。

《洛克與中國》的作者韓凌認爲洛克的立場明顯，並且洛氏奇蹟般地抓住了「中國宗教的內核」，即「中國統治階級……都是純粹的無神論者」。看起來，韓凌同意洛氏此一論點。這裡，我們需要玄元宗壇授籙道士何宿玄──2016 年第八屆道教玄門講經台灣道士代表（道號元虛子）──的協助，吾人於 2021 年 9 月份兩次以電話訪問何道士，再輔以電子郵件深刻討論其中部分問題，筆者謝某認爲，何宿玄道士的看法，對我們理解洛氏觀點──統治階級是無神論者──的正確性有相當之助益。在訪談中，何道士述及，道家原本沒有神像，所崇拜者是一種「大道」的靈氣。之後，與儒家的想法結合之後，因爲要崇拜山川、天地、宇宙，所以開始有了崇拜之物，屬多神教，並非洛克所言中國的統治階級[6]──通常是儒家的士人（儒士[7]）──是純粹的無神論者。吾人以爲，在此議題上，東方（中國）在洛克的眼中只是西方一神論的對應之物，西方一神論占據優勢地位，東方無神論屈居下方。明顯地，這是二分法框架下的思維。

除了上述的看法之外，何宿玄的另一說法，亦可證明中國統治階級絕非「純粹的無神論者」，筆者謝某認爲也相當值得參考。何道士說，天主教是一神論，在其教義裡，只有耶和華是造物主。但是，在造物主所創造的「世界」，還必須有天使來管理，負責執行造物主的命令，除此之外，還有許許多多的聖人，讓成千上萬的信徒得以追隨之，天使與

5　前揭書。

6　隨著時代的演進，道教遂發展成以崇敬大道爲核心，並且以此宇宙觀發展出以代表大道的三清道祖爲首，龐大而多元的神靈崇拜信仰。
　　另外，道教是中國土生土長的宗教，這一點有必要修正先前吾人之說法。

7　而儒士早在周朝時，便有擔任祭天、占卜吉凶、治理作樂的國家祭司之責。建構起天子祭天、王公祭山川、百姓祭祖的華人信仰世界觀。

聖者位階當然低於造物主，但也有其神性。以這樣的觀點來看，天主教亦可視爲多神教，但造物主只有一位，其位階最高，無可質疑。東方的道教（結合儒教的想法之後）也是多神教，位階最高者是天公伯，其他的神，位階較低，負責執行不同的「業務」，照顧著有不同需要的信徒，例如關聖帝君、玄天上帝、保生大帝等。從此一視角觀之，道教亦可視爲一神教，因爲可以代表「大道」者只有天公伯，其他的神明只是在不同的領域負其責而已。

物質的天也是精神的天

儒教的「天」是否眞如洛克所說，中國的「天」或「上帝」只是「物質的天」而不涉及「精神的」嗎？根據玄元宗壇授籙道士何宿玄的說法，洛克的見解至少有兩處可以再斟酌者，其一，事實上，在儒家出現之前，即已出現君主祭天的做法了，祭天時，君必須與天連繫，此時天已經神格化[8]，是故中國的「天」不只是「物質的天」，「天」與精神有關。天道或天命，就是精神[9]，而「德」便是天意的展現[10]。其二，宋代理學事實上已經將精神與物質的關係談得很清楚：心（也就是天性，來自於天，也就是精神）與性（物質的，受到環境的影響）[11]。以上二者，清楚地告訴我們，洛克在相當程度上誤解了中國的宗教，合理的推論是，洛氏是受到二分法的影響，因爲他根本就尚未開始研究中國的宗教。

洛克說：「儒教唯一的神就是『物質的天』[12]。」不同於道教和佛

8　請參照，朱鳳翰，〈商人諸神之權能與其類型〉，《盡心集——張政烺先生八十慶壽論文集》（北京：中國社會科學，1996），頁57-79。

9　〈乾〉，天也。天者，乾之形體；乾者天之性情。乾，健也，健而無息之謂乾。夫天，專言之則道也，「天且弗違」是也。分而言之，則以形體謂之天，以主宰為之帝，以功用為之鬼神，以妙用為之神，以性情為之乾。張京華注譯，《新譯近思錄》，第7頁。

10　「苟不固聰明聖知達天德者，其孰能知之？」，《中庸》三十二章，唯天下至誠篇。其天德便有天意的意思，而且聰明、聖知是探詢此意的基本條件。故可推斷，天有意，為天德。但非一般常人可隨意推斷。

11　資料整理自電話訪問何宿玄之訪談稿。另，關於宋代儒學思想，請參照，朱熹，《近思錄》，第一卷《體道》（香港：中華書局，2015）。值得一提的是宋代的儒學並不支持靈魂與身體分開來對待，反而主張的是身體力行之完整超越，不苟同於那些只崇尚單純精神修練和解脫之說的做法，因爲此類行爲無益於社會。

12　韓凌，《洛克與中國》，第45頁。

教，儒教將「天」視爲世界萬物的規律。「儒教的『天』是一種非常微
妙的物質，名曰『理』或『太極』[13]」。在這兩段話之中，可以看出洛
克強調的是，儒教的神是「物質的」，這是相對於西方基督教之「精神
的」神。另外，洛克還胡亂拼湊地將儒教的「天」與「理」或「太極」
連結起來，然而這是有問題的做法，洛克的目的只是在於欲將儒教的神
歸於「物質的」範疇而已，事實上，吾人懷疑洛克對「天」、「理」、
「太極」有多少瞭解，雖然洛氏的確用心地做了筆記，這在同時代的學
者來說，已經是不可多得。玄元宗壇授籙道士何宿玄對於「理」或「太
極」持不同之看法，我們先談後者「太極」。

　　太極包含陰（物質）與陽（精神），陰陽二者不斷地互動，這是萬
物運作的法則，絕非如洛克所言，只有「物質的」而沒有「精神的」力
量牽涉其中。何道士繼續談到「理」，此與《中庸》這部經典有關，宋
代理學談天理的「理[14]」，既有「中庸」之道，有天意的存在，不可測
度[15]，候鳥的遷徙是大自然的現象，達到萬物和諧之境，即是天意，爲
的是延續。再以人爲例，誠實的人，可以展現天意，透過誠實，人的精
神與天意合爲一體。總而言之，洛克對儒教的「天」有所誤解，「天」
不只是「物質的天」，尚有「精神的天」，這是應該予以修正者。否則
的話，身爲東方（非西方）知識分子，恐怕將淪爲成天爲歐洲中心主義
（或西方優越主義）喝采者，無意間強化了西方的知識霸權。因此，吾
人以爲，應該把握機會向西方學者澄清東方眞實的模樣。

　　所幸，〈中國筆記〉只是摘要而已，數百年以來，知道的人不多。
這些目前收藏在牛津大學的手稿，一旦成書之後，想必內容應該會有許
多誤解之處，因爲二分法的框架之下，不做研究也能知道答案，且將誤
導人們的想法，在程度上也會加深。誠實地說，筆者謝某在本文中試圖
指出洛克對中國的誤解，並且試圖反駁並修正之，或許讀者不易看出洛
克的「誤解」與歐洲中心主義下的思維活動有何關聯，然而吾人以爲，

13　前揭書，第 47 頁。
14　見周敦頤，《太極圖說》。
15　詩曰：「神之格思，不可度思，矧可射思！」《中庸》第十六章鬼神之德。

這些「誤解」或者根本不對東方（中國）進行實質研究的西方學者，正是利用其知識霸權間接地在強化歐洲中心主義思維。

最後，再提醒讀者，本次新增的解釋與補充之內容，均用標楷體並以註解的方式呈現之，大部分的內容並未更動。當然，這絕非表示這篇文章無法再更上一層樓，而是有些時候未來文章之完整性，不得不犧牲一些實質上的內容，這一點也請讀者理解。

再次感謝何宿玄道士的熱心幫忙。沒有何道士伸出援手，本章是不可能完成的。

　　撰寫此附錄的主因是，吾人於 2022 年 11 月份在閱讀學生期中報告時，發現了輔大金企系的學生洪揚清[1]寫了一篇名爲〈社會學之眞相是假——你還願意重新認識社會學嗎？〉之文章，這標題不只吸引人，而且深具重要性。當時，洪揚清選修的課程是本人於 2022 年 9 月至 2023 年 1 月所開授之「西方中的東方」，該課程的主要參考書目是吾人之拙著《歐洲中心主義與社會科學——挑戰西方至上的舊思維》（台北：五南圖書，2022）。這本書，也是洪揚清該篇期中報告之主要參考書目。

　　以下是洪員之完整報告，在這裡本人使用標楷體與單行間距來與吾人所撰寫之文字作區隔。該篇期中報告不算太長[2]，完整內容如下：

1　輔大金企系的全名是：天主教輔仁大學管理學院金融與國際企業管理學系。洪揚清於 2022 年 9 月選修「西方中的東方」這門課時，是大四的學生，目前已經畢業。吾人在決定將洪員的報告寫入本書之附錄時，遂於 2023 年 12 月 26 日（週二）下午 4 時左右寫 EMAIL 給洪員，表達本人引用該篇期末報告之意願。洪揚清於次日（27 日，週三）下午 8 時許在 EMAIL 中回覆：「可以的！沒問題，之前寫的報告能對新書有幫助那再好不過了～也期待老師的新書。」在此，本人謝謝洪揚清的慷慨協助！

2　在本人所開授的所有課程當中，基本上沒有字數的限制，因爲吾人認爲重要的是，學生所撰寫的內容（含標題）是否具有重要性，與論證的過程是否具說服力，而非字數之多寡。曾經，謝某收過一位哲學系的學生寫的期末報告，內容只有一頁，吾人給予 A+ 的最佳成績。可惜，後來遺失了這份極具重要性與說服力的報告。

社會學之真相是假
——你還願意重新認識社會學嗎？

407411204 金企四甲 洪揚清

　　在認清了生活的本質以及可能有多糟糕之後，你還會繼續熱愛生活嗎？相信很多人會給予肯定答案，勇於去挑戰與改變、面對生活的未知與多元。那麼，在發現了社會學的真相與存在的錯誤後呢？你願意做光桿司令衝鋒陷陣，還是裝聾作啞、順著過去的梯子向前走？在開頭，我們先保持懷疑態度。本文從世界知名社會學家之論點切入，再談論個人的想法，並嘗試在文中做設想與分析，試圖獲得前述問題之答案。

　　從古至今，「東西方比較」一直是學者們相當感興趣的領域，從不缺乏做此類研究、寫此類文章之學者，不論是被稱為三大古典社會學家的韋伯、馬克思及涂爾幹，或者被譽為頭號中國通的費正清，都在這方面有過著作。這些社會學大師名譽、成就無數，推崇他們的支持者、擁護者更是無數，但他們的論點就一定是正確的嗎？如果我現在告訴你，這些大師們根本不懂中國歷史、未曾了解過中國真實情況，你願意跳出過去建立的知識觀，重新認識他們、重新認識社會學嗎？

　　可惜這世上並沒有如果，我所提出之這些大師們根本不懂中國歷史、未曾了解過中國真實情況，並不是疑問，而是句陳述。從《歐洲中心主義與社會科學》一書，以及眾多歷史事實中，我們毫無疑問可以發現，諸如洛克、韋伯、馬克思與費正清，這些有發表過東西方比較（或西方與中國之比較）相關著作的世界頂級學者們，皆對中國，即「傳統中國」的歷史與真實情況不了解，甚至是存在嚴重錯誤認知。

　　有限篇幅下，不再轉述與或詳述眾學者之主張與論點，在此挑選了一個個人較感興趣的主題談論，即費正清的「1842歷史分期」、所劃分之「傳統中國」與「現代中國」。1842確實是中國歷史上相當重要的一個時間節點，但我並不認為這是「傳統中國」與「現代中國」的

分界，我更願意稱1842為中國被拉入西方所創立之社會秩序下的時間點，在鴉片戰爭中，西方運用其當時較為領先的軍火工藝，讓（或稱逼迫）中國走進的西方創建的社會秩序，也是持續了一百多年、直到現在仍存在的社會秩序，當時中國的知識分子相信了，想要擁有西方國家的地位、成就，就必須遵從他們的法則、完成他們所述之任務。即便費正清有著崇高的學術地位，然而，他並不了解「傳統」中國，或者是他不願意去了解，他亦不清楚鴉片戰爭背後的原因，說他知道但不願意承認可能也成立，說起來有點荒唐、略微悲哀，但不僅是費正清，前述眾學者皆如此。

　　我們過去所看見、所認識的社會學，所認定的許多「真相」都是假的，這些帶有偏頗或片面的文字並不是真相，都只是對方想讓我們看見的、想讓我們認為的罷了。既然前述眾學者對「傳統」中國歷史和真實情況不甚了解，為什麼他們的觀點至今都能獲得廣泛的認同？難道他們的學生或讀者都沒有發現嗎？或者發現了但視而不見？我認為造成這種普遍情況的主因有三點。

　　第一點是現實因素，想要更高更好的地位與成就，順著主流觀點走、向上爬，對錯誤視而不見，無疑是最輕鬆、最有效率的方法，違逆主流、反駁大師級學者會遭受到撻伐，會被拉到檯面上批判，當光桿司令衝鋒陷陣太難了，大多數人即便有心，也終成無力。第二點是沉沒成本，許多學者花費了諸多心力進行相關研究，甚至將那些大師級學者視為信仰，他們的知識體系與世界觀已然形成，若一直以來所相信的世界觀被打碎，他們可能再無法重建對社會學的認知。或者他們站在那些學者們的觀點上，走到如今的學術地位、擁有崇高名聲，去承認大師們的錯誤，更等同是要承認自己過去的錯誤，他們或將無法面對過去的自己，還有這些地位與名聲，大多人如何能捨棄、又怎捨得捨棄？第三點則是些特殊因素，比如對於中國學者，讓他們去承認「傳統」中國（宋代）的著作權維護甚好，比現今的中國還要好，這是件非常艱難的事，畢竟大多數人都不願去承認和面對「過去比現在更好」這類情況，對於他們來說，順著1842傳統與現代的分界點或許會更有利，反而更能體

現及美化後續的政策及方針，並且能給許多發展上的問題找到理由。

　　綜上我們能發現，其實大多數人是不在乎眞理的，多會選擇對社會學的眞相與錯誤視而不見，尤其是在這個要求低機會成本、高投資報酬率至上的世界裡，鮮少有人願意去走看不見前途光明且曲折的道路，至於眞理到底有多重要、值不值得去追尋，一千個人心中有一千個哈姆雷特，跟每個人的三觀與人生選擇有關。那麼，看完本文後的現在，在發現社會學的眞相後，在這個「眞相是假」的領域中，你還願意重新認識社會學嗎？

p.s.本想在最後論及爲什麼要追尋眞相（剛好回應課堂之討論），但考
　　慮到期中爲手寫因素，決定放到期末再討論了！

　　上述的報告裡，洪揚清對其所要表達的立場應該已經說得很明白，謝某就不再贅述了。但吾人想在這裡進一步說明的是，雖然洪揚清特別花了時間解釋費正清的「傳統」中國之概念是不適當的，但除了費正清之外，《歐洲中心主義與社會科學》這本書中討論的洛克、韋伯、馬克思以及其他十位學者[3]，事實上對東方——特別是中國——的認識是有限的，甚至是極為淺薄的。

　　更重要的是，洪揚清看到了非西方學者（或知識分子）的問題，而不是學生的問題，但是學者的問題更大，因為學者如果不願意為歷史真相而努力的話，就只能繼續隨波逐流而已，而這名學者會將其學生帶往何處，這是讓人擔憂的事。那麼，這件事應該不難解決，如果我們已經發現了問題的話。但為何難以改變上述的窘境，也就是明明我們已經知道了西方學者中——包括大師級人物——有太多人根本不懂東方（中國），為何我們改變不了它呢？並且，非西方學者仍然願意奉西方知識為圭臬呢？洪揚清提出了他的三點建議，吾人以為，值得重述之。

　　第一，是所謂的「現實因素」之左右，學者傾向跟著主流走，這是在幾番考量之後，為了日後更好的學術地位所做的「理性」選擇，畢竟一馬當先地反駁大師的論點，辛苦與費力的程度遠遠地大於順著主流走，是故，大多數人會選擇輕鬆、有效率的方式為自己打拼，因為「啟蒙」正是以「理性主義」支撐著。第二點是「沉沒成本」的考量，簡單說，學者打從一開始就相信大師所主張之論點，在歷經了長期投入時間與精力之後，好不容易因為大師的「加持」讓自己也站上了峰頂，也享受著高學術地位帶來的好處，如今要他們承認大師是錯的，不就是承認自己的錯誤嗎？要學者放棄自己掙來的名與利，這無異是緣木求魚。第三點則相對特殊一些，也就是要中國共產黨承認「傳統」中國，例如宋朝，比現在還要好，這的確是件艱難之事。況且，將過去的中國說得愈是不堪，現今的中國則更能合理化其統治。

3　在《歐洲中心主義與社會科學》之中，謝某一共討論了11位西方學者、2位華裔美籍學者，與1位台灣學者。這14位學者的共同點是，對東方（中國）不甚瞭解，主因是他們都從歐洲中心主義的視角來觀察非西方社會，如此，他們會看到一片朦朦朧朧的「東方」也只是剛好而已。這也是為什麼課程名稱是「西方中的東方」之主因。

　　因爲過去的錯誤而享受過 —— 或正在享受 —— 學術界的名與利的（資深）研究人員，你們欠缺的是面對眞相的勇氣。相形之下，當時的大學生洪揚清的膽識，實足以成爲知識界之楷模，不曾擁有過勇氣的學者們，何妨向慷慨的洪員借貸幾分呢？

國家圖書館出版品預行編目(CIP)資料

歐洲中心主義的4個神話：文藝復興、地理大
　發現、宗教改革,與啟蒙運動／謝宏仁著.
　-- 初版. -- 臺北市：五南圖書出版股份有
　限公司, 2024.05
　面；　公分
　ISBN 978-626-393-289-0(平裝)

1.CST: 社會科學　2.CST: 文化評論
3.CST: 文集

507　　　　　　　　　　113005458

1PBJ

歐洲中心主義的4個神話：
文藝復興、地理大發現、宗教改革，與啟蒙運動

作　　　者 ― 謝宏仁 (397.5)

發 行 人 ― 楊榮川

總 經 理 ― 楊士清

總 編 輯 ― 楊秀麗

副總編輯 ― 劉靜芬

責任編輯 ― 林佳瑩、吳肇恩

封面設計 ― 姚孝慈

出 版 者 ― 五南圖書出版股份有限公司

地　　　址：106台北市大安區和平東路二段339號4樓

電　　　話：(02)2705-5066　　傳　　　真：(02)2706-6100

網　　　址：https://www.wunan.com.tw

電子郵件：wunan@wunan.com.tw

劃撥帳號：01068953

戶　　　名：五南圖書出版股份有限公司

法律顧問　林勝安律師

出版日期　2024年5月初版一刷

定　　　價　新臺幣400元

經典永恆・名著常在

五十週年的獻禮——經典名著文庫

五南，五十年了，半個世紀，人生旅程的一大半，走過來了。

思索著，邁向百年的未來歷程，能為知識界、文化學術界作些什麼？

在速食文化的生態下，有什麼值得讓人雋永品味的？

歷代經典・當今名著，經過時間的洗禮，千錘百鍊，流傳至今，光芒耀人；

不僅使我們能領悟前人的智慧，同時也增深加廣我們思考的深度與視野。

我們決心投入巨資，有計畫的系統梳選，成立「經典名著文庫」，

希望收入古今中外思想性的、充滿睿智與獨見的經典、名著。

這是一項理想性的、永續性的巨大出版工程。

不在意讀者的眾寡，只考慮它的學術價值，力求完整展現先哲思想的軌跡；

為知識界開啟一片智慧之窗，營造一座百花綻放的世界文明公園，

任君遨遊、取菁吸蜜、嘉惠學子！